DEVENIR **MAGISTRAT** AUJOURD'HUI

Le recrutement et la formation des magistrats de l'ordre judiciaire

DEVENIR MAGISTRAT AUJOURD'HUI

Le recrutement et la formation des magistrats de l'ordre judiciaire

Philippe Astruc

Directeur adjoint chargé des recrutements,
de la formation initiale et de la recherche
à l'École nationale de la magistrature

Gazette du Palais

lextenso éditions

ENM
ÉCOLE NATIONALE de la MAGISTRATURE

33 rue du mail, 75081 Paris Cedex 02
ISBN : 978-2-35971-000-7

SOMMAIRE

AVANT PROPOS

Jean-Louis NADAL,
Procureur général près la Cour de cassation
Vice-président du conseil d'administration de l'École nationale de la magistrature

C'est dans un contexte de profonde réforme de la Justice qu'est née, au début de la Ve République, l'École nationale de la magistrature, en charge de la formation des futurs juges et procureurs. Au cœur de l'ambition que le Général de Gaulle a nourri pour la France, la réforme de la Justice a constitué un enjeu majeur. À ses yeux, une grande démocratie mérite une grande magistrature, parce qu'est confié à l'autorité judiciaire le bien le plus précieux, la mission « *la plus haute en République* », selon les mots de Michel Debré, celle de garantir les libertés individuelles.

Devenir magistrat aujourd'hui, c'est d'abord acquérir un savoir-faire, forgé dans le socle du professionnalisme et de l'excellence. C'est maîtriser les contentieux nouveaux nés de l'évolution du droit et des mutations de notre société dans un contexte où les innovations technologiques ont profondément modifié le cadre et les méthodes de travail.C'est également cultiver, sans cesse, une indispensable ouverture d'esprit et une aptitude à aborder des réflexions touchant les enjeux économiques et sociaux. Le magistrat doit en effet être en mesure de répondre aux attentes liées à son rôle nouveau tenant notamment à la nécessité de suppléer une loi parfois obscure ou imparfaite.

L'ouverture d'esprit du magistrat, c'est aussi la conscience de ce que son action s'inscrit dans un environnement européen et international mouvant. Outre la maîtrise d'une langue étrangère, il s'agit de s'imprégner des principes de la Convention européenne des Droits de l'Homme et de sauvegarde des libertés fondamentales et d'appréhender des systèmes de droit étrangers afin d'en extraire des valeurs communes. Tel est l'enjeu de l'acquisition d'une culture judiciaire commune en vue d'aboutir à la confiance mutuelle, véritable clef de voûte de la construction d'une Justice européenne et internationale.

Devenir magistrat aujourd'hui, c'est surtout l'acquisition d'un savoir être. Car le juge ou le procureur ne saurait être cette « *machine à droit* » que dénonçait Alexis De Toqueville, il doit placer la dimension humaine au cœur de son action. Le justiciable n'est pas qu'un simple sujet de droit, mais un être de chair, qui va subir personnellement les décisions que le juge prendra à son endroit. À travers l'apprentissage des procédures, le futur magistrat se doit de transcender la règle afin d'identifier les valeurs dont elle est porteuse, afin que les règles de procédure ne soient pas vécues comme de simples boîtes à outils.

Devenir magistrat aujourd'hui, c'est, sous ce prisme, placer son action au cœur de

l'éthique et de la déontologie, qui doivent servir de guide dans la pratique du droit. L'éthique doit irriguer l'ensemble des enseignements à l'École nationale de la magistrature, permettant au futur magistrat de faire vivre notamment les valeurs d'indépendance, d'impartialité, de neutralité, de dignité et d'humanité. L'éthique du magistrat doit servir également à faire vivre en lui la flamme du doute, l'éclairant ainsi, avec mesure et distance, sur les décisions à prendre.
Devenir magistrat aujourd'hui, c'est vouloir restaurer le lien social et apaiser les tensions.
C'est, en rendant la Justice, faire vivre la République.

PRÉFACE

Jean-François THONY
Directeur de l'École nationale de la magistrature

50 ans, c'est l'âge de l'École nationale de la magistrature ; c'est aussi l'âge où l'on se sent en pleine forme et toujours plein de projets, mais où l'on est en même temps conscient que le temps est passé par là, que des rides sont apparues et qu'un petit lifting peut être nécessaire... L'ENM a bénéficié en 2008 de l'une de ses plus grandes réformes depuis sa création. Avait-elle tant de rides ? Le corps judiciaire se félicite de la qualité de la formation qui y est dispensée, et sa réputation et son prestige à l'étranger ne se dément pas. Pourtant, il faut bien reconnaître que depuis 1958, date où le concours a été mis en place, celui-ci n'avait que peu changé, alors que les techniques de recrutement, comme les besoins du corps judiciaire, avaient pour leur part beaucoup évolué. Aujourd'hui, la magistrature a besoin d'hommes et de femmes qui soient toujours parmi les meilleurs juristes, mais qui sachent également affronter la complexité et la violence des affaires qui leur sont soumises avec sagesse, humanité, sens de l'écoute mais aussi capacité à prendre des décisions courageuses dans des contextes de crises ou de conflit, sous la pression des médias et de l'opinion publique. Ce sont autant de qualités humaines que le recrutement doit savoir identifier chez les candidats, outre leurs connaissances juridiques. C'est dans ce sens que le concours a été adapté et enrichi.

La formation initiale des futurs magistrats, quant à elle, n'est pas seulement destinée à faire acquérir des techniques et des procédures. Elle doit être aussi le lieu où les compétences fondamentales que le concours aura identifié chez les candidats seront développées et mises en valeur. Ainsi, la nouvelle formation qui découle de la réforme de 2008 met l'accent sur l'acquisition des compétences fondamentales au travers de huit grands enseignements qui forment désormais la colonne vertébrale de la formation initiale. L'apprentissage des fonctions s'enrichit ainsi en abordant dans une première phase de formation les techniques qui sont communes à chacune d'elles : méthodologie de la prise de décision, éthique et déontologie, prise de parole, etc. La période de formation aux premières fonctions est en outre renforcée.

La fonction judiciaire est une des fonctions les plus nobles de la république, mais sans doute aussi l'une des plus difficiles, en raison du contexte de l'intervention du juge : on lui demande de découvrir la vérité là où tout le monde s'efforce de la garder cachée ; on s'adresse à lui pour trancher là où les parties n'ont pu trouver aucune solution juridique à leur différent ; on voudrait qu'il soit l'arbitre des grands débats de société là où le législateur ou le politique n'a pas voulu s'aventurer. Notre société demande de plus en plus à sa justice, en France comme ailleurs. C'est tant mieux : l'indépendance des magistrats, leur professionnalisme, leur intégrité en font des recours sûrs pour le justiciable. Mais dans ce contexte, la formation des magistrats devient un défi formidable, que l'École nationale de la magistrature, en adaptant sans cesse sa formation à ces nouveaux enjeux et aux demandes de notre société, est plus que jamais prête à relever. À cinquante ans tout est possible !

INTRODUCTION

L'École nationale de la magistrature : cinquante ans de formation des magistrats

L'École nationale de la magistrature, à l'origine Centre national d'études judiciaires, a été instituée à l'initiative de Michel Debré par une ordonnance n° 58-1270 du 22 décembre 1958. Elle s'installera le 1er mars 1959 rue de la Faisanderie à Paris... avec quinze auditeurs de justice !

En 1960, sous l'influence de Jacques Chaban-Delmas, elle est décentralisée à Bordeaux, dans un premier temps dans des locaux provisoires situés cours Xavier Arnozan. En 1972, le Centre national d'études judiciaires, rebaptisé entre temps École nationale de la magistrature, s'installe dans un bâtiment construit pour elle au centre ville de Bordeaux sur le site de l'ancienne maison d'arrêt de Bordeaux, à côté des vestiges du fort du Hâ.

Cinquante ans après sa création elle a formé la plupart des huit mille magistrats français et de nombreux magistrats étrangers.

Un site exceptionnel : le fort du Hâ

À la suite de sa victoire à Castillon le 17 juillet 1453 qui met fin à la guerre de cent ans, Charles VII reconquiert la province de Guyenne et fait élever à Bordeaux deux forteresses dont le fort du Hâ. Édifie en 1456, à la fois ouvrage militaire et logement pour les officiers royaux, il servira également immédiatement de prison.

Charles de Valois, devenu duc de Guyenne y est empoisonné en 1471 avec sa maîtresse sans doute à l'instigation de son frère Louis XI.

Marie de Médicis y fixera en novembre 1615 sa résidence à l'occasion du mariage de Louis XIII et d'Anne d'Autriche à la cathédrale Saint André voisine.

Devenu prison d'État sous la Révolution, le fort sera partiellement détruit en 1835 pour faire place à la construction d'un palais de justice et d'une nouvelle prison de modèle "pennsylvanien".

Durant la Seconde Guerre mondiale la prison du "Hâ" servira de centre de détention pour les résistants et les personnes arrêtées pour délits politiques dont Édouard Daladier et Georges Mandel.

Le dernier condamné à mort à avoir été exécuté dans la prison du "Hâ" est le parricide René Pons le 21 juin 1960. Marie Besnard, sera emprisonnée en ce lieu avant d'être acquittée par la cour d'assises de la Gironde en 1961.

La prison départementale fermera en 1967 avant d'être détruite pour faire place au nouveau bâtiment de l'École nationale de la magistrature construit par l'architecte Gillet qui intégrera les deux tours (dites des anglais ou des sorcières et des minimes), vestiges du fort historique. Le nouveau bâtiment sera inauguré le 12 décembre 1972 par le garde des Sceaux René Pléven.

CHAPITRE 1

Devenir magistrat de l'ordre judiciaire

Le terme de magistrat est défini par Le Littré comme étant un « officier civil qui rend la justice ou maintient ou administre un territoire ». René Capitant évoquait dans son Dictionnaire juridique « Tout fonctionnaire public ou officier public investi d'une autorité juridictionnelle, administrative ou politique ». C'est ainsi que le Maire est communément qualifié de « premier magistrat » de la ville.

Dans son sens plus technique, ce terme qualifie les autorités siégeant dans les cours, tribunaux ou chambres de l'ordre judiciaire, administratif et financier[1].

Le présent ouvrage se bornera à décrire le recrutement et la formation des seuls magistrats de l'ordre judiciaire.

Section I
L'ÉVOLUTION DES MODES DE RECRUTEMENT[2]

L'histoire du recrutement des magistrats de l'ordre judiciaire depuis la révolution française se caractérise par la capacité de plus en plus réduite du pouvoir exécutif à bénéficier d'une grande latitude de choix dans le recrutement des futurs juges et procureurs.

De manière simplifiée, ce recrutement évolue difficilement d'un recrutement très discrétionnaire fondé notamment sur la recommandation et la fortune sous l'Empire, vers un recrutement basé sur un concours républicain qui ne s'impose que tardivement à partir de 1958 (après une courte tentative d'introduction par le *décret Sarrien du 21 août 1906*, qui échoue faute de candidats).

Entre ces deux époques, quelques étapes importantes méritent d'être relevées comme le *décret Aristide Briand du 13 février 1908* qui marque la réintroduction d'un examen

1. Sur cette question voir « Dictionnaire de culture Juridique » sous la direction de Denis ALLAND et Stéphane RIALS, Paris, PUF, 2003.
2. Sur cette question voir Catherine FILLON, Marc BONINCHI et Arnaud LECOMPTE, *Devenir Juge : mode de recrutement et crise des vocations de 1830 à nos jours*, collection Droit et Justice, PUF, février 2008 ; Anne BOIGEOL, *La formation des magistrats : de l'apprentissage sur le tas à l'École professionnelle.*

professionnel comprenant une épreuve écrite de pratique judiciaire et une épreuve orale de droit civil, droit criminel et administration judiciaire. Le jury était alors composé d'un conseiller à la Cour de cassation (président), d'un directeur du ministère de la Justice et de trois autres magistrats de l'ordre judiciaire. Le classement se faisait par ordre alphabétique et aboutissait à une liste plus importante que le nombre de postes à pourvoir, le garde des Sceaux conservant le choix des noms qu'il retenait dans cette liste.

Les quinze modifications du décret de 1908 permettront progressivement de se rapprocher des éléments caractérisant un concours, son adoption en décembre 1958 marquant l'aboutissement d'un processus de cinquante ans :

Le décret du 8 juillet 1924 introduit le classement par ordre de mérite.

Un *arrêté du 16 juin 1936* amorce le mouvement de renforcement des épreuves de nature juridique ou autre qui se poursuit avec *le décret du 10 février 1941*, introduisant une épreuve de culture générale, par le *décret du 5 mai 1951* qui ajoute une épreuve juridique ; *le décret du 21 mai 1957* marquera l'introduction de l'épreuve de conversation avec le jury sur le modèle du concours de l'École nationale d'administration.

Le décret n° 59-83 du 7 janvier 1959 instaure le Centre national d'études judiciaires et introduit l'option de droit public et d'une langue vivante. Le programme du concours est alors le suivant :

Épreuves d'admissibilité :
- Composition sur un sujet se rapportant à l'évolution générale des idées et des faits politiques, économiques ou sociaux depuis le milieu du XVIIIe siècle.
- Composition sur un sujet de droit civil.
- Composition de droit pénal ou de droit public.
- Traduction d'un texte en langue étrangère.

Épreuves d'admission :
- Interrogation orale portant sur l'organisation judiciaire, la procédure civile et pénale.
- Interrogation portant sur le droit commercial.
- Interrogation portant sur le droit social.
- Conversation avec le jury ayant pour point de départ le commentaire d'un texte à caractère général.

Le décret n° 65-160 du 1er mars 1965 apporte quelques modifications aux épreuves orales :
- Interrogation orale portant (au choix) sur l'organisation judiciaire, la procédure civile et pénale ou les grands services publics et les entreprises nationales.
- Interrogation portant sur le droit commercial.
- Interrogation portant sur le droit social.
- Interrogation portant sur la matière non choisie à l'écrit (droit pénal ou droit public).
- Conversation avec le jury ayant pour point de départ le commentaire d'un texte à caractère général.

L'épreuve d'admissibilité de note de synthèse fait son apparition en 1972.

En cinquante ans, de 1958 à 2008, le concours d'accès à l'École nationale de la magistrature n'aura donc subi que de légères retouches.

Section II
LES DIFFÉRENTS MODES ACTUELS D'ACCÈS À LA MAGISTRATURE

L'accès à la magistrature se caractérise aujourd'hui par une forte diversité des modes de recrutement, même si l'un d'entre eux, le recrutement par concours, assure l'essentiel de la sélection des candidats.

Cette diversité des modes de recrutements trouve son explication dans le besoin d'assurer une diversité des profils et des compétences, dans celui de limiter le caractère uniforme du corps judiciaire ; elle se justifie également par le besoin de réguler la pyramide des âges ou de pouvoir répondre à un besoin en ressources humaines devant être rapidement pourvu.

Plusieurs classifications des types de recrutement peuvent être faites :

- Recrutement d'étudiants et recrutement de personnes bénéficiant d'une expérience professionnelle préalable :
  - Recrutement d'étudiants :
    - 1er concours d'accès
  - Recrutement de personnes bénéficiant d'une expérience professionnelle préalable :
    - 2e concours d'accès
    - 3e concours d'accès
    - Recrutement d'auditeurs de justice sur titres
    - Concours complémentaires
    - Recrutement latéral
    - Magistrats à titre temporaire
    - Détachement judiciaire
    - Juges de proximité

- Recrutement pour la durée d'une carrière (fut-elle une seconde carrière) et recrutement pour une période déterminée :
  - Recrutement pour la durée d'une carrière :
    - 1er concours d'accès
    - 2e concours d'accès
    - 3e concours d'accès
    - Recrutement d'auditeurs de justice sur titres
    - Concours complémentaires
    - Recrutement latéral

- Recrutement pour une période déterminée :
  - Magistrats à titre temporaire
  - Détachement judiciaire
  - Juges de proximité

> Recrutement annuels et recrutements exceptionnels :

- Recrutements annuels :
  - 1er concours d'accès
  - 2e concours d'accès
  - 3e concours d'accès
  - Recrutement d'auditeurs de justice sur titres
- Recrutements exceptionnels :
  - Concours complémentaires
  - Recrutement latéral
  - Magistrats à titre temporaire
  - Détachement judiciaire
  - Juges de proximité

> Recrutement suivi d'une formation probatoire et recrutement suivi d'une formation non probatoire :

- Recrutements suivis d'une formation probatoire :
  - 1er concours d'accès
  - 2e concours d'accès
  - 3e concours d'accès
  - Recrutement d'auditeurs de justice sur titres
  - Concours complémentaires
  - Recrutement latéral (si la commission d'avancement le décide)
  - Juges de proximité (si le Conseil supérieur de la magistrature le décide)
- Recrutements suivis d'une formation non probatoire :
  - Magistrats à titre temporaire
  - Détachement judiciaire

> Recrutement suivi d'une formation longue et recrutement suivi d'une formation courte :

- Recrutements suivis d'une formation longue (31 mois) :
  - 1er concours d'accès
  - 2e concours d'accès
  - 3e concours d'accès
  - Recrutement d'auditeurs de justice sur titres
- Recrutements suivis d'une formation courte (jusqu'à 6 mois au maximum) :
  - Concours complémentaires
  - Recrutement latéral
  - Magistrats à titre temporaire
  - Détachement judiciaire
  - Juges de proximité

La composition du corps de la magistrature selon son mode de recrutement était au 1er janvier 2009 la suivante :

Mode de recrutement	Effectif	Pourcentage
Auditeurs de justice recrutés par concours :	**6 925**	**81,94 %**
• 1er concours (étudiants) :	6 174	
- fonctionnaires	703	
- secteur privé...	48	
Auditeurs de justice recrutés sur titres	**275**	**3,25 %**
Concours exceptionnels ou complémentaires	**489**	**5,79 %**
Intégration directe sur titre en qualité de magistrat	**679**	**8,03 %**
• au 2e grade	647	
• au 1er grade	29	
• hors hiérarchie	3	
Juges du livre foncier	**43**	**0,51 %**
Recrutement pour une durée limitée :	**40**	**0,47 %**
• Conseillers à la Cour de cassation en service extraordinaire	10	
• Avocats à la Cour de cassation en service extraordinaire :		
- Conseillers de cour d'appel en service extraordinaire	6	
- Détachés judiciaires	14	
- Magistrats à titre temporaire	8	
Total	**8 451**	**100 %**

I – LES VOIES D'INTÉGRATION EN QUALITÉ D'AUDITEUR DE JUSTICE ET LE CONCOURS COMPLÉMENTAIRE

A - LE RECRUTEMENT EN QUALITÉ D'AUDITEUR DE JUSTICE

Textes applicables : Articles 15 à 21 de l'ordonnance n° 58-1270 du 22 décembre 1958 relative au statut de la magistrature, décret d'application n° 93-21 du 7 janvier 1993 modifié par le décret n° 2001-1380 du 31 décembre 2001

Fonctions judiciaires occupées après la formation dispensée par l'École nationale de la magistrature :
Toutes les fonctions de magistrat de l'ordre judiciaire du premier degré :

- Juge de grande instance
- Juge d'instance
- Juge d'instruction
- Juge des enfants
- Juge d'application des peines

- Juge placé auprès du premier président de la cour d'appel
- Substitut du procureur de la République
- Substitut placé auprès du procureur général près la cour d'appel

Durée de la formation probatoire : Trente et un mois

Statut pendant la formation : Pendant la période de formation, les auditeurs de justice, qui sont membres du corps judiciaire, perçoivent une rémunération d'environ 1 650 euros bruts mensuels plus les indemnités de formation et les indemnités de stage. Les auditeurs ayant la qualité de fonctionnaire à la date de leur entrée à l'école sont détachés par leur administration durant tout le temps de leur scolarité. Si la rémunération perçue par ces agents par application de l'article 18 de l'ordonnance du 22 décembre 1958 susvisée est inférieure au montant du traitement dont ils auraient bénéficié dans leur administration d'origine, soit au moment de leur entrée à l'école, soit par suite des avancements dont ils font postérieurement l'objet dans cette administration, ils perçoivent une indemnité compensatrice d'un montant égal à la différence des rémunérations afférentes, d'une part, à leur grade et échelon dans leur corps d'origine et d'autre part, à l'échelon correspondant à l'emploi l'auditeur de justice. Lé rémunération perçue dans le corps d'origine est prise en compte pour le calcul de cette indemnité.

1 - Le recrutement des auditeurs de justice par concours

a - Les conditions pour concourir

Conditions générales :

- Être de nationalité française.
- Avoir la jouissance des droits civiques.
- Être de bonne moralité.
- Être en position régulière au regard du Code du service national.
- Remplir les conditions d'aptitude physique nécessaires à l'exercice des fonctions.

Il n'est pas possible de se présenter plus de trois fois à chacun des trois concours d'accès.

Les limites d'âge peuvent être reculées sous certaines conditions dans plusieurs cas :

- Le service national et l'armée.
- Les charges de famille.
- Les sportifs et anciens sportifs de haut niveau.
- Les candidats ayant accédé à l'université sans être titulaires du baccalauréat.
- Le handicap.

La prise en compte du handicap

Les candidats dont la qualité de handicapé a été reconnue compatible avec l'exercice des fonctions de magistrat, préalablement à leur inscription au concours, dans les conditions prévues aux articles L. 5211-4 et suivants du Code du travail, peuvent solliciter du président du jury, au moins huit jours avant le début des épreuves, pour chaque épreuve écrite ou orale, un temps supplémentaire ou des modalités particulières de préparation ou d'exécution. Ce temps ne peut excéder le tiers de celui dont disposent les autres candidats.

b - Au premier concours d'accès

Condition d'âge : Être âgé de trente et un ans (cette limite était avant la réforme de 2008 de vingt-sept ans) au plus au 1er janvier de l'année du concours.

Condition de diplôme :

- Être titulaire d'un diplôme sanctionnant une formation d'une durée au moins égale à quatre années d'études après le baccalauréat *(donc pas nécessairement un diplôme en droit)*, que ce diplôme soit national, reconnu par l'État ou délivré par un État membre de la Communauté européenne et considéré comme équivalent par le ministre de la Justice après avis d'une commission dans les conditions prévues par l'article 17-1 du décret du 4 mai 1972 susvisé.
- Ou d'un diplôme délivré par un institut d'études politiques.
- Ou d'un certificat attestant la qualité d'ancien élève d'une école normale supérieure.

Condition d'expérience : Aucune.

c - Au deuxième concours d'accès

Condition d'âge : Avoir quarante-six ans et cinq mois au plus au 1er janvier de l'année du concours.

Condition de diplôme : Aucune.

Conditions d'expérience :

- Avoir le statut des fonctionnaires régi par les titres I, II, III et IV du statut général des fonctionnaires de l'État et des collectivités territoriales, aux militaires et autres agents de l'État, des collectivités territoriales et de leurs établissements publics, remplissant les conditions fixées par les articles 21 et 34 du décret du 4 mai 1972 susvisé et par le décret n° 90-709 du 1er août 1990.
- Pouvoir justifier au 1er janvier d'une durée de quatre années au moins de services en ces qualités et être en activité au moment du dépôt du dossier.

d - Au troisième concours d'accès

Condition d'âge : Avoir quarante ans au plus au 1er janvier de l'année du concours.

Condition de diplôme : Aucune.

Condition d'expérience : Pouvoir justifier de huit années au total, d'une ou plusieurs activités professionnelles (dans le secteur privé), d'un ou plusieurs mandats de membre d'une assemblée élue d'une collectivité territoriale ou de fonctions juridictionnelles à titre non professionnel. *La durée de ces activités, mandats ou fonctions ne peut être prise en compte que si les intéressés n'avaient pas, lorsqu'ils les exerçaient, la qualité de magistrat, de fonctionnaire, de militaire ou d'agent public.*

2 - Les modalités du recrutement

Les concours d'accès à l'École nationale de la magistrature sont ouverts chaque année par arrêté du garde des Sceaux, ministre de la Justice. Cet arrêté prévoit les dates et lieux de déroulement des épreuves écrites d'admissibilité, ainsi que la date de forclusion des inscriptions. Lorsque cet arrêté ne le précise pas, un arrêté distinct prévoit le nombre de places offertes aux concours d'entrée et, éventuellement, les possibilités de report d'un certain nombre de places non pourvues au titre d'un concours sur l'un ou l'autre des deux autres concours par décision du président du jury sur proposition du jury.

Les candidats peuvent se procurer le dossier d'inscription :

- soit en le retirant au parquet du tribunal de grande instance de leur lieu de résidence ;
- soit en le téléchargeant et l'imprimant en se connectant sur le site de l'École nationale de la magistrature : www.enm.justice.fr.

Le dossier doit être déposé auprès du procureur de la République près le tribunal de grande instance du lieu de résidence.

L'autorisation à concourir

Le concours d'accès à l'École nationale de la magistrature présente la particularité de voir les candidats autorisés à concourir par arrêté du garde des Sceaux, ministre de la Justice.

L'instruction préalable du dossier de candidature par le parquet vise à réunir les éléments permettant au ministre d'établir la liste des candidats qui seront autorisés à concourir.

Une enquête de moralité diligentée par les services de police ou de gendarmerie permet notamment de réunir des éléments concernant la condition de bonne moralité en complément de la production du bulletin numéro deux du casier judiciaire.

L'arrêté fixant la liste des candidats autorisés à concourir est affiché dans les locaux de l'École nationale de la magistrature quelques semaines avant le début des épreuves.

Le service des recrutements de l'École nationale de la magistrature notifie directement aux candidats non admis à concourir la décision de rejet du garde des Sceaux, ministre de la Justice les concernant. Ces décisions sont susceptibles de recours gracieux et contentieux.

En application de l'article 16 du décret n° 72-355 du 4 mai 1972 relatif à l'École nationale de la magistrature et de l'arrêté du 31 décembre 2008 relatif aux modalités d'organisation, règles de discipline, programme, déroulement et correction des épreuves des trois concours d'accès à l'École nationale de la magistrature, l'organisation des concours d'accès à l'École nationale de la magistrature est déléguée au directeur de cet établissement.

Cette mission est mise en œuvre par la sous-direction des recrutements et de la validation des compétences de l'école, sous-direction rattachée à la direction des recrutements, de la formation initiale et de la recherche.

École nationale de la magistrature
Sous direction des recrutements et de la validation des compétences
10 rue des frères Bonie, 33080 Bordeaux Cedex

concours.enm@justice.fr

05 56 00 10 24
05 56 00 10 25
05 56 00 10 23

B - LE RECRUTEMENT DES AUDITEURS DE JUSTICE SUR TITRES

1 - Les conditions pour candidater

Conditions générales :

- Être de nationalité française.
- Avoir la jouissance des droits civiques.
- Être de bonne moralité.
- Être en position régulière au regard du Code du service national.
- Remplir les conditions d'aptitude physique nécessaires à l'exercice des fonctions.

Condition d'âge : Être âgé de trente et un ans au moins et quarante ans au plus au 1er janvier de l'année au cours de laquelle le dossier est examiné par la commission d'avancement.

Conditions de diplôme et d'expérience :

- Être titulaire d'une maîtrise en droit et justifier de quatre années d'activité dans le domaine juridique, économique ou social les qualifiant pour l'exercice des fonctions judiciaires.
- Ou être docteur en droit et posséder en outre un autre diplôme d'études supérieures.
- Ou avoir exercé des fonctions d'enseignement ou de recherche en droit dans un établissement public d'enseignement supérieur pendant trois ans après l'obtention de la maîtrise en droit et possédant un diplôme d'études supérieures dans une discipline juridique.

2 - Les modalités du recrutement

Le recrutement sur titres des auditeurs de justice est ouvert dans le prolongement du recrutement par concours, le volume du recrutement sur titres étant fonction de celui du recrutement par concours. Le nombre des auditeurs ainsi recrutés ne peut dépasser le tiers du nombre des auditeurs issus des concours et figurant dans la promotion à laquelle ils seront rattachés. Ainsi pour un recrutement de cent cinq auditeurs de justice pour les trois concours d'accès (exemple des sessions 2008 et 2009), le recrutement maximal sur titres est de trente-cinq.
Le dossier de candidature peut être retiré auprès du parquet général de chaque cour d'appel ou auprès de la direction des services judiciaires du ministère de la Justice par courrier.

Le dossier de candidature doit être déposé avant le 15 janvier auprès du procureur général de la cour d'appel du lieu de résidence, avec copie au ministère de la Justice *(attention : il convient de vérifier cette date sur le site internet du ministère de la Justice).*

Ministère de la Justice
Direction des services judiciaires
Sous-direction des ressources humaines de la magistrature
Département A3
Section du recrutement, de la formation et des affaires générales
13 place Vendôme
75042 Paris Cedex 01

01 44 77 78 90

Les dossiers, une fois instruits par les procureurs généraux, sont transmis au ministère de la Justice puis soumis à l'examen de la commission d'avancement prévue à l'article 34 de l'ordonnance n° 58-1270 du 22 décembre 1958 relative au statut de la magistrature.

Composition de la commission d'avancement

- Premier président de la Cour de cassation (président).
- Procureur général près la Cour de cassation.
- Inspecteur général des services judiciaires.
- Deux magistrats hors hiérarchie de la Cour de cassation, un du siège et un du parquet (élus par leurs pairs).
- Deux premiers présidents et deux procureurs généraux de cour d'appel (élus par leurs pairs).
- Dix magistrats des cours et tribunaux, sept du premier grade et trois du second grade (élus par leurs pairs).

La commission d'avancement peut procéder à une audition du candidat avant d'émettre son avis.

Les nominations en qualité d'auditeur de justice qui sont faites par le garde des Sceaux, ministre de la Justice, ne peuvent intervenir qu'après avis conforme de la commission d'avancement.

L'intégration en qualité d'auditeur de justice se fait le 1er février de chaque année (sauf pour les anciens avocats).

C - LES CONCOURS COMPLÉMENTAIRES

Textes applicables : Articles 15 à 21-1 et 28 de l'ordonnance n° 58-1270 du 22 décembre 1958 relative au statut de la magistrature, décret d'application n° 2001-1099 du 22 novembre 2001.

Fonctions judiciaires occupées après la formation dispensée par l'École nationale de la magistrature : Toutes les fonctions du second et du premier grade de la magistrature.

Durée de la formation probatoire : Six mois dont cinq mois en stage.

Statut pendant la formation : Pendant les six mois de formation probatoire les candidats sont rémunérés selon les conditions fixées par le décret n° 2003-13 du 3 janvier 2003.

Statut après la nomination : Les candidats recrutés peuvent obtenir la prise en compte de leur activité professionnelle antérieure à la nomination en qualité de magistrat en vue de leur reclassement indiciaire.

1- Les conditions pour candidater

Conditions générales :

- Être de nationalité française.
- Avoir la jouissance des droits civiques.
- Être de bonne moralité.
- Être en position régulière au regard du Code du service national.
- Remplir les conditions d'aptitude physique nécessaires à l'exercice des fonctions.

a - Aux fonctions de magistrat du second grade de la hiérarchie judiciaire

Condition d'âge : Être âgé de trente-cinq ans au moins au 1er janvier de l'année de parution de l'arrêté d'ouverture au *Journal officiel.*

Condition de diplôme : Être titulaire d'un diplôme équivalent à quatre années après le baccalauréat ou d'un diplôme d'un institut d'études politiques ou certificat attestant la qualité d'ancien élève d'une école normale supérieure.

Condition d'expérience : Avoir dix ans d'expérience professionnelle dans les domaines juridique, administratif, économique, social qualifiant particulièrement pour l'exercice des fonctions judiciaires.

b - Aux fonctions de magistrat du premier grade de la hiérarchie judiciaire

Condition d'âge : Être âgé de cinquante ans au moins au 1er janvier de l'année de parution de l'arrêté d'ouverture au *Journal officiel.*

Conditions de diplôme : Être titulaire d'un diplôme équivalent à quatre années après le baccalauréat ou d'un diplôme d'un institut d'études politiques ou certificat attestant la qualité d'ancien élève d'une école normale supérieure.

Condition d'expérience : Avoir quinze ans d'expérience professionnelle dans les domaines juridique, administratif, économique, social qualifiant particulièrement pour l'exercice des fonctions judiciaires.

2 - Les modalités du recrutement

Ces concours sont ouverts par un arrêté du garde des Sceaux, ministre de la Justice, qui fixe le nombre de places offertes. Il ne peut dépasser le cinquième du nombre total de recrutements intervenus au second grade au cours de l'année civile précédente. Il en est de même pour le recrutement au premier grade dans la proportion du dixième.

Il n'existe pas de principe de l'annualité des concours complémentaires comme cela est le cas pour les trois concours d'accès évoqués plus haut. Ils ne sont donc ouverts que pour répondre à un besoin de recrutement circonstanciel.

Les dossiers de candidature sont à retirer auprès des parquets généraux des cours d'appels ou par courrier auprès de la direction des services judiciaires du ministère de la Justice.

Il n'est pas possible de se présenter plus de trois fois aux concours complémentaires.

Les épreuves des concours complémentaires

Épreuves d'admissibilité :

- Une consultation ou étude juridique, rédigée en 5 heures, à partir de documents se rapportant au droit civil, et ayant notamment pour but d'apprécier la capacité du candidat à appliquer le droit (cœfficient 4).
- Une composition, rédigée en 5 heures, sur un sujet se rapportant, au choix du candidat exprimé lors du dépôt de sa candidature, soit au droit pénal (général et spécial), soit au droit public (cœfficient 4).
- Une note de synthèse, rédigée en 5 heures, à partir d'un dossier de nature juridique (cœfficient 4).

Épreuves d'admission :

- Un exposé de dix minutes portant sur un cas pratique se rapportant au droit civil ou au droit pénal ayant notamment pour but d'apprécier l'aptitude à juger du candidat, suivi d'une conversation de vingt minutes avec le jury permettant d'évaluer l'intelligence que le candidat a de ses activités antérieures et son ouverture d'esprit (cœfficient 5). La durée de préparation de cette épreuve est d'une heure.
- Une interrogation orale de quinze minutes portant pour chaque candidat sur celle des matières qu'il n'a pas choisie pour la deuxième épreuve d'admissibilité (coefficient 3).
- Pour les concours de recrutement de magistrats du premier grade de la hiérarchie judiciaire, une interrogation orale de quinze minutes portant sur la procédure civile et pénale et, au choix du candidat exprimé lors du dépôt de sa candidature, soit sur le droit social, soit sur le droit commercial (cœfficient 2).

La composition du jury

- Un magistrat hors hiérarchie à la Cour de cassation, président.
- Un maître des requêtes au Conseil d'État ou un conseiller référendaire à la Cour des comptes.
- Quatre magistrats de l'ordre judiciaire dont au moins un appartenant au premier grade de la hiérarchie judiciaire.
- Deux professeurs des universités chargés d'un enseignement de droit.
- Trois autres personnes choisies en raison de leur compétence juridique.

Les candidats déclarés admis par le jury sont nommés par arrêté du garde des Sceaux, ministre de la Justice, en qualité de stagiaires auprès de l'École nationale de la magistrature et choisissent, suivant leur rang de classement et en fonction de la liste qui leur est proposée par le garde des Sceaux, ministre de la Justice, le poste auquel ils souhaitent être nommés. Le candidat déclaré admis qui n'a pas exprimé de choix fait d'office l'objet d'une proposition de nomination et, s'il refuse cette proposition, est considéré comme démissionnaire.

II – LES VOIES D'INTÉGRATION EN QUALITÉ DE MAGISTRAT

A - LE RECRUTEMENT « LATÉRAL »

Textes applicables : Articles 22 et suivants de l'ordonnance n° 58-1270 du 22 décembre 1958 relative au statut de la magistrature, articles 33 à 35 du décret d'application n° 93-21 du 7 janvier 1993 modifié par le décret n° 2001-1380 du 31 décembre 2001.

Fonctions judiciaires occupées après la formation dispensée par l'École nationale de la magistrature : Toutes les fonctions du second grade ou du premier grade de la magistrature.

La commission d'avancement, avant de se prononcer peut décider de subordonner la nomination du candidat à une intégration au titre des articles 22 et 23 à l'accomplissement d'un stage probatoire de six mois maximum, la durée est fixée par la commission d'avancement (art. 25-3 ordonnance du 22 décembre 1958).

Statut pendant la formation : Absence de rémunération mais possibilité, en l'absence de ressources, d'obtenir pendant ces six mois une bourse d'un montant mensuel d'environ 1 500 euros.

1 - Les conditions pour candidater

Conditions générales :
- Être de nationalité française.
- Avoir la jouissance des droits civiques.
- Être de bonne moralité.

a -AUX FONCTIONS DU SECOND GRADE DE LA HIÉRARCHIE JUDICIAIRE

Condition d'âge : Être âgé de trente-cinq ans au moins.

Conditions de diplôme et d'expérience :
- Être titulaire d'un diplôme sanctionnant une formation d'une durée au moins égale à quatre années d'études après le baccalauréat et justifier de sept années au moins d'exercice professionnel les qualifiant particulièrement pour l'exercice des fonctions judiciaires.
- Être greffier en chef des services judiciaires et justifier de sept années de services effectifs.

- Être fonctionnaire de catégorie A du ministère de la Justice ne remplissant pas les conditions de diplômes prévues ci-dessus et justifier de sept années de services effectifs en cette qualité.

b - Aux fonctions du premier grade de la hiérarchie judiciaire

Condition d'âge : Aucune.

Conditions de diplôme et d'expérience :
- Être titulaire d'un diplôme sanctionnant une formation d'une durée au moins égale à quatre années d'études après le baccalauréat et justifier de dix-sept années au moins d'exercice professionnel les qualifiant particulièrement pour exercer des fonctions judiciaires.
- Être greffier en chef des services judiciaires du premier grade exerçant ou ayant exercé un emploi comportant des responsabilités particulières et classé dans l'une des deux catégories prévues à l'article 3 du décret du 30 avril 1992 portant statut particulier des greffiers en chef des services judiciaires et que leur compétence et leur expérience qualifient particulièrement pour exercer des fonctions judiciaires.

2 - Les modalités de recrutement

Le recrutement latéral est limité au cours d'une année civile déterminée au quart de la totalité des recrutements intervenus au second grade au cours de l'année civile précédente, et au dixième pour les recrutements intervenus au premier grade.

Les dossiers de candidature sont à retirer auprès des parquets généraux des cours d'appels ou par courrier auprès de la direction des services judiciaires du ministère de la Justice.

Il n'existe pas de date limite pour le dépôt des dossiers de candidature.

Les nominations ne peuvent intervenir qu'après avis conforme de la commission d'avancement.

B - LES MAGISTRATS À TITRE TEMPORAIRE

Textes applicables : Articles 41-10 à 41-16 de l'ordonnance n° 58-1270 du 22 décembre 1958 relative au statut de la magistrature, décrets d'application n° 97-4 et 97-5 du 7 janvier 1997 modifiant le décret n° 93-21 du 7 janvier 1993, décret d'application n° 98-243 du 2 avril 1998.

Fonctions judiciaires occupées après la formation dispensée par l'École nationale de la magistrature :

- Juge d'instance.
- Assesseurs dans les formations collégiales des tribunaux de grande instance.

Durée de la formation : Entre quarante et quatre-vingt-dix jours sur une période ne pouvant excéder six mois. Cette durée est fixée par la commission d'avancement.

Statut pendant la formation : Indemnité quotidienne de 41,44 €.

Statut après nomination : Nomination pour une durée de six années non renouvelables. Possibilité d'exercer une activité professionnelle concomitamment aux fonctions de magistrat à titre temporaire, sous réserve que cette activité ne soit pas :

- de nature à porter atteinte à la dignité de la fonction judiciaire et à son indépendance ;
- une activité d'agent public, à l'exception de celle de professeur et de maître de conférences des universités.

Indemnité de vacation forfaitaire de 82,89 € par vacation, dans la limite de vingt vacations par mois et cent vingt par an.

1 - Les conditions pour candidater

Conditions générales :

- Être de nationalité française.
- Avoir la jouissance des droits civiques.
- Être de bonne moralité.

Condition d'âge : Être âgé de moins de soixante-cinq ans révolus (au moment de la nomination).

Conditions de diplôme et d'expérience :

- Avoir au moins sept années d'expérience professionnelle les qualifiant particulièrement pour exercer des fonctions judiciaires, et être titulaire d'un diplôme sanctionnant une formation d'une durée au moins égale à quatre années d'études après le baccalauréat (diplôme national, reconnu par l'État ou délivré par un État membre de la Communauté européenne, ou diplôme d'Institut d'études politiques ou de l'École normale supérieure).
- Ou être greffier en chef des services judiciaires justifiant de sept années de services effectifs.
- Ou être fonctionnaire de catégorie A du ministère de la Justice ne remplissant pas les conditions de diplômes et justifiant de sept années de services effectifs au moins en cette qualité.
- Ou être membre ou ancien membre des professions libérales juridiques ou judiciaires soumises à un statut législatif ou réglementaire ou dont le titre est protégé, et justifiant de sept années au moins d'exercice professionnel (administrateur judiciaire, avocat, avocat au Conseil d'État et à la Cour de cassation, avoué, commissaire-priseur, greffier des tribunaux de commerce, huissier de justice, mandataire judiciaire à la liquidation des entreprises, notaire). *Pour ces candidats, la formation ne pourra s'effectuer dans une juridiction du ressort du tribunal de grande instance où ils ont ou ont eu, depuis moins de cinq ans, leur domicile professionnel.*

2 - Les modalités de recrutement

Les dossiers peuvent être retirés auprès des parquets généraux des cours d'appel ou par courrier auprès de la direction des services judiciaires du ministère de la Justice.

La demande comprend les desiderata géographiques et fonctionnels du candidat.

Elle est déposée auprès du procureur général de la cour d'appel du lieu de résidence qui est chargé de l'instruction du dossier. Une copie est adressée au ministère de la Justice.

Il n'existe pas de date limite pour le dépôt des dossiers de candidature.

Les nominations ne peuvent intervenir qu'après avis conforme de la commission d'avancement.

Ministère de la Justice
Direction des services judiciaires
Sous-direction des ressources humaines de la magistrature
Département A3
Section du recrutement, de la formation et des affaires générales
13 place Vendôme
75042 Paris Cedex 01

01 44 77 78 90

Les dossiers, une fois instruits, sont transmis au ministère de la Justice puis soumis à l'examen de la commission d'avancement (voir composition *supra*), qui procède ou fait procéder à une audition du candidat.

La commission fixe la durée de la formation préalable à l'installation dans les fonctions.

C - LE DÉTACHEMENT JUDICIAIRE

Textes applicables : Articles 41 et suivants de l'ordonnance n° 58-1270 du 22 décembre 1958 relative au statut de la magistrature.

Fonctions judiciaires occupées après la formation à l'École nationale de la magistrature : Ensemble des fonctions judiciaires du second et du premier grade.

Formation non probatoire : Stage de six mois.

Statut pendant la formation : Assimilable à celui d'un auditeur de justice.

Statut après la nomination : Les personnes faisant l'objet d'un détachement judiciaire sont classées dans le corps judiciaire selon les règles généralement applicables dans la fonction publique en matière de changement de corps : classement à l'indice égal ou immédiatement supérieur, avec éventuellement conservation de l'ancienneté.

Durée du détachement : Cinq ans non renouvelable.

1- Les conditions pour candidater

Conditions générales :
- Être de nationalité française.
- Avoir la jouissance des droits civiques.
- Être de bonne moralité.

Condition d'âge : Aucune.

Condition de qualité :
- Être membre d'un corps recruté par la voie de l'École nationale d'administration (notamment dans le cadre de leur obligation de mobilité).
- Être professeur ou maître de conférences des universités.
- Être fonctionnaire de l'État, des collectivités territoriales et des hôpitaux ou fonctionnaires des assemblées parlementaires et appartenir à des corps et cadres d'emplois de même niveau de recrutement (article 28 de la loi organique du 5 mars 2007).

Conditions d'expérience :
- Pouvoir justifier de quatre ans de service dans cette qualité pour le recrutement au second grade.
- Pouvoir justifier de sept ans de service dans cette qualité pour le recrutement au premier grade.

2 - Les modalités de recrutement

Le nombre de détachements judiciaires ne peut excéder un vingtième des emplois de chacun des deux grades.

Le dossier de candidature peut être retiré auprès des parquets généraux des cours d'appel ou par courrier auprès de la direction des services judiciaires du ministère de la Justice.

La demande, comprenant les desiderata géographiques et fonctionnels, doit être déposée (pas de date limite) au parquet général de la cour d'appel du lieu de résidence qui sera chargé de l'instruction du dossier, avec copie au ministère de la Justice.

Ministère de la Justice
Direction des services judiciaires
Sous-direction des ressources humaines de la magistrature
Département A3
Section du recrutement, de la formation et des affaires générales
13 place Vendôme
75042 Paris Cedex 01

01 44 77 78 90

Les dossiers, une fois instruits, sont transmis au ministère de la Justice puis soumis à l'examen de la commission d'avancement (voir *supra*), qui procède ou fait procéder à une audition du candidat.

Le détachement judiciaire est prononcé après avis conforme de la commission, par arrêté du garde des Sceaux, ministre de la Justice, et, le cas échéant, conjoint, du ministère dont relève le corps auquel appartient l'intéressé.

La commission détermine les fonctions auxquelles peut être nommée la personne détachée.

Les personnes faisant l'objet d'un détachement judiciaire sont classées dans le corps judiciaire selon les règles généralement applicables dans la fonction publique en matière de changement de corps : classement à l'indice égal ou immédiatement supérieur, avec éventuellement conservation de l'ancienneté.

III – LE RECRUTEMENT DES JUGES DE PROXIMITÉ

Textes applicables : Articles 41-17 et suivants de l'ordonnance n° 58-1270 du 22 décembre 1958 relative au statut de la magistrature.

Fonctions judiciaires occupées après la formation à l'École nationale de la magistrature : Part limitée des fonctions des magistrats des juridictions judiciaires du premier degré.

Formation possiblement probatoire : Formation théorique obligatoire de douze jours à l'École nationale de la magistrature. Le Conseil supérieur de la magistrature peut en outre soumettre le candidat juge de proximité à un stage probatoire d'une durée de vingt-cinq ou trente-cinq jours de présence effective en juridiction sur une période de six mois.

Statut pendant la formation : Indemnité journalière de stage d'un montant de 37,60 €.

Statut après la nomination : Les juges de proximité sont soumis au statut de la magistrature mais ne sont pas membres du corps judiciaire. La rémunération est faite sous forme de vacation (deux cents maximum par an) équivalent à vingt-cinq dix millièmes du traitement brut annuel moyen d'un magistrat du second grade.

Durée du recrutement : Sept ans non renouvelable et au maximum jusqu'à soixante-quinze ans.

A - LES CONDITIONS POUR CANDIDATER

Conditions générales :

- Être de nationalité française.
- Avoir la jouissance des droits civiques.
- Être de bonne moralité.
- Se trouver en position régulière au regard du Code du service national.
- Remplir les conditions d'aptitude physique nécessaires à l'exercice de leurs fonctions et être reconnus indemnes ou définitivement guéris de toute affection donnant droit à un congé de longue durée.

Conditions de qualité et d'expérience :

- Être ancien magistrat de l'ordre judiciaire ou de l'ordre administratif.
- Ou être âgé de trente-cinq ans au moins en justifiant d'au moins quatre ans d'expérience professionnelle en étant :
  - membre ou ancien membre des professions libérales juridiques et judiciaires soumises à un statut législatif ou réglementaire ou dont le titre est protégé ;
  - titulaire d'un diplôme sanctionnant une formation d'une durée au moins égale à quatre années d'études après le baccalauréat *(donc pas nécessairement un diplôme en droit)*, que ce diplôme soit national, reconnu par l'État ou délivré par un État membre de la Communauté européenne et considéré comme équivalent par la ministre de la Justice après avis d'une commission dans les conditions prévues par l'article 17-1 du décret du 4 mai 1972 susvisé ;
  - titulaire d'un diplôme délivré par un institut d'études politiques ;
  - titulaire d'un certificat attestant la qualité d'ancien élève d'une école normale supérieure.
- Ou justifier d'au moins vingt-cinq ans d'activité dans des fonctions de direction ou d'encadrement dans le domaine juridique.
- Ou être ancien fonctionnaire de catégorie A ou B des services judiciaires.
- Ou être conciliateur de justice et avoir exercé en cette qualité pendant au moins cinq ans.

B - LES MODALITÉS DE RECRUTEMENT

Le nombre de juges de proximité est fixé en fonction des besoins exprimés par les chefs des cours d'appels.

Le dossier de candidature peut être retiré :

- Sur le site internet du ministère de la Justice : http://www.justice.gouv.fr, rubrique « Métiers et concours » et « Recrutement sans concours ».
- Auprès de la cour d'appel ou du Tribunal de grande instance du domicile.
- Par téléphone au ministère de la Justice : 01 44 77 61 13.

La demande doit être déposée (pas de date limite) au parquet général ou à la première présidence de la cour d'appel du lieu de résidence qui sera chargée de l'instruction du dossier, avec copie au ministère de la Justice.

Ministère de la Justice
Direction des services judiciaires
Sous-direction des ressources humaines de la magistrature
Département A1
Pôle des juges de proximité
13 place Vendôme
75042 Paris Cedex 01

01 44 77 61 13 ou 71 03

Les dossiers, une fois instruits, sont transmis au ministère de la Justice puis soumis à l'avis conforme du Conseil supérieur de la magistrature.

Section III

LES STATISTIQUES DU RECRUTEMENT DES AUDITEURS DE JUSTICE

I – LA RÉPARTITION PAR TYPE DE RECRUTEMENT

Année du concours	Promotion	1er concours	2e concours	3e concours	Recrutements sur titres	Reports d'intégration	TOTAL
1983	1984	180	50	0			230
1984	1985	180	50	0			230
1985	1986	180	50	0			230
1986	1987	190	55	0			245
1987	1988	190	55	0			245
1988	1989	190	55	0	5		250
1989	1990	150	40	0	4		194
1990	1991	150	40	0	7		197
1991	1992	150	40	0	3		193
1992	1993	120	30	0	7		157
1993	1994	80	20	0	7		107
1994	1995	90	20	0	4		114
1995	1996	120	25	0	8		153
1996	1997	110	27	8	10		155
1997	1998	110	27	8	12		157
1998	1999	141	34	10	22		207
1999	2000	141	34	10	28		213
2000	2001	145	35	10	33		223
2001	2002	192	45	13	31		281
2002	2003	192	45	13	32		282
2003	2004	192	45	13	29		279
2004	2005	192	45	13	38		288
2005	2006	192	45	13	39		289
2006	2007	161	38	11	41		251
2007	2008	123	29	8	47	1	207
2008	2009	80	19	6	31	2	136
2009*	2010	80	19	6			

* Pour cette session, les chiffres sont ceux des postes offerts.

II – L'ÉVOLUTION DU NOMBRE DE CANDIDATURES

Évolution du nombre d'inscrits au 1er concours d'accès à l'ENM depuis 1987

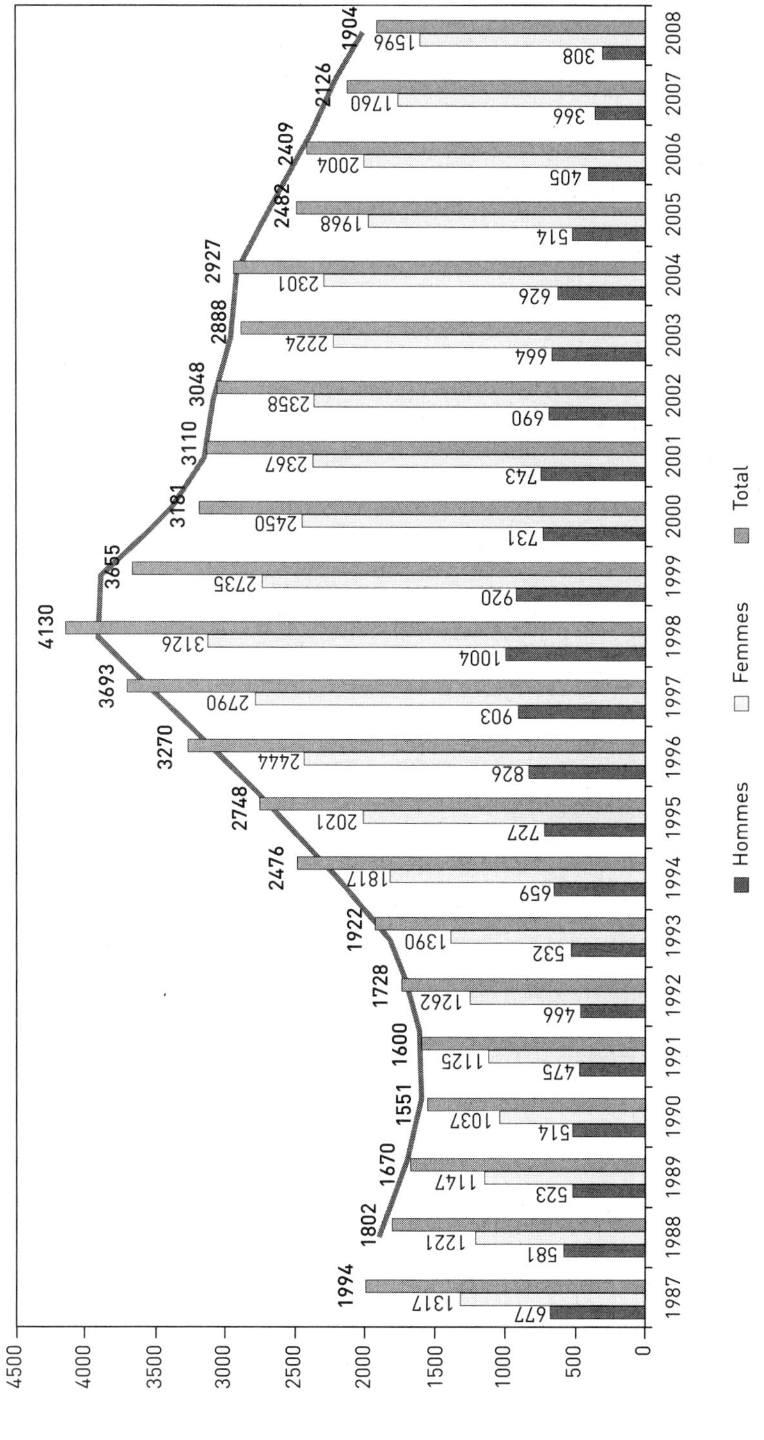

Évolution du nombre d'inscrits au 2e concours d'accès à l'ENM depuis 1987

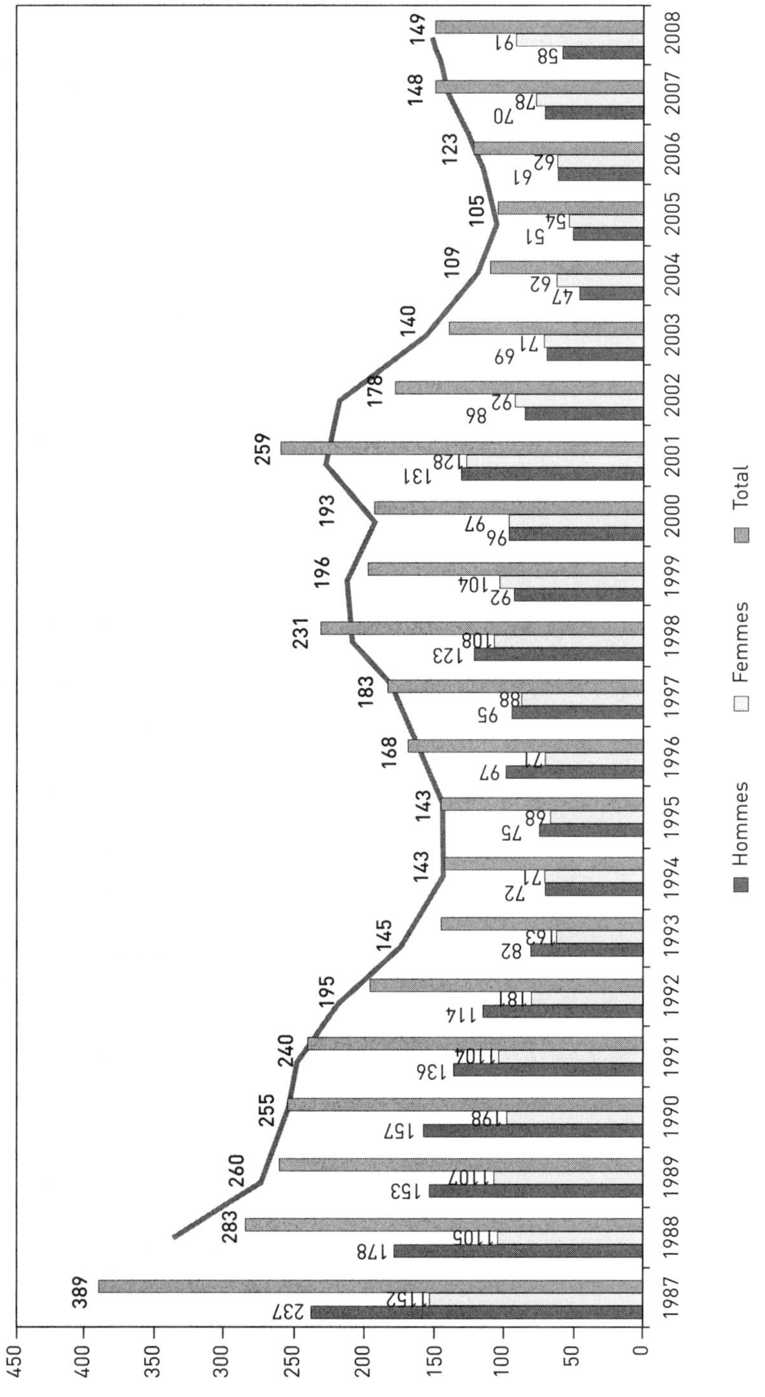

Évolution du nombre d'inscrits au 3e concours d'accès à l'ENM depuis 1996

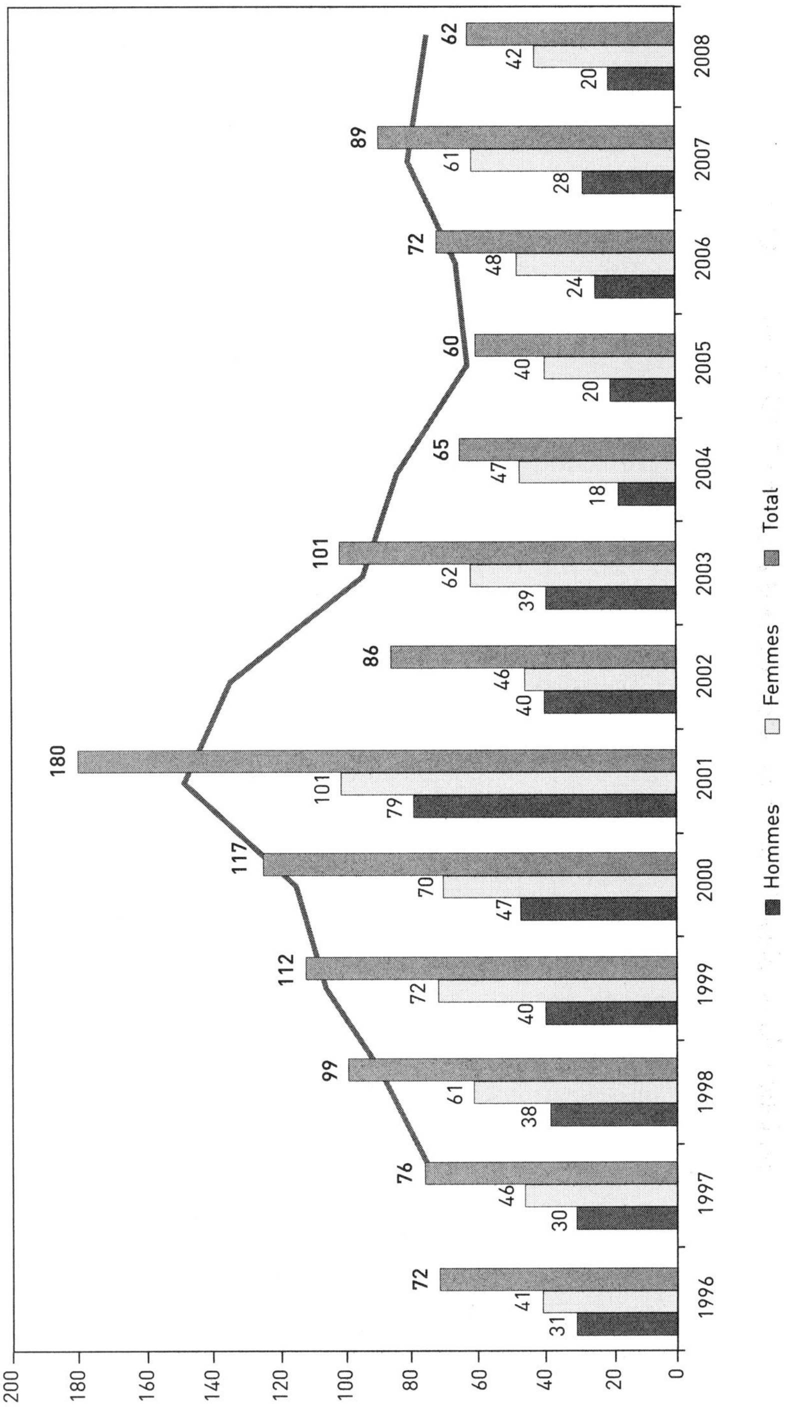

III – L'EFFICACITÉ DES PRÉSENTATIONS SUCCESSIVES

Si la réussite à un concours vient sanctionner positivement la maîtrise à un moment donné des capacités et compétences attendues du candidat, le constat peut être fait que les candidats commencent leur préparation avec un niveau initial très variable et disposent d'un temps et de conditions pour se préparer également très variables.

Les chiffres résultant de la session 2008 des concours d'accès attestent qu'une seconde tentative peut être considérée comme potentiellement efficace pour les trois concours d'accès, la troisième tentative n'étant statistiquement réellement porteuse que pour le second concours d'accès et peut être qualifiée d'aléatoire pour le premier concours.

	1re tentative	2e tentative	3e tentative
1er concours 2008	56,82 %	35,23 %	7,95 %
2e concours 2008	25,00 %	41,67 %	33,33 %
3e concours 2008	40,00 %	60,00 %	0 %

L'expérience montre cependant que si le niveau intrinsèque du candidat est essentiel, sa détermination à réussir est également un facteur important.

IV – L'ÉVOLUTION DU TAUX DE SÉLECTIVITÉ

Rapport entre le nombre de candidats inscrits effectivement présents lors des épreuves d'admissibilité et le nombre de candidats admis après les épreuves d'admission ; le taux de sélectivité renseigne sur le degré de difficulté d'un concours. Il n'est pas le seul indicateur de cette difficulté : l'ampleur du programme, le nombre et la nature des épreuves, le niveau du diplôme permettant de se présenter et le niveau général des candidats permettant de compléter cette analyse.

Ce taux peut mécaniquement varier en fonction du volume plus ou moins important des postes offerts au concours.

Le taux de sélectivité du premier concours d'accès à l'École nationale de la magistrature, longtemps resté stable, a connu une forte inflexion au début des années quatre-vingt-dix en raison de l'augmentation nette du nombre des candidats présents (le pic a été atteint en 1997 avec 2 513 candidats présents, le pic des inscriptions ayant été atteint quant à lui en 1998 avec 4 130 inscrits). Ces augmentations trouvent très certainement leur source dans l'image très positive aux yeux des étudiants qu'ont pu donner certains magistrats notamment dans les affaires dites « politico-financières ».

Ce taux, tout en restant élevé, va décroître au début des années deux mille du fait de l'augmentation significative du nombre des postes offerts et de la relative stabilité du nombre des candidats présents (un peu au-dessus de deux mille).

Les dernières sessions du premier concours d'accès sont à nouveau marquées par un taux de sélectivité élevé en raison notamment de la limitation du nombre des postes offerts, même si le nombre des candidats inscrits et présents a tendance à diminuer.

Tableau comparatif des taux de sélectivité depuis 1959 des 3 concours et de recrutement sur titre

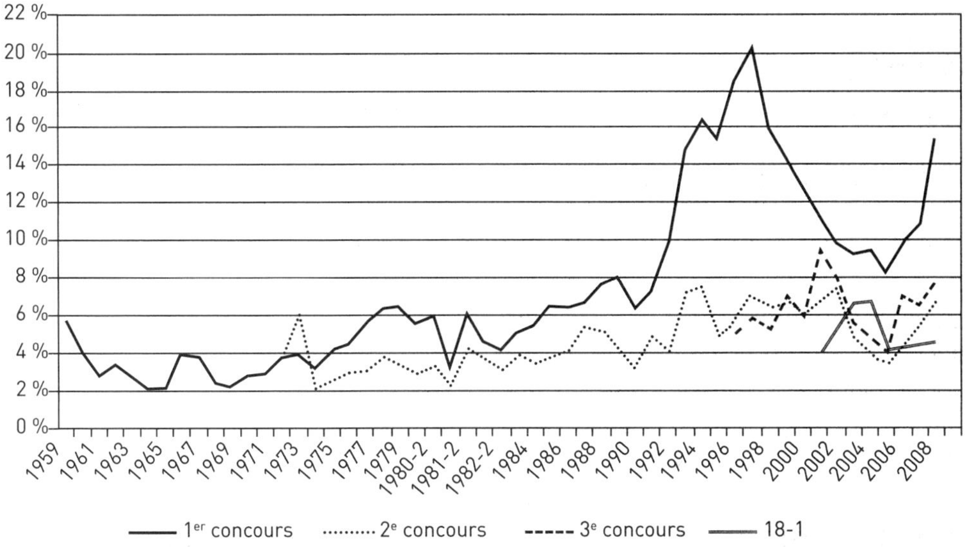

Taux de sélectivité entre les présents et admis au 1er concours d'accès ENM depuis 1959 (mode de calcul : 1 reçu pour X présents)

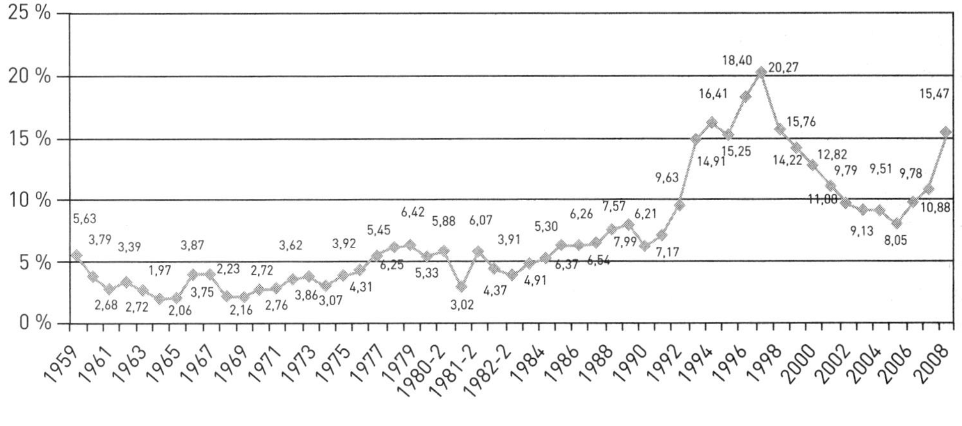

Les taux de sélectivité des deuxième et troisième concours d'accès ne présentent pas le même niveau que celui du premier concours d'accès. Cependant la difficulté objective de ces concours doit être située dans leur nature, s'agissant de concours s'adressant à des candidats qui exercent au moment ou ils le préparent et le passent une activité professionnelle, voire ont des responsabilités familiales.

Taux de sélectivité entre les présents et admis au 2e concours d'accès ENM depuis 1972 (mode de calcul : 1 reçu pour X présents)

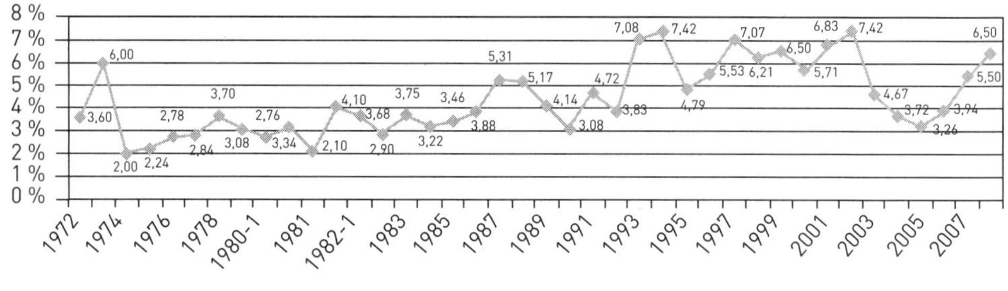

Taux de sélectivité entre les présents et admis au 3e concours d'accès ENM depuis 1996 (mode de calcul : 1 reçu pour X présents)

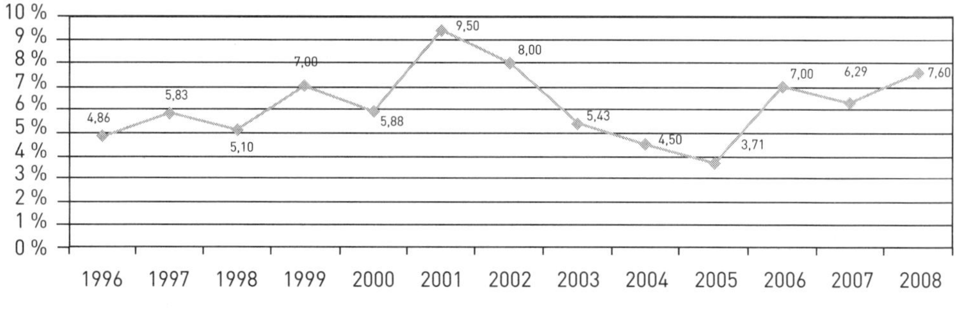

Taux de sélectivité depuis 2001 du recrutement sur titres dans la magistrature (1 reçu pour X candidats présents)

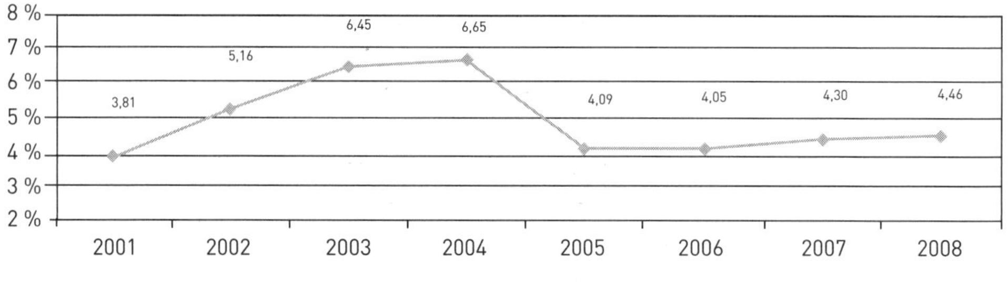

V – LA RÉPARTITION PAR SEXE : LA QUESTION DE LA FÉMINISATION [3]

Les femmes obtiennent le droit de plaider en 1900, celui de siéger au conseil de prud'hommes en 1908, au tribunal de commerce en 1931, celui d'être greffier et juré en 1944, mais celui d'accéder à la magistrature n'interviendra que le 11 avril 1946... essentiellement pour pallier le manque de candidatures masculines à l'examen professionnel.

En 1959, au moment de la création du Centre national d'études judiciaires, le corps de la magistrature ne comptait que 271 femmes sur un total de 4 525 magistrats soit 6 %. En 2008 ce chiffre était de 4 645 sur un total de 8 305, soit 55,90 %.

Quelques parcours d'exception méritent d'être soulignés comme celui de Mme Nicole Pradain, première femme à devenir procureur général (à la Cour d'appel de Riom en 1981), de Mme Simone Rozes (recrutée comme juge suppléant en 1949) qui deviendra en 1984 la première femme, et à ce jour la seule, à présider la Cour de cassation.

Deux autres magistrates de l'ordre judiciaire auront un parcours ministériel, Mme Simone Veil (recrutée comme attachée titulaire du ministère de la Justice en 1957), qui sera en outre présidente du parlement européen, et Mme Rachida Dati (promotion des auditeurs de justice 1997).

Si les femmes constituent actuellement la majorité du corps de la magistrature, leur représentation dans les fonctions les plus éminentes demeure contrastée même si elle progresse :

- 2 sur 8 sont présidentes de chambre à la Cour de cassation ;
- 1 sur 7 est première avocate générale à la Cour de cassation ;
- 40 sur 107 sont conseillères à la Cour de cassation ;
- 4 sur 36 sont avocates générales à la Cour de cassation ;
- 4 sur 35 sont premières présidentes d'une cour d'appel ;
- 7 sur 35 sont procureure générale près une cour d'appel ;
- 52 sur 184 sont présidentes d'un tribunal de grande instance (ou de première instance) ;
- 28 sur 184 sont procureures de la République.

La part des femmes dans le recrutement des auditeurs de justice a connu une courbe croissante depuis l'instauration des concours d'accès et dans les années récentes :

3. Une étude approfondie sur cette question est en cours sous l'égide de la Mission Droit et justice.

Féminisation des promotions d'auditeurs de justice depuis 1984

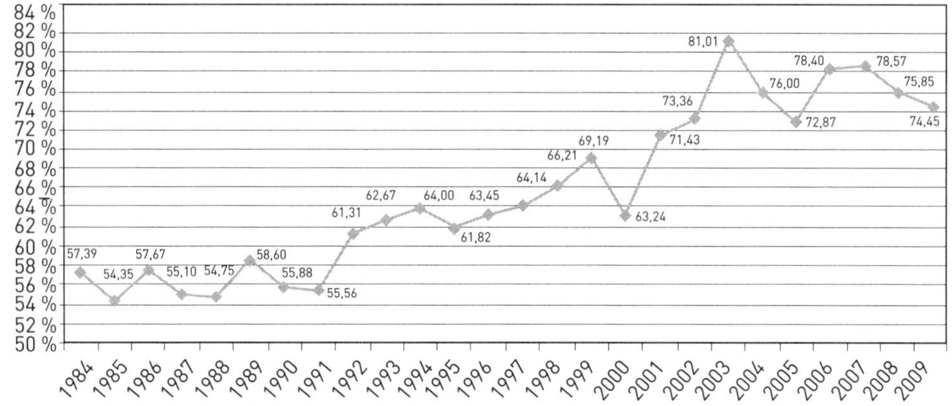

La féminisation importante du recrutement doit être mise en relation avec la féminisation des facultés de droit dans lesquelles les femmes représentent actuellement de l'ordre de 70 à 80 % des étudiantes en Master II selon les filières. La féminisation de la magistrature trouve donc d'abord sa source dans celle des filières juridiques qui constituent le vivier naturel de recrutement de l'École nationale de la magistrature.

VI – LA RÉPARTITION PAR DIPLÔMES

A - LES CANDIDATS INSCRITS AU PREMIER CONCOURS D'ACCÈS

	Candidats admis à concourir en 2004	Candidats admis à concourir en 2005	Candidats admis à concourir en 2006	Candidats admis à concourir en 2007	Candidats admis à concourir en 2008
Diplôme équivalent 2e cycle (Maîtrise ou Master 1)	68,91 %	64,57 %	58,25 %	48,58 %	47,21 %
Diplôme d'Institut d'études politiques	3,49 %	4,19 %	3,38 %	3,84 %	4,10 %
Diplôme équivalent 3e cycle (DEA, DESS ou Master 2)	27,60 %	31,24 %	38,37 %	47,58 %	48,69 %

B - LES CANDIDATS ADMIS AU PREMIER CONCOURS D'ACCÈS

	Candidats reçus en 2004	Candidats reçus en 2005	Candidats reçus en 2006	Candidats reçus en 2007	Candidats reçus en 2008
Diplôme équivalent 2e cycle (Maîtrise ou Master 1)	30,49 %	26,46 %	19,89 %	16,55 %	7,87 %
Diplôme d'Institut d'études politiques	13,45 %[4]	8,07 %	8,06 %	11,51 %	15,73 %
Diplôme équivalent 3e cycle (DEA, DESS ou Master 2)	56,06 %	65,92 %	72,04 %	71,94 %	76,40 %

Même si le premier concours d'accès à l'École nationale de la magistrature demeure ouvert aux titulaires d'un master I, la grande majorité du recrutement se fait désormais au niveau du troisième cycle en droit. Ce phénomène peut trouver son explication dans l'évolution positive du taux de sélectivité et dans le choix de sujets, souvent transversaux, pour les dissertations juridiques qui nécessitent une certaine maturité dans la réflexion juridique qui n'est généralement acquise qu'à ce niveau d'études.

La part des élèves provenant des instituts d'études politiques (dont certains disposent également d'un diplôme en droit) demeure assez variable d'une année à l'autre.

VII – L'ORIGINE SOCIOCULTURELLE DES AUDITEURS DE JUSTICE : UN CORPS DE LA MAGISTRATURE À L'IMAGE DU CORPS SOCIAL ? [5]

A - L'ÉVOLUTION DE LA SOCIOLOGIE DU RECRUTEMENT

Dans son ouvrage sur la magistrature au XIXe siècle, M. Jean-Louis Debré relève qu'à cette période 28 % des magistrats avaient un père magistrat, 21 % un beau-père et 58 % des ascendants et collatéraux magistrats.

4. Ce pourcentage était de 22 % en 1989 et de 21 % en 1998.
5. Sur cette question : Jean-Louis DEBRÉ, « La justice au XIXe siècle. Les magistrats », Paris, Librairie académique Perrin, 1981 ; Jean-Luc BODIGUEL, « Qui sont les magistrats français ? Esquisse d'une sociologie », *Revue Pouvoirs*, 16, 1981 ; Jean-Luc BODIGUEL, « Les magistrats un corps sans âme ? », Paris, Presses universitaires de France, 1991 ; Violaine ROUSSEL, *Affaires de juges*, La Découverte, 2002.

Une étude produite par Jean-Luc Bodiguel portant sur la magistrature en 1954 recrutée suivant le processus de l'examen professionnel donnait les résultats suivants :

CSP	Pères	Population active de 1954	Mères	Population active de 1954
Agriculteurs	4,3	18,6	8	24,6
Industriels, commerçants, artisans	13,3	11,6	20	12,8
Professions libérales, cadres supérieurs	51,6	3,8	12,3	1,1
Cadres moyens	16,5	5,6	33,5	6,1
Employés	6,3	7,8	19,6	16,4
Ouvriers et personnels de service	3,6	49,6	4,4	37
Rentiers	1,1		1,9	
Autres catégories	3,3	3	0,2	2

Une autre étude comparée présentée par Violaine Roussel mentionnait :

	Magistrats					Enarques 1983-85	Étudiants en droit 1982-83
	Moyenne 1931-1978	1976-78	1982-85				
			Ensemble	1er concours	2e concours		
Agriculteur	4,3	3,5	2,7	2,3	7,1	1,3	4,2
Artisan, commerçant	13,3	12,7	4,8	4,6	7,1	5,6	10
Cadre supérieur et professions intellectuelles	51,6	60	65,7	67,4	54,7	75,3	46,7
Professions intermédiaires	16,5	8,8	18,7	18,4	21,4	12,8	18,5
Employé	6,3	7	4,4	4,6	2,4	2,2	8,9
Ouvrier	3,6	7,9	3,4	2,6	7,1	2,1	11,7

Au début des années soixante-dix, le recrutement dominant par concours permet de constater une évolution sociologique de la magistrature en activité au sein de laquelle seuls 9,5 % des magistrats ont un père magistrat, 13 % un grand père magistrat et 5,6 % un arrière-grand-père magistrat. Cette proportion est moindre dans les promotions recrutées en 1976 et 1978 pour lesquelles la proportion de pères magistrat tombe à 8,6 % puis 7,6 %.

B - LA SITUATION ACTUELLE

1 - Promotion 2009 : origines socioprofessionnelles des parents – 1er concours

a. Mères

Auditeurs de justice 2009 issus du 1er concours

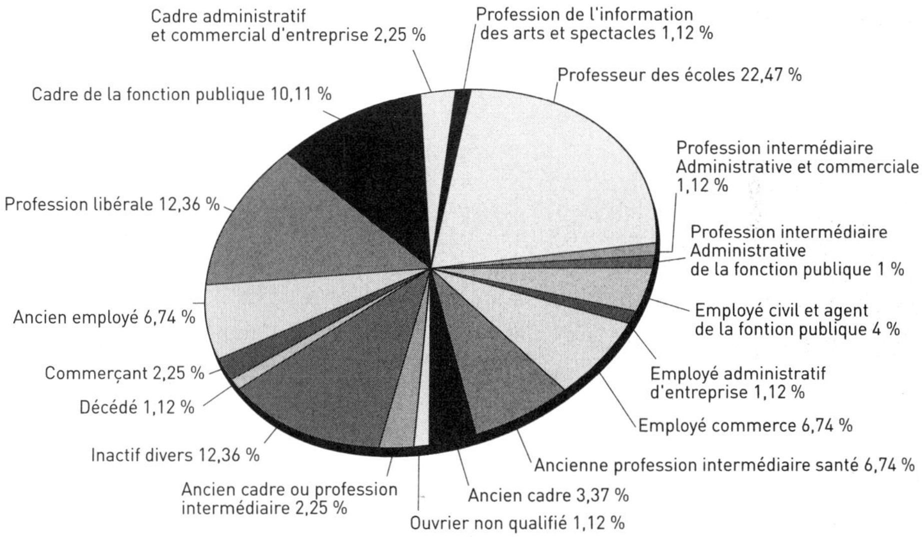

Origine socio-professionnelle de la mère
Catégories socio-professionnelles de la mère 1er concours

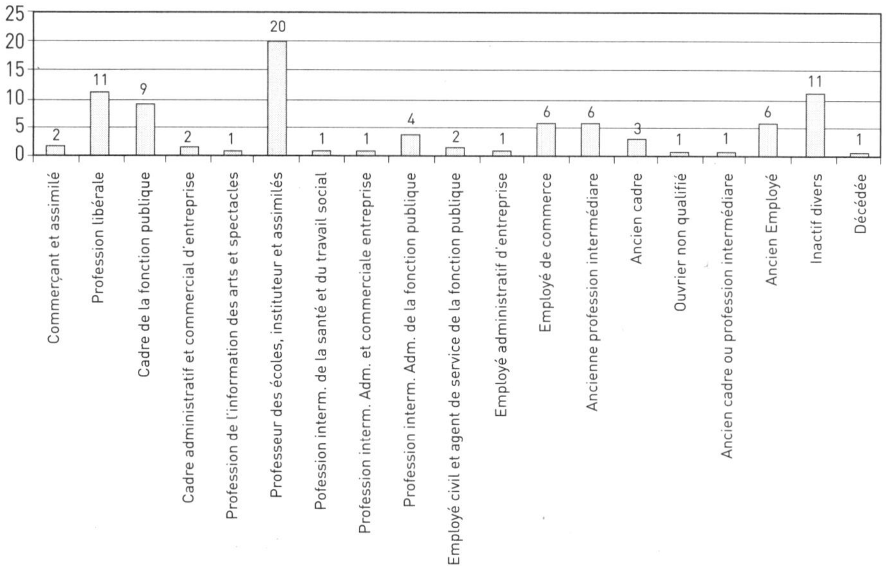

b. Pères

Auditeurs de justice 2009 issus du 1er concours
Origine socio-professionnelle du père

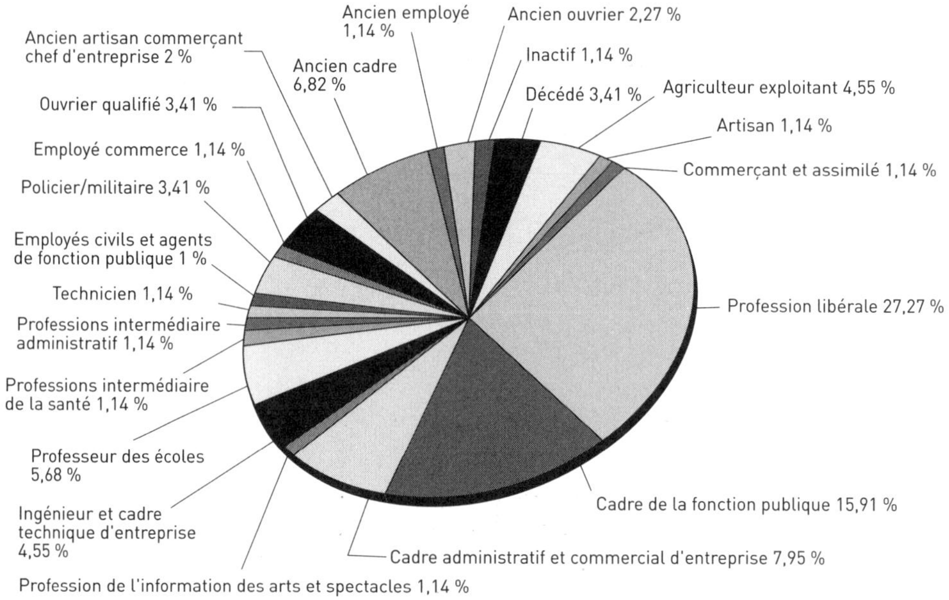

Catégories socio-professionnelles du père

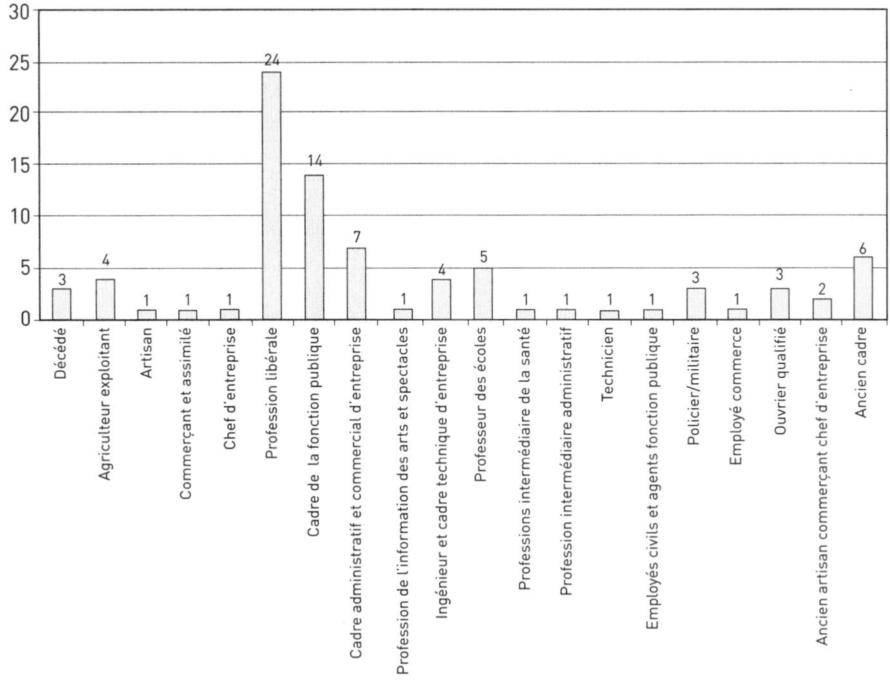

2 - Origines socioprofessionnelles des parents – 2e concours

a. Mères

Origine socio-professionnelle de la mère – 2e concours

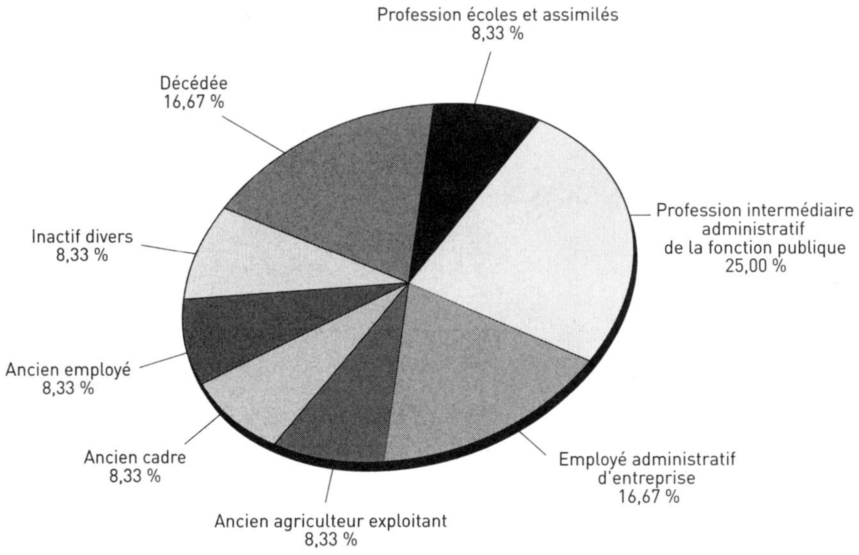

Catégorie socio-professionnelle de la mère – 2e concours

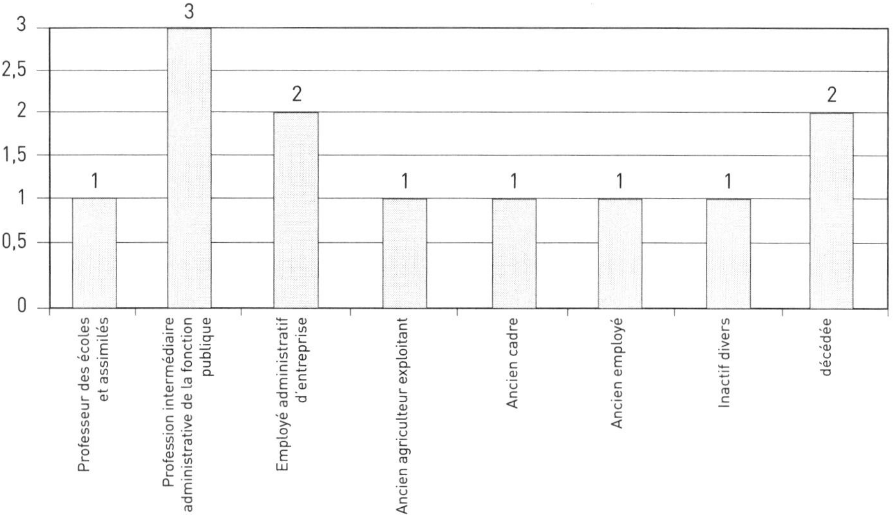

b. Pères

Origine socio-professionnelle du père – 2e concours

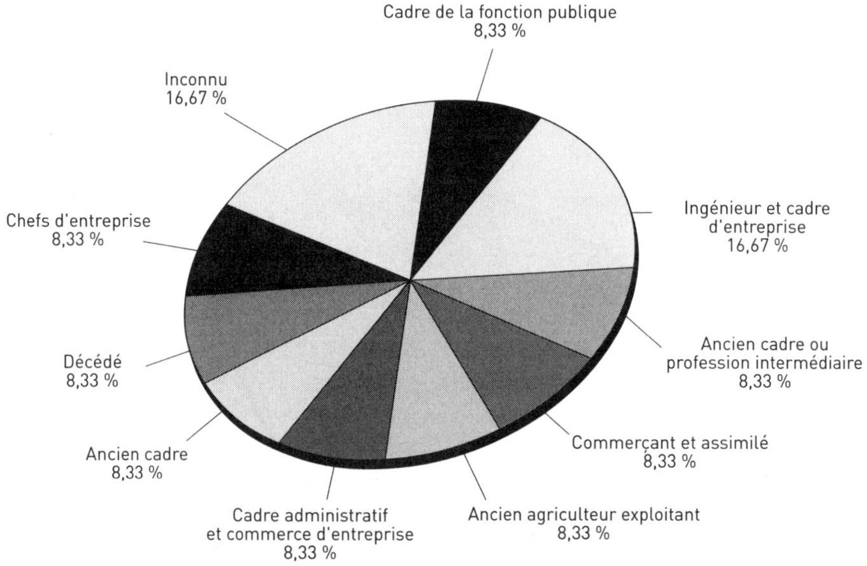

Catégorie socio-professionnelle du père – 2e concours

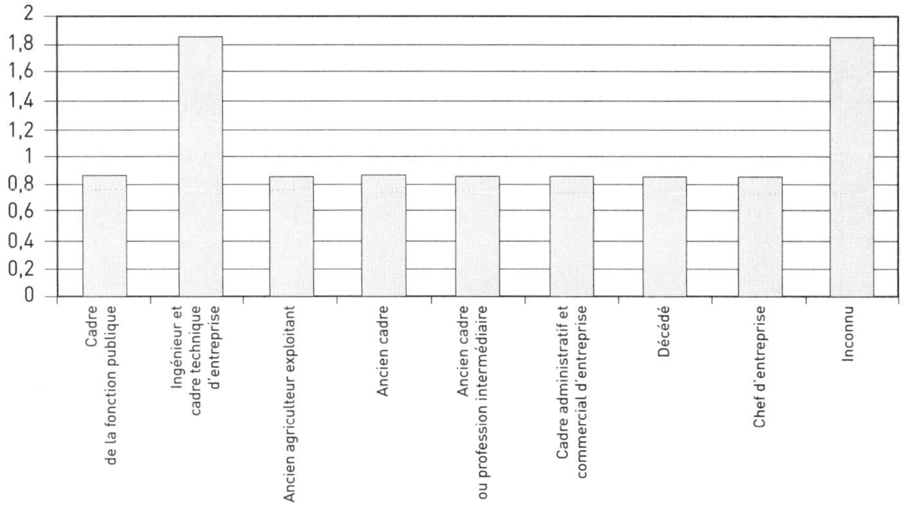

3 - Origines socioprofessionnelles des parents – 3e concours

a. Mères

Origine socio-professionnelle de la mère – 3e concours

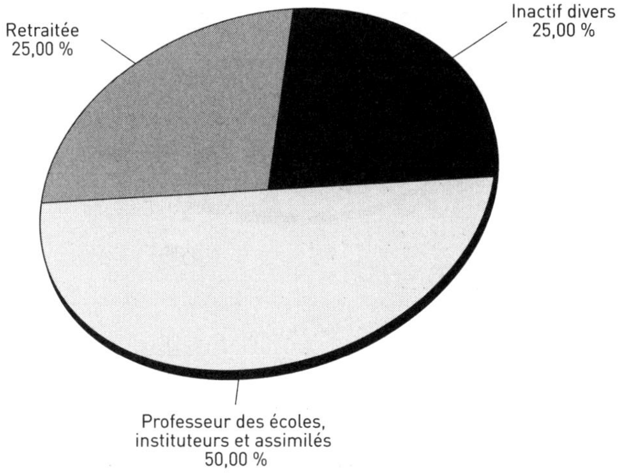

Catégorie socio-professionnelle de la mère – 3e concours

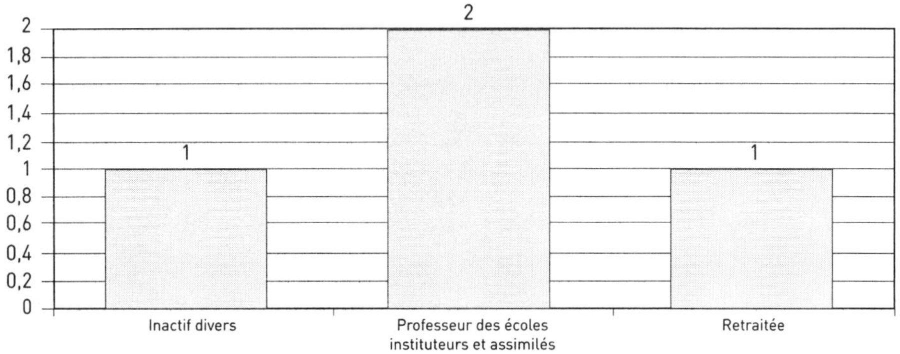

b. *Pères*

Origine socio-professionnelle du père – 3e concours

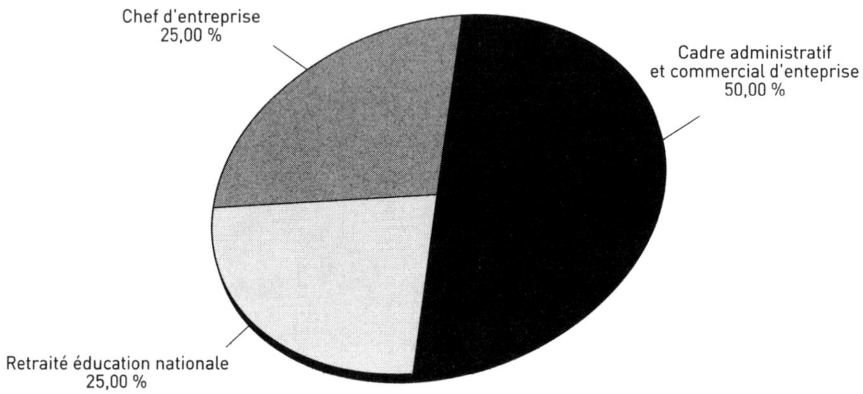

Catégorie socio-professionnelle du père – 3e concours

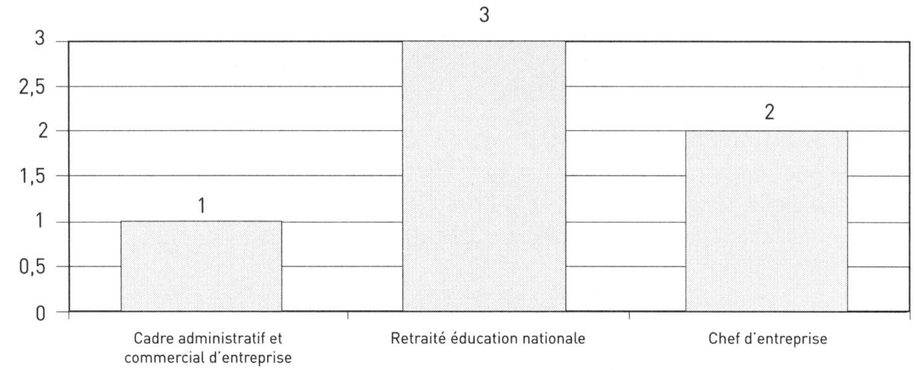

VIII – L'ÂGE MOYEN DES PROMOTIONS D'AUDITEURS DE JUSTICE

Âge moyen des auditeurs de justice de promotions 1999 à 2009

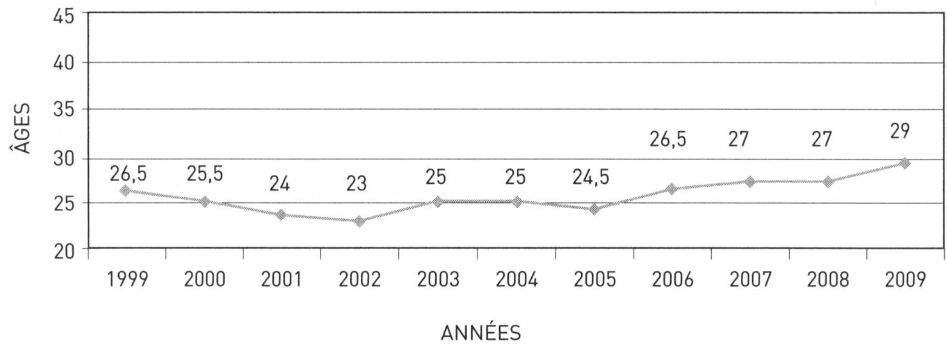

L'accroissement récent de la moyenne d'âge des auditeurs de justice est pour l'essentiel dû à l'augmentation de la part du recrutement sur titres mise en œuvre à la suite de la loi organique du 5 mars 2007.

L'âge moyen d'entrée en fonction peut être aisément calculé en ajoutant trente et un mois aux chiffres du tableau.

Section IV

LA RÉFORME DES CONCOURS D'ACCÈS À L'ÉCOLE NATIONALE DE LA MAGISTRATURE DE 2008

Le recrutement des futurs magistrats d'une nation est un acte important dans une société démocratique. Il est à l'évidence la première pierre d'un édifice complexe tendant à assurer la capacité pour l'institution judiciaire à rendre des décisions adaptées, de nature à assurer la fonction de régulation sociale qui est la sienne.

Si ce processus complexe de régulation sociale s'appuie en premier sur un corpus de règles juridiques dont la pertinence repose sur l'analyse du législateur, il s'appuie tout autant sur des individus investis de la capacité d'appliquer et d'interpréter la règle commune. Cette mission induit immédiatement l'idée que le magistrat est d'abord un juriste capable « de dire le droit ». Cette approche est celle qui historiquement a centré le recrutement dans la magistrature essentiellement sur les connaissances juridiques ou la formation juridique des candidats, élément tempéré par la conviction que le magistrat devait également posséder une bonne culture générale. Ce tempérament, introduit en 1941, s'il n'est pas sans fondement, n'était pas totalement étranger à la volonté d'assurer un recrutement sociologiquement ciblé pour cette fonction régalienne de l'État.

La qualité de la décision de justice repose-t-elle sur ces deux seules connaissances juridiques et culturelles ? On s'accordera à dire que ces qualités sont nécessaires, mais sont-elles suffisantes ?

Intuitivement, chacun ressent que rendre la justice est aussi une œuvre humaine, un processus intellectuel qui traverse la dimension sensible de l'individu. D'aucuns, poussent cette analyse jusqu'à affirmer que rendre la justice nécessite surtout une certaine expérience de la vie et du bon sens, en reléguant la dimension de juriste à une sorte d'appendice.

Nous n'aborderons pas ici la question du mode de recrutement (par concours, par élection, par désignation...) qui ne fait guère débat dans notre pays très attaché à la notion de concours républicain pour nous concentrer sur celle des qualités attendues du magistrat. Ce débat sur les qualités du juge est ancien et sans doute permanent. Il n'est pas étranger à l'idée que l'on se fait de sa mission, de sa place dans la société, de ce que l'on peut attendre de lui, que l'on soit citoyen ou État.

La question du recrutement des magistrats n'est donc pas neutre. Elle traduit une conception du métier, un positionnement au sein de l'État, un certain type de rapport au citoyen. La réponse à cette question des contours et des modalités de recrutement des magistrats pourra ainsi difficilement rencontrer une adhésion unanime.

Afin d'éviter tout parti pris idéologique, le processus de réforme du recrutement amorcé en 2008 s'est en premier lieu concentré sur la définition des qualités attendues du magistrat. En sortant des seules représentations subjectives sur le métier de magistrat, cette approche a cherché à dégager les qualités qui pouvaient raisonnablement être exigées de celui qui aurait pour mission de juger ses concitoyens.

Cette démarche a permis d'élaborer une liste de qualités qui a pu recevoir assez globalement l'adhésion des acteurs judiciaires.

Le deuxième axe de la réforme a consisté à rechercher les méthodes d'évaluation qui pourraient être utilisées pour rechercher si les candidats possédaient ou non les qualités attendues.

Comme cela a pu être précisé plus haut, l'École nationale de la magistrature ne supervise que le recrutement d'une partie des auditeurs de justice à savoir ceux recrutés par concours. La réforme du recrutement opérée en 2008 et mise en œuvre pour la première fois au bénéfice de la session 2009 des trois concours d'accès n'a donc porté que sur ce type de recrutement, le recrutement sur titres des auditeurs de justice conservant sa procédure habituelle (fondée pour l'essentiel sur la production d'attestations de magistrats ou de professionnels ayant connu professionnellement le candidat et sur des entretiens avec des magistrats du ressort du candidat puis avec des membres de la commission d'avancement).

Le concours d'accès a été historiquement fondé sur les bases d'une excellence universitaire censée assurer, après une formation adaptée, une excellence professionnelle. Le constat s'impose que ce postulat ne se vérifie pas nécessairement. Un recrutement fondé sur les qualités attendues du magistrat, donc fondé sur des qualités professionnelles et non plus uniquement universitaires, présente l'avantage de réduire la portée de ce postulat. De manière simplifiée, le recrutement n'est plus la dernière étape d'un parcours universitaire mais la première d'un parcours professionnel.

I – UN RECRUTEMENT FONDÉ SUR LES QUALITÉS ATTENDUES DU MAGISTRAT

Pour la première fois dans l'histoire de l'École, et sans doute dans celle du recrutement des magistrats dans notre pays, la démarche consistant à lister les qualités attendues du magistrat a été accomplie et ses résultats publiés.

Les discussions menées au sein de l'École nationale de la magistrature puis avec le ministère de la Justice, le Conseil supérieur de la magistrature et l'inspection générale des services judiciaires ont permis d'élaborer une liste de treize capacités.

Les capacités fondamentales attendues d'un magistrat

- Capacité à identifier, s'approprier et mettre en œuvre les règles déontologiques.
- Capacité à analyser et synthétiser une situation ou un dossier.

> - Capacité à identifier, respecter et garantir un cadre procédural.
> - Capacité d'adaptation.
> - Capacité à adopter une position d'autorité ou d'humilité adaptée aux circonstances.
> - Capacité à la relation, à l'écoute et à l'échange.
> - Capacité à préparer et conduire une audience ou un entretien judiciaire dans le respect du contradictoire.
> - Capacité à susciter un accord et à concilier.
> - Capacité à prendre une décision, fondée en droit et en fait, inscrite dans son contexte, empreinte de bon sens, et exécutable.
> - Capacité à motiver, formaliser et expliquer une décision.
> - Capacité à prendre en compte l'environnement institutionnel national et international.
> - Capacité à travailler en équipe.
> - Capacité à organiser, gérer et innover.

Cette liste a été validée par le conseil d'administration de l'École nationale de la magistrature puis insérée dans le règlement intérieur de l'École (article 71).

L'absence de l'honnêteté et de la probité dans la liste des qualités attendues que chacun s'accordera pourtant à considérer comme cardinales (tant il est vrai que le respect que peut susciter l'institution judiciaire passe en premier lieu par les vertus morales de chacun de ses membres) s'explique par le fait qu'il s'agit là d'une liste ayant vocation à s'appliquer au moment des épreuves de sélection puis durant la formation, les deux vertus mentionnées étant appréciées en amont du processus de sélection par concours au moment de l'autorisation à concourir délivrée par le garde des Sceaux, ministre de la Justice.

Ces vertus sont en outre comprises dans les devoirs du magistrat tels qu'ils ressortent des règles déontologiques de base.

Il peut être noté que les discussions préparatoires ont permis sans trop de difficultés d'élaborer cette liste, le débat se concentrant sur deux notions, à savoir l'humilité et le bon sens. Les divergences sur le point de savoir si elles devaient figurer ou non dans cette liste renvoyant clairement aux débats sur le positionnement du magistrat évoqué plus haut.

Cette liste n'a pas valeur universelle, elle répond aux qualités attendues pour un magistrat français du début du XXIe siècle. Il est vraisemblable qu'une telle liste serait un peu différente dans un pays anglo-saxon ou dans une société non occidentale. Elle aurait assurément été différente au début du siècle précédent et sera différente dans un siècle. Ce constat permet d'affirmer qu'il n'existe pas de figure figée du magistrat, que celle-ci est fonction d'une société et d'un moment. L'affirmation contraire reviendrait à considérer que le magistrat est hors du temps et hors de la cité.

D'un point de vue strictement démocratique, si l'on affirme, comme nous le faisons, que le juge rend sa décision « au nom du peuple français », il convient de recruter un magistrat qui soit inscrit dans son temps et dans la société dans laquelle il rend son jugement. Cette nécessité démocratique comporte une limite dans ce qui peut être attendu du magistrat. Il ne saurait être davantage porteur que d'autres, ou d'autres institutions, d'une conscience universelle au-delà de l'application éclairée de la règle de droit. Si le juge est « dans la cité », si l'on souhaite, à juste raison, qu'il puisse ne pas être trop éloigné du corps social dont il assure une part de la régulation, il sera globalement imprégné d'une conscience qui n'a pas de raison objective d'être très différente de la conscience collective[6].

La conscience de cette limite doit en revanche inciter l'École nationale de la magistrature à offrir dans son cursus de formation une place significative à l'étude et à la réflexion autour de l'éthique publique et professionnelle, seul rempart face à une application simplement technique d'une règle. Cela conditionne pour partie la capacité du corps judiciaire à assurer sa mission constitutionnelle de garant des libertés individuelles.

Il peut être noté également que cette liste des qualités attendues du magistrat est imprégnée des standards internationaux issus notamment de la Convention européenne de sauvegarde des droits de l'homme et des libertés fondamentales et de la jurisprudence de la Cour européenne des droits de l'homme.

Enfin, un constat s'impose à la lecture de cette liste. Si elle fait référence à des capacités que l'on peut qualifier de techniciennes, elle comprend également des capacités liées très étroitement à la personnalité du candidat.

Même si cette distinction n'est pas parfaite, une tentative de répartition peut être faite :

Capacités relevant de techniques ou connaissances du candidat :

- Capacité à identifier, s'approprier et mettre en œuvre les règles déontologiques.
- Capacité à analyser et synthétiser une situation ou un dossier.
- Capacité à identifier, respecter et garantir un cadre procédural.
- Capacité à préparer et conduire une audience ou un entretien judiciaire dans le respect du contradictoire.
- Capacité à prendre une décision, fondée en droit et en fait, inscrite dans son contexte et exécutable.
- Capacité à motiver, formaliser et expliquer une décision.
- Capacité à prendre en compte l'environnement institutionnel national et international.
- Capacité à organiser, gérer et innover.

Capacités relevant davantage de la personnalité du candidat :

- Capacité d'adaptation.
- Capacité à adopter une position d'autorité ou d'humilité adaptée aux circonstances.
- Capacité à la relation, à l'écoute et à l'échange.
- Capacité à susciter un accord et à concilier.
- Capacité à prendre une décision empreinte de bon sens.
- Capacité à travailler en équipe.

6. À titre d'illustration : *Juger sous Vichy*, Paris, Le genre humain, Seuil, 1994.

Si les capacités « techniciennes » demeurent légèrement majoritaires, les capacités liées à la personnalité du candidat sont également importantes. Dans le cadre de la réforme du recrutement, la volonté de s'intéresser à ces dernières, qualifiées de « qualités humaines », a été affirmée.

II – DES ÉPREUVES PERMETTANT DE REPÉRER LES QUALITÉS DU CANDIDAT

L'objectif du recrutement est de rechercher chez les candidats ceux qui paraissent avoir le potentiel, ou déjà les meilleures acquisitions, en regard des treize capacités répertoriées comme correspondant aux qualités attendues du magistrat.
La formation initiale des auditeurs de justice qui sera dispensée à l'École nationale de la magistrature après le recrutement tendra à l'acquisition ou au perfectionnement de l'auditeur de justice dans ces capacités ; l'examen d'aptitude et classement de fin de scolarité venant vérifier si ce degré d'acquisition est satisfaisant.

Enfin la formation continue des magistrats assurée également par l'École nationale de la magistrature aura notamment pour mission d'actualiser la maîtrise de ces capacités.

En cela il peut être affirmé que la liste des treize capacités fondamentales du magistrat constitue la colonne vertébrale de l'action menée par l'École nationale de la magistrature.

La réforme du recrutement a été élaborée en recherchant des épreuves ou processus d'évaluation permettant pour chaque capacité attendue d'évaluer le potentiel ou le degré d'acquisition du candidat.

Le processus de recrutement est rendu ainsi plus lisible en donnant au candidat très précisément la liste des capacités ou qualités qui seront observées à l'occasion de chacune des épreuves.

Épreuves	Capacités fondamentales du magistrat	Qualités complémentaires recherchées chez le candidat
Connaissance et compréhension du monde contemporain	Capacité à analyser et synthétiser une situation ou un dossier Capacité à prendre une décision inscrite dans son contexte Capacité à motiver, formaliser et expliquer une décision	Connaissance de la société française et du contexte d'intervention du magistrat Capacité à analyser et à raisonner de manière cohérente Capacité à démontrer, à argumenter avec rigueur et objectivité Capacité à maîtriser la langue française Qualités rédactionnelles

Droit civil ou procédure civile	Capacité à identifier un cadre procédural Capacité à prendre une décision, fondée en droit	Connaissances juridiques Capacité de mise en œuvre Qualités d'analyse Capacité à maîtriser la langue française Qualités rédactionnelles
Droit pénal ou procédure pénale	Capacité à identifier un cadre procédural Capacité à prendre une décision, fondée en droit	Connaissances juridiques Capacité de mise en œuvre Qualités d'analyse Capacité à maîtriser la langue française Qualités rédactionnelles
Organisation de l'État, de la justice, libertés publiques et droit public	Capacité à prendre une décision, fondée en droit Capacité à s'inscrire dans l'environnement institutionnel national	Connaissances juridiques Capacité à maîtriser la langue française Qualités rédactionnelles
Note de synthèse	Capacité à analyser et synthétiser une situation ou un dossier	Capacité à rendre clairs des éléments complexes Capacité à la hiérarchisation des informations Capacité à synthétiser Capacité à maîtriser la langue française Qualités rédactionnelles
Mise en situation et entretien avec le jury	Capacité d'adaptation Capacité à analyser et synthétiser une situation ou un dossier Capacité à la relation, à l'écoute et à l'échange Capacité à susciter un accord et à concilier Capacité à prendre une décision, inscrite dans son contexte, empreinte de bon sens Capacité à expliquer une décision Capacité à travailler en équipe	Capacité à maîtriser la langue française Qualité de l'expression orale
Droit européen et droit international privé	Capacité à prendre une décision fondée en droit Capacité à s'inscrire dans l'environnement institutionnel international	Connaissances juridiques Qualité de l'expression orale
Droit social et droit commercial	Capacité à prendre une décision, fondée en droit	Connaissances juridiques Qualité de l'expression orale
Langues vivantes	Capacité à prendre en compte l'environnement institutionnel international	Capacité à utiliser à l'oral une langue étrangère

III – UN MAGISTRAT INSCRIT DANS LA SOCIÉTÉ

A - UNE CERTAINE IDÉE DE LA PLACE DU MAGISTRAT DANS LA CITÉ

L'École nationale de la magistrature a vocation à former les futurs magistrats de l'ordre judiciaire du premier degré qui vont à la sortie de l'École occuper des fonctions au sein des tribunaux de grande instance et d'instance sur l'ensemble du territoire national (y compris les départements ou territoires d'outre-mer). Ces magistrats vont devoir inscrire leur action dans des réalités historiques, sociales, économiques, culturelles et humaines très différentes. Nous savons la France diverse. Ainsi le cadre d'intervention du substitut du procureur de la République du tribunal de Bobigny n'aura que peu à voir avec celle du juge d'instance de Mende ou de juge des enfants à Fort de France.

La diversité de ce contexte d'intervention influe-t-elle sur l'action du magistrat ? Une première analyse pourrait laisser à penser qu'il n'en est rien, la Loi étant la même pour tous, uniforme sur le territoire de la République et nos concitoyens étant particulièrement attachés à l'égalité de chacun devant elle. À y regarder de plus près, le constat peut rapidement être fait d'un besoin de prise en compte des réalités et des diversités locales. À ce titre, rendre la Justice n'est pas seulement connaître et mettre en œuvre la loi.

Il est donc essentiel que le magistrat connaisse et comprenne la société dans laquelle il va devoir inscrire son action.

B - L'ÉPREUVE DE CONNAISSANCE ET COMPRÉHENSION DU MONDE CONTEMPORAIN (ADMISSIBILITÉ)

Elle a pour vocation de vérifier que le candidat est parfaitement inscrit dans la société qui l'entoure. Elle n'est donc pas une épreuve de culture générale (ou d'érudition) au sens propre du terme même si la possession d'une bonne culture générale est nécessaire pour la réussite à cette épreuve. La culture générale est ici un moyen et non une finalité.

La réforme du recrutement ne constitue donc pas à ce titre une rupture mais une inflexion nette par rapport à la pratique qui s'était instaurée jusqu'alors vis-à-vis de cette première épreuve d'amissibilité qui d'ailleurs était devenue dans le langage courant de manière très révélatrice l'épreuve de « culture générale », la dimension classique de cette culture étant privilégiée.

L'épreuve consiste désormais à « rédiger une dissertation portant sur une *question posée aujourd'hui à la société française* dans ses dimensions judiciaires, juridiques, sociales, politiques, historiques, économiques, philosophiques et culturelles ».

Pour mémoire l'ancienne rédaction parlait d'une « composition portant sur les aspects sociaux, juridiques, politiques, économiques et culturels du monde actuel », il peut être relevé notamment l'ajout de la dimension judiciaire, les autres ajouts ne venant que consacrer une pratique déjà existante.

Cet ajout, au début de la liste des champs qui pourront être utilisés pour traiter le sujet, résulte d'un constat et d'une nécessité. Le constat est la faiblesse de la culture judiciaire des candidats au concours d'accès à l'École nationale de la magistrature qui pourtant est nécessaire à l'action du magistrat. Au-delà de la connaissance de la Loi et de sa capacité à la mettre en œuvre, au-delà de la connaissance du contexte d'intervention, il est nécessaire que le magistrat soit imprégné de la culture propre à une institution millénaire dont les dimensions symboliques et historiques notamment, ne peuvent être méconnues.

Il est donc attendu du candidat qu'il dispose d'une culture judiciaire de base (histoire de la magistrature et de la Justice, organisation judiciaire, rôle des différents acteurs, sociologie judiciaire, grandes questions judiciaires et pénitentiaires, grands procès...) qu'il pourra mobiliser si le sujet proposé s'y prête.

Si le sujet à traiter se rapporte à une question posée aujourd'hui à la société *française,* celle-ci ne doit pas être réduite à sa dimension hexagonale. Intégrée dans l'Union européenne et participante à la mondialisation, irriguée par d'autres cultures, la société française bénéficie d'une large ouverture sur le monde. Le candidat peut donc utilement faire usage de l'ensemble des références même si elles ne sont pas françaises pour illustrer son propos ou étayer son analyse.

Dans l'attente des sujets qui pourront être donnés par les jurys durant les premières années de la réforme, à titre d'exemples, les thématiques suivantes pourraient constituer des champs possibles pour un sujet (l'intégration, le vieillissement de la population, internet...).

Le présent ouvrage n'étant pas un ouvrage de préparation au concours (plusieurs existent sur le marché soit globalement soit épreuve par épreuve), mais davantage un outil d'information sur les modalités du recrutement, la méthodologie de cette épreuve ne sera pas développée ici.

Il peut être juste précisé que les qualités de structuration du propos sont ici essentielles et doivent obligatoirement compléter les qualités d'analyse. Un plan n'est pour autant pas indispensable si le candidat pense pouvoir suffisamment structurer son propos par le biais d'un plan sous-jacent.

IV – UN MAGISTRAT JURISTE

Le magistrat a pour vocation première de « dire le droit ». Il peut en être raisonnablement déduit qu'il est d'abord et avant tout un juriste de bon niveau. Même si cette qualité n'est pas suffisante, elle est assurément nécessaire. À l'égal d'un chirurgien, il doit posséder la maîtrise de sa science, en l'espèce juridique. Toute autre analyse serait de nature à faire courir de très sérieux risques à nos concitoyens auprès desquels l'institution judiciaire doit assurer une sécurité juridique de ses décisions.

La science juridique étant vaste, la procédure de recrutement à l'École nationale de la magistrature sera axée sur les matières dont le magistrat de l'ordre judiciaire fait une application quasi quotidienne ou vers les connaissances en droit qu'il ne peut ignorer même si elles sont d'un maniement moins fréquent pour lui.

Les épreuves juridiques du concours doivent permettre de vérifier qu'un niveau satisfaisant a été atteint s'agissant de la connaissance du droit, de la capacité à conduire une analyse juridique et de la capacité à mettre en application la règle de droit. Ces trois aspects seront déclinés dans les différentes épreuves juridiques bien que dans des proportions différentes.

L'École nationale de la magistrature étant une école d'application, la maîtrise du droit doit être acquise avant d'y accéder. Il s'agit donc d'un pré requis que le concours a notamment pour but de valider.

A - LES ÉPREUVES DE DROIT CIVIL OU DE PROCÉDURE CIVILE (ADMISSIBILITÉ)

Le droit civil existait déjà dans l'ancien concours comme épreuve d'admissibilité obligatoire. Ont été rajoutées la procédure civile et les voies d'exécution qui constituent des fondamentaux du métier de magistrat, la maîtrise de la procédure étant une garantie première qui doit être offerte aux plaideurs.

Une particularité mérite d'être soulignée, celle de l'existence d'un programme unique (qui couvre le droit matériel et le droit processuel) pour deux épreuves ; le cas pratique (de deux heures) et la dissertation (de cinq heures).

Le programme (voir annexes) reprend des notions et appellations habituellement retenues à l'université et dans les ouvrages. Il permet assez aisément au candidat de connaître le champ des connaissances attendues de lui.

Chacune de ces deux épreuves peut porter soit sur le droit civil, soit sur la procédure civile et les voies d'exécution, soit sur un sujet mêlant les deux (sujet dit alors « transversal »). Cette analyse a été celle souhaitée par l'école et développée par le Conseil d'État à l'occasion de l'adoption des textes modifiant les concours d'accès.

L'enseignement de la procédure n'étant que rarement l'objet d'un volume horaire significatif durant le cursus universitaire, une attention sur cette matière devra être apportée dans le cadre de la préparation du concours, dans la perspective ou cette matière serait sollicitée pour la résolution du cas pratique et plus encore si la dissertation devait porter sur elle en tout ou en partie.

Le cas pratique est une épreuve permettant d'apprécier la capacité du candidat à mettre en œuvre la règle de droit en allant rechercher les règles applicables et en proposant une juste application. Il décrit une situation (sous la forme d'un texte ou de pièces) qui pose plusieurs problèmes juridiques qu'il appartient au candidat de résoudre en rapprochant le droit du fait. Le candidat doit être en capacité de déployer une argumentation lui permettant de justifier ses choix. Le positionnement du candidat est ici impartial (à l'égal de celui d'un juge).

Ce cas pratique ne saurait être la production d'un jugement, l'acquisition de la méthodologie complexe du jugement civil figurant dans les enseignements dispensés à l'École nationale de la magistrature. À ce titre, le cas pratique garde donc une dimension plus universitaire que professionnelle.

La dissertation a pour vocation tant de vérifier le niveau de connaissances en droit que la capacité du candidat à conduire un raisonnement juridique. Elle permet aussi de vérifier les qualités rédactionnelles et de structuration de la pensée. La maîtrise de la langue française (orthographe et syntaxe) figure également au rang des éléments observés.

Le choix de sujets « transversaux » recouvrant plusieurs notions juridiques est privilégié par rapport à des questions de cours qui permettent moins bien d'apprécier les qualités d'analyse juridique en se focalisant sur les seules connaissances juridiques.

B - LES ÉPREUVES DE DROIT PÉNAL (GÉNÉRAL ET SPÉCIAL) OU PROCÉDURE PÉNALE (ADMISSIBILITÉ)

Le droit pénal n'existait dans l'ancien concours qu'en qualité d'option (avec le droit public) pour la troisième épreuve d'admissibilité. Il figure désormais obligatoirement au programme des épreuves d'admissibilité afin de consacrer la place importante qu'il occupe dans l'activité quotidienne des magistrats. La procédure pénale a été ici aussi rajoutée afin de s'assurer que cet outil de base est globalement maîtrisé par l'auditeur de justice avant son arrivée à l'École nationale de la magistrature.

La particularité de l'existence d'un programme unique pour les deux épreuves mentionnées plus haut se retrouve également ici.

Les observations faites au paragraphe précédent sur le cas pratique et la dissertation peuvent être reprises ici dans les mêmes termes.

C - L'ÉPREUVE SUR L'ORGANISATION DE L'ÉTAT, ORGANISATION DE LA JUSTICE, LIBERTÉS PUBLIQUES ET DROIT PUBLIC (ADMISSIBILITÉ)

Les quatre épreuves juridiques qui ont été évoquées plus haut (deux dissertations et deux cas pratiques) permettent de vérifier les *qualités de juriste* des candidats dans les domaines juridiques de base des magistrats de l'ordre judiciaire. Les autres épreuves juridiques présentes aux épreuves d'admissibilité et d'admission ont donc pour objet de vérifier l'étendue des *connaissances juridiques* complémentaires nécessaires à l'action du magistrat. Des sujets « de cours » seront donc davantage privilégiés.

Cette épreuve (de deux heures) est très différente de l'ancienne épreuve optionnelle de droit public qui avait vocation d'évaluer avec l'épreuve de droit civil, les qualités de juriste du candidat. Cette nouvelle épreuve a pour vocation de vérifier pour chacun des candidats si les connaissances nécessaires au magistrat du premier degré de l'ordre judiciaire sont acquises dans le champ concerné.

La nature de cette épreuve est également nouvelle. En effet, il s'agit de « *questions appelant des réponses courtes* ». Dans le silence du texte, l'École émet auprès du jury la préconisation de proposer de trois à cinq questions. Le nombre de points affecté à chaque question est précisé.

Il ne s'agit nullement de questions à choix multiples, mais bien de questions appelant des développements rédigés par le candidat. Ces développements ne sont pas limités et peuvent au choix du candidat faire l'objet ou pas d'un plan. Il peut cependant être rappelé que la synthèse fait partie des qualités essentielles du magistrat.

D - L'ÉPREUVE DE DROIT SOCIAL ET DROIT COMMERCIAL (ADMISSION)

Épreuve tendant à apprécier l'étendue des *connaissances juridiques* dans le domaine concerné, elle a pour vocation de couvrir le champ juridique de l'activité de l'entreprise et la vie économique dont pourra avoir à connaître le magistrat judiciaire au premier degré de juridiction ou en appel.

Afin d'assurer l'égalité de traitement des candidats et de répondre au mieux à l'objectif de vérification des connaissances juridiques, l'École nationale de la magistrature émet auprès du jury une préconisation quant au déroulement de cette épreuve orale d'une durée de vingt-cinq minutes :

- Choix d'un sujet unique tiré au sort.
- Préparation du sujet pendant environ cinq minutes en présence des deux examinateurs.
- Exposé par le candidat de ses connaissances sur le sujet pendant environ dix minutes.
- Questionnement du candidat par les examinateurs pendant environ dix minutes sur d'autres aspects du programme de l'épreuve.

E - LA NOTE DE SYNTHÈSE (ADMISSION)

L'épreuve de note de synthèse vise à s'assurer de cette capacité tout à fait importante pour le magistrat. Dans le cadre de la réforme des concours d'accès, elle a donc été naturellement conservée, bien que positionnée désormais lors des épreuves d'admission (et non plus d'admissibilité) afin de ne pas trop alourdir les épreuves écrites.

Le principe de cette épreuve est de présenter rapidement par écrit et de manière neutre, à un lecteur qui ne la connaîtrait pas, l'état d'une problématique judiciaire, juridique ou administrative en lui permettant d'en comprendre les éléments centraux, les enjeux, les perspectives et s'il y a lieu les éléments du débat.

Comme cela avait pu être fait depuis quelques années, une notice explicative a été élaborée pour venir préciser les contours de l'épreuve afin de donner aux candidats des éléments d'information aussi précis que possible.

Cette notice qui a été modifiée sur quelques points a été validée par le conseil d'administration de l'École nationale de la magistrature et constitue donc une préconisation officielle :

« Le dossier documentaire devra comprendre un maximum d'une vingtaine de documents (éléments d'un dossier judiciaire ou administratif, décisions de justice, articles de doctrine, textes normatifs, articles de presse, statistiques, extraits d'ouvrages ou de rapports... cette énumération est purement indicative et ne peut être regardée comme constituant un dossier type) dont le volume total ne devra pas dépasser trente pages (ces données chiffrées ne constituant pas des limites impératives mais des recommandations, le temps de lecture des documents ne devant pas dépasser en tout état de cause une limite raisonnable).
Un plan apparent (avec des titres concis destinés à retenir l'attention du lecteur), s'il n'est obligatoire, est fortement recommandé. Sa structuration est laissée à la libre appréciation du candidat.
S'agissant d'une épreuve permettant notamment d'apprécier les capacités de synthèse du candidat, la limite de quatre pages ne devra pas être dépassée.
Une introduction est possible mais non obligatoire. En quelques lignes elle peut présenter la problématique développée dans le dossier documentaire.
Le candidat devra synthétiser objectivement les éléments du dossier. Il devra faire un choix éclairé parmi les informations contenues dans les seuls documents lui paraissant utiles. Il ne devra donc pas nécessairement faire usage de tous les documents.
Seules les informations contenues dans le dossier peuvent être utilisées. Tout contresens sur le sens d'un document ne pourra qu'être sévèrement sanctionné. La qualité rédactionnelle du compte rendu est évidemment prise en compte, les déficiences orthographiques et syntaxiques, les impropriétés de termes, l'inélégance du style et les obstacles à la lisibilité ne peuvent qu'affecter la note. Le discours doit être impersonnel. La citation du texte d'un document, nécessairement courte et apparente, est exceptionnelle. La provenance de chaque information n'a pas à être clairement identifiée (référence au numéro du document ou à son intitulé) sauf si cela apparaît nécessaire à la bonne compréhension.
Une conclusion n'est pas nécessaire. »

Par rapport à l'épreuve de note de synthèse de l'ancien concours, le volume du dossier documentaire a été réduit et il est demandé au candidat de savoir hiérarchiser l'importance des pièces (comme dans un dossier judiciaire), l'intéressé pouvant utiliser davantage les informations contenues dans tel ou tel document, si elles lui paraissent plus importantes pour la compréhension de la problématique. Il n'est donc plus nécessaire d'utiliser toutes les pièces ni même de les citer obligatoirement.

V – UN MAGISTRAT OUVERT SUR LE MONDE

A - LES ENJEUX

Si la dimension nationale de l'activité du magistrat a pu longtemps être dominante voire exclusive, la globalisation du monde ne manque pas, et ne manquera pas davantage demain, de faire évoluer son cadre naturel de référence.

Cette évolution s'est d'abord faite sentir sur le terrain de la norme juridique qui est de moins en moins nationale et trouve sa source dans le cadre de l'Union européenne ou dans les conventions internationales signées et ratifiées par la France.

L'influence de la jurisprudence de la Cour européenne des droits de l'homme est un exemple concret et parlant de l'émergence de « standards » juridiques internationaux qui viennent irriguer l'action du magistrat national.

La capacité du magistrat à lire la doctrine et la jurisprudence relative à ces standards internationaux fera partie demain des éléments d'appréciation de sa qualité de juriste.

Le déplacement plus fréquent des personnes et des biens au-delà de leur pays d'origine rendent par ailleurs plus fréquents les contentieux transnationaux soumis au magistrat.

Pour répondre à cette évolution dans l'activité des hommes, des outils juridiques et des organismes sont venus faciliter la coopération et l'entraide entre les institutions judiciaires des différents pays.

L'influence du modèle juridique français et continental passe enfin par notre capacité à le présenter au-delà de nos frontières, à en assurer le rayonnement dans les revues juridiques internationales (souvent anglo-saxonnes) et à l'expliquer dans des rencontres internationales.

Ces questions ne sont par ailleurs pas sans influence sur le rayonnement économique de notre pays.

Tous ces éléments font que le cadre naturel de référence du magistrat recruté en ce début de XXIe siècle doit être celui de l'Union européenne voire au-delà.

B - LES ÉPREUVES DE LANGUES VIVANTES (ADMISSION)

La réforme des concours d'accès n'a pas modifié l'existence d'une épreuve de langue vivante obligatoire avec la possibilité de passer une épreuve de langue vivante facultative (qui permet d'obtenir une bonification de points). C'est dans le choix des langues proposées que s'est faite l'évolution.

À compter de la session 2010 des trois concours d'accès, l'épreuve de langue vivante obligatoire portera uniquement sur la langue anglaise. Ce choix résulte d'une approche pragmatique des enjeux rappelés précédemment en faisant le constat que la langue anglaise est à ce jour la langue des échanges internationaux. Elle permet en outre souvent de communiquer dès lors que la langue nationale de l'interlocuteur n'est pas maîtrisée.

Le choix de la langue facultative est plus large et recouvre les langues pratiquées dans les échanges frontaliers ou méditerranéens (allemand, espagnol, italien ou arabe littéral).

Pour ces épreuves d'une durée totale de trente minutes, le candidat dispose de quinze minutes pour étudier un texte (de quatre cents mots environ) qui est souvent un article de journal. Ensuite il sera invité à faire un compte rendu oral du contenu du texte (sans traduction) et à développer un thème (point de l'article, autre thème en lien avec l'article ou thème général) pendant quinze minutes, cette dernière partie se déroulant sous la forme d'une conversation dans la langue choisie.

C - L'ÉPREUVE DE DROIT EUROPÉEN ET DROIT INTERNATIONAL PRIVÉ (ADMISSION)

Épreuve tendant à apprécier l'étendue des connaissances juridiques dans le domaine concerné, elle a pour vocation de couvrir le champ des connaissances juridiques ou institutionnelles dont pourra avoir besoin le magistrat judiciaire pour lui permettre de répondre positivement aux enjeux développés ci-dessus.

Afin d'assurer l'égalité de traitement des candidats et de répondre au mieux à l'objectif de vérification des connaissances, l'École nationale de la magistrature émet auprès du jury une préconisation quant au déroulement de cette épreuve orale d'une durée de vingt-cinq minutes :

- Choix d'un sujet unique tiré au sort.
- Préparation du sujet pendant environ cinq minutes en présence des deux examinateurs.
- Exposé par le candidat de ses connaissances sur le sujet pendant environ dix minutes.
- Questionnement du candidat par les examinateurs pendant environ dix minutes sur d'autres aspects du programme de l'épreuve.

IV – UN MAGISTRAT À LA PERSONNALITÉ ADAPTÉE

Si rendre la justice suppose des connaissances juridiques fines, cela suppose également une personnalité adaptée et assurément équilibrée.

Dans le cadre de la réforme des concours d'accès à l'École nationale de la magistrature, le choix a été fait d'assumer pleinement cette double exigence en portant un regard sur la personnalité des candidats en complément de la vérification de leurs compétences juridiques.

Cette approche qui est nouvelle pour la France ne l'est pas pour d'autres concours de la fonction publique ou pour le recrutement de magistrats dans d'autres pays européens comme les Pays-Bas ou le Portugal.

Ce regard sur la personnalité des candidats doit naturellement être entouré de toutes les garanties qui s'imposent afin de proscrire tout risque de profilage (la magistrature devant être riche de personnalités diverses) et de manque de rigueur scientifique. Ce processus doit enfin être parfaitement transparent et ne pas avoir d'autres implications que celles relatives au recrutement.

En regard des treize capacités attendues du candidat, et notamment de celles qui relèvent davantage de la personnalité que des connaissances, le choix s'est porté sur une nouvelle épreuve (de mise en situation et d'entretien) que viendra compléter un avis formé par un psychologue.

A - L'AVIS DU PSYCHOLOGUE

L'avis du psychologue est élaboré sur la base de deux éléments, des tests et un entretien. Préalablement à l'épreuve de mise en situation et à l'entretien, les candidats passent à Bordeaux *des tests de personnalité et d'aptitude* d'une durée n'excédant pas trois heures comportant deux types de tests :

- L'évaluation des aptitudes à la communication, à la relation et l'adaptation professionnelle.
- L'évaluation des aptitudes de compréhension et de raisonnement logique.

Les premiers tests sont construits à partir d'outils utilisés internationalement. Ils intègrent une approche de la personnalité appréciant cinq grandes tendances de celle-ci (théorie dite du « Big Five ») et une approche des grandes tendances pathologiques.

Les seconds tests sont basés sur des épreuves classiques d'appréciation des aptitudes à la compréhension. Ils étudient les capacités de compréhension verbale (épreuve de syllogisme et de choix de signification d'un énoncé) et les aptitudes à passer rapidement d'un mode de raisonnement à un autre (épreuve de suite logique).

Concrètement ces tests, qui *ne sont pas une épreuve,* se présentent sous la forme de questions à choix multiples ou de suites à compléter.

À la suite des tests, une fois qu'ils ont été corrigés et interprétés par les examinateurs psychologues adjoints au jury, les candidats admissibles ont un *entretien* avec un de ces examinateurs en présence d'un magistrat. Cet entretien ne peut dépasser trente minutes, comme les tests, il ne fait pas l'objet d'une notation spécifique.

La mission donnée au psychologue est de former un avis sur la compatibilité entre la personnalité du candidat et les capacités attendues du magistrat. Si le psychologue émet des réserves sur cette compatibilité, il doit préciser sur quelles capacités portent ces réserves et motiver son avis.

Cette démarche permettra au jury de disposer au moment de sa délibération sur la note à attribuer à l'épreuve de mise en situation et d'entretien d'un *élément d'information complémentaire* avec l'avis rédigé par le psychologue qui portera sur la capacité du candidat à acquérir les treize compétences fondamentales du magistrat, notamment celles en lien avec sa personnalité.

Cet avis, qui ne lie donc pas le jury, est contradictoire, c'est-à-dire que son contenu est porté intégralement à la connaissance du candidat.

Le *résultat des tests de personnalité* et d'aptitude ne sera communicable qu'aux seuls intéressés. Il ne pourra en aucun cas être versé au dossier pédagogique ou administratif de l'auditeur de justice ou du magistrat et sera détruit à l'expiration d'un délai de deux mois à compter de la publication des résultats du concours.

***L'avis* formulé par le psychologue examinateur est notifié au candidat** (à personne ou par lettre recommandée avec accusé de réception). **Il est également communiqué au président du jury.**

Le candidat et le président du jury peuvent demander, dans un délai de huit jours, à compter de la réception ou de la notification de l'avis, un second avis.

Un nouvel entretien avec un autre psychologue examinateur spécialisé en présence d'un autre magistrat est organisé. Le nouvel avis est notifié dans les mêmes conditions au candidat et transmis au président du jury.

B - L'ÉPREUVE DE MISE EN SITUATION ET D'ENTRETIEN AVEC LE JURY (ADMISSION)

Elle se décompose en deux phases successives conduites par l'ensemble des sept examinateurs de cette épreuve dans une même unité de temps (en principe durant la même demi-journée). Il en résultera une note unique pouvant revêtir un caractère éliminatoire (si la note obtenue est inférieure à cinq sur vingt).

1 - La mise en situation

D'une durée de trente minutes sans préparation, cette épreuve consiste à donner aux candidats (qui sont au moins trois, pris dans l'ordre alphabétique) les contours d'une mise en situation dans un texte n'excédant pas une page :

- les éléments d'une situation concrète (qui se caractérise par l'existence d'un ou plusieurs *problèmes précis* auxquels il convient de faire face) ;
- un rôle précis qui leur est dévolu (ce rôle qui est le même pour tous les participants est celui d'un *professionnel ayant une capacité de décision* : un directeur d'hôpital, d'école, un chef d'entreprise, un maire, un chef de service, un pilote de ligne, un guide d'expédition...) ;
- une directive précise les mettant en situation de prendre une décision ou de choisir une orientation.

Après rappel par le président du jury des modalités concrètes du déroulement de la mise en situation, les candidats se répartissent librement la parole (chacun au final devant avoir pu s'exprimer globalement pendant cinq minutes au moins). Cette *conversation entre les candidats*, en présence des examinateurs, leur permet dans un premier temps de préciser les contours de la problématique qui se pose à eux puis d'échanger sur la décision à prendre ou sur les orientations à donner pour résoudre le problème.

Cette partie de l'épreuve ne nécessite pas de connaissances particulières autres que celles définies dans le programme des concours d'accès. Il ne s'agit en effet pas d'une épreuve visant à vérifier des connaissances, juridiques ou autres, mais bien à observer la mise en œuvre de certaines des treize capacités.

Capacité d'adaptation Capacité à analyser une situation Capacité à la relation, à l'écoute et à l'échange Capacité à susciter un accord et à concilier Capacité à prendre une décision, inscrite dans son contexte, empreinte de bon sens Capacité à expliquer une décision Capacité à travailler en équipe

À l'issue de cette partie de l'épreuve, aucune note n'est attribuée aux candidats, il s'agit donc davantage d'un temps d'observation qui permettra d'alimenter l'entretien qui se déroulera ensuite individuellement entre le candidat et les sept membres du jury.

2 - L'entretien avec le jury

D'une durée de quarante minutes cet entretien se décompose en trois séquences :

- Un *exposé du candidat* sur une question d'actualité posée à la société française ou sur une question de culture générale ou judiciaire. Le candidat aura au préalable tiré au sort un sujet unique et pu préparer son exposé pendant trente minutes.

Cette séquence a pour objectif d'apprécier la façon dont le candidat structure, synthétise et expose sa pensée. L'École nationale de la magistrature préconise que cette première séquence dure environ dix minutes.

Pour les candidats des 2e et 3e concours l'exposé du candidat porte sur leur parcours professionnel.

- Une *conversation avec le jury* portant sur le parcours et la motivation du candidat.

Cette conversation, qui peut s'apparenter dans l'esprit à un « entretien d'embauche », prend appui sur une fiche individuelle de renseignement complétée manuscritement par le candidat admissible sur la base d'une trame commune à tous les candidats. Cette fiche permet au candidat de se présenter aux membres du jury. L'École nationale de la magistrature préconise que cette deuxième séquence dure environ vingt minutes.

- Une *conversation avec le jury* portant sur sa participation à l'épreuve de mise en situation.

Cette conversation permettra d'effectuer un « débriefing » de la prestation du candidat lors de la mise en situation. Elle donnera par exemple l'occasion à des candidats plus réservés de faire-valoir leurs arguments dans un contexte différent, de compléter un propos qui n'aurait pu être terminé ou de revenir sur leur positionnement.

Cette épreuve de mise en situation et d'entretien d'une durée totale de plus d'une heure doit permettre au jury de mieux connaître la personnalité du candidat s'agissant notamment des capacités qui ne relèvent pas du champ des connaissances juridiques ou autres. Elle est donc sans comparaison avec le grand oral de culture générale qui était mis en œuvre jusqu'alors.

VII – QUI RECRUTE LES MAGISTRATS ? : UN JURY PLUS OUVERT

Le passage d'un concours très essentiellement axé sur la vérification des connaissances juridiques à un concours également ouvert sur la personnalité des candidats a conduit à faire évoluer la composition du jury.

Il est également apparu important de diversifier les regards portés sur les candidats en enrichissant le jury de l'avis de personnalités extérieures au monde juridique et judiciaire.

Ancienne composition du jury	Nouvelle composition du jury (à compter de la session 2009)
Un magistrat hors hiérarchie à la Cour de cassation (Président)	Un magistrat hors hiérarchie de la Cour de cassation (Président)
Un membre du Conseil d'État ou un magistrat de la Cour des comptes	Un membre du Conseil d'État (vice-président) Un professeur de droit
Deux professeurs des Universités chargés d'un enseignement de droit	Quatre magistrats de l'ordre judiciaire
Neuf personnes choisies en raison de leurs compétences juridiques, dont au moins quatre magistrats de l'ordre judiciaire (pour le 3e concours au moins une personnalité n'appartenant pas à la magistrature et n'exerçant pas ses fonctions dans l'administration publique, choisie en raison de son expérience professionnelle).	Un avocat Un psychologue Une personne qualifiée en matière de recrutement Une personne qualifiée extérieure aux catégories professionnelles ci-dessus énoncées
Soit 13 membres (dont 5 magistrats de l'ordre judiciaire)	Soit 11 membres (dont 5 magistrats de l'ordre judiciaire)

La liste des membres du jury est arrêtée pour chaque session par le garde des Sceaux, ministre de la Justice, sur proposition du conseil d'administration de l'École nationale de la magistrature. Cette liste est affichée dans les locaux de l'École et publiée sur son site internet.

Cette volonté de diversification des regards portés sur le candidat est particulièrement marquée pour l'épreuve de mise en situation et d'entretien.

Examinateurs de l'épreuve de mise en situation et d'entretien

- Un magistrat hors hiérarchie de la Cour de cassation (Président).
- Un membre du Conseil d'État (vice-président).
- Un magistrat de l'ordre judiciaire.
- Un avocat.
- Un psychologue.
- Une personne qualifiée en matière de recrutement.
- Une personne qualifiée extérieure aux catégories professionnelles ci-dessus énoncées.

VIII – LA PRÉPARATION DU CONCOURS

Si une préparation au concours n'est pas obligatoire, elle est cependant très fortement recommandée. Au-delà du choix d'une structure de préparation, quelques conseils généraux peuvent être donnés aux candidats :

- Consulter régulièrement les éléments d'information relatifs aux concours d'accès sur le site internet de l'École nationale de la magistrature.
- Comprendre, au travers de la liste des treize capacités attendues, la démarche qui anime le jury de recrutement.
- Étudier avec attention le programme des épreuves.
- Consulter sur le site de l'École nationale de la magistrature les annales des sujets (à compter de la session 2009), les meilleures copies et le rapport du président du jury (ces éléments sont mis en ligne quelques mois après la fin de la session précédente).
- Définir une stratégie de recrutement à court ou moyen terme (passage d'autres concours ou examens durant la phase de préparation afin d'accroître les chances de recrutement dans l'année ou ciblage d'un ou deux concours aux orientations proches, analyse de la pertinence d'une seconde voire d'une troisième tentative...).
- Porter un intérêt accru aux questions judiciaires d'actualité et aux questions qui animent le débat en général.

A - LES PRÉPARATIONS PUBLIQUES

1- Par les instituts d'études judiciaires

Les instituts d'études judiciaires rattachés aux facultés de droit sont les lieux historiques de préparation aux concours d'accès à l'École nationale de la magistrature. Leur contribution depuis 1961 mérite à ce titre d'être soulignée.

Recueillis sur une base déclarative auprès des auditeurs de justice entrant à l'École nationale de la magistrature, les chiffres des dernières promotions attestent qu'ils assurent avec succès une large part de cette préparation.

Promotions	1er Concours	Préparation IEJ	2e Concours	Préparation IEJ	3e Concours	Préparation IEJ	TOTAL Préparation Auditeurs par promotion
2000	157	97	17	11	1	1	109 sur 178 ADJ
2001	172	128	17	12	3	3	143 sur 197 ADJ
2002	211	163	18	11	2	2	176 sur 235 ADJ
2003	211	163	12	9	4	4	176 sur 237 ADJ
2004	230	182	13	11	4	4	197 sur 250 ADJ
2005	223	171	18	15	6	3	189 sur 286 ADJ
2006	224	185	19	14	7	6	205 sur 250 ADJ
2007	186	162	18	17	6	3	182 sur 252 ADJ
2008	139	108	14	10	7	2	120 sur 207 ADJ
2009	88	71	12	12	4	0	83 sur 105 ADJ

Tous les quarante-cinq instituts d'études judiciaires répartis sur le territoire métropolitain ne préparent pas nécessairement au concours d'accès à l'École nationale de la magistrature, certains développant essentiellement une préparation à l'examen d'accès aux écoles d'avocat ou préparent à d'autres concours de la fonction publique. Il convient donc de se renseigner auprès des instituts pour connaître le volume des enseignements spécifiquement orientés vers la préparation à ce concours.

Depuis **1994,** les candidats admis au premier concours qui ont indiqué avoir suivi une préparation dans un institut d'études judiciaires (81,93 % des auditeurs), ont précisé l'avoir fait dans celui de :

- Paris II pour 32,56 %
- Bordeaux IV pour 11,95 %
- Paris I pour 5,69 %
- Lyon III pour 4,46 %
- Aix-Marseille III pour 3,37 %
- Strasbourg pour 3,19 %
- Rennes pour 3,11 %
- Toulouse pour 2,76 %
- Paris X Nanterre pour 1,93 %
- Paris XI Sceaux pour 1,49 %
- Paris V pour 1,44 %
- Nancy II pour 1,36 %
- Grenoble II pour 1,27 %
- Montpellier I pour 1,18 %
- Lille II pour 1,09 %

Les autres IEJ contribuant pour moins de un pour cent.

Ces chiffres ne peuvent cependant pas s'analyser comme étant des taux de réussite, le nombre de candidats inscrits dans ces instituts n'étant pas connu de l'École nationale de la magistrature.

NOMBRE D'AUDITEURS DE JUSTICE AYANT SUIVI UNE PRÉPARATION DANS UN INSTITUT D'ÉTUDES JUDICIAIRES DE LA PROMOTION 2000 À LA PROMOTION 2008										
INSTITUTS	PROMO 2000	PROMO 2001	PROMO 2002	PROMO 2003	PROMO 2004	PROMO 2005	PROMO 2006	PROMO 2007	PROMO 2008	PROMO 2008	Nombre d'auditeurs préparés entre 2000 et 2008
AIX EN PROV.	3	6	7	7	9	7	12	5	4	4	60
AMIENS		1									1
ANGERS		1	1	1	2	2	1			1	8
BORDEAUX	14	16	29	29	21	32	25	18	12	9	196
BREST					2						2
CAEN		2			2	2	1	2			9
CLERMONT			1	1				1		1	3
DIJON			1	1						1	2
GRENOBLE			4	4	3	1	3	3		3	18
LA ROCHELLE						1					1
LILLE		2	1	1	1	3	2	3		2	13
LIMOGES	1		2	2				1			6
LYON	5	8	8	8	5	7	15	4	9	1	69
METZ	1										1
MONTPELLIER		1			2	7	5	4	2	7	21

NANCY	2	3	1	1	5	2	5	1	1		21
NANTES	1	1						1			3
NICE	1	1					1				3
ORLÉANS					1						1
PARIS I Sorbonne	5	8	13	13	15	9	6	12	7	7	88
PARIS II Assas	49	49	69	69	76	71	69	79	46	25	577
PARIS V Malakoff	3	1	4	4	4	2	1	3	1		23
PARIS X Nanterre	1	7	3	3	4	4	7	1	8	1	38
PARIS XI Sceaux		1	2	2	2	3	3	4	4		21
PARIS XII Val de M.								1		1	
PAU			1	1			1				3
PERPIGNAN		1				1		1			3
POITIERS						1			1		2
REIMS						1					1
RENNES	3	6	9	9	8	4	6	5	5	2	55
ROUEN	1	1									2
ST-ETIENNE			1	1			1		1		4
STRASBOURG	4	8	3	3	10	4	6	4	3	2	45
TOULON					1	1		1			3
TOULOUSE	3	4	3	3	7	4	14	6	3	5	47
TOURS						1					1
VERSAILLES					2	1	1	3			7
TOTAUX	**97**	**128**	**163**	**163**	**182**	**171**	**185**	**162**	**108**	**71**	**1359**

2 - Par les instituts d'études politiques

En l'état des informations dont dispose l'École nationale de la magistrature, deux instituts d'études politiques, ceux de Paris et d'Aix-Marseille, préparent spécifiquement au concours d'accès à l'École nationale de la magistrature.

Les informations concernant les modalités de recrutement et le contenu de ces préparations peuvent être obtenues auprès de ces établissements.

3 - Par l'École nationale de la magistrature

a - Les classes préparatoires

L'École nationale de la magistrature a mis en place en 2007 des classes préparatoires « Égalité des chances » afin de contribuer à la diversité du recrutement dans la magistrature.

L'objectif est d'aider des *candidats méritants et motivés issus de milieux sociaux défavorisés* à préparer le premier concours d'accès.

Chaque année, les trois classes de Paris, Douai et Bordeaux préparent environ chacune quinze jeunes diplômés.

Pour postuler à ces classes préparatoires, les candidats doivent en premier lieu remplir les conditions d'accès au premier concours à l'École nationale de la magistrature.

Les critères de recrutement sont :

- la détention du diplôme exigé ;
- les ressources du candidat et de sa famille ;
- les résultats des études antérieures ;
- la motivation et la personnalité ;
- l'origine géographique.

Les candidats s'engagent à s'inscrire et à se présenter aux épreuves écrites du premier concours d'entrée.

Pour toutes informations

École nationale de la magistrature
Sous direction des recrutements et de la validation des compétences
10 rue des frères Bonie, 33080 Bordeaux Cedex

concours.enm@justice.fr

05 56 00 10 24
05 56 00 10 25
05 56 00 10 23

Le dossier d'inscription est à imprimer à partir du site internet www.enm.justice.fr et à déposer ou à adresser à :

Monsieur le directeur de l'École nationale de la magistrature
Sous direction des recrutements et de la validation des compétences
Classes préparatoires
10, rue des Frères Bonie
33080 Bordeaux Cedex

Le bénéfice de la classe préparatoire n'est pas renouvelable.

La sélection des candidats est effectuée par une commission :

Commission de sélection des élèves des classes préparatoires

- Le directeur de l'École nationale de la magistrature ou le directeur adjoint chargé des recrutements, de la formation initiale et de la recherche (président).
- Un magistrat, un magistrat honoraire, un professeur des universités ou un professeur des universités honoraire.
- Un magistrat de l'ordre judiciaire.
- Un professeur de droit ou maître de conférences enseignant habituellement au sein d'un institut d'études judiciaires ou ayant été désigné coordonnateur d'une classe préparatoire

Cette sélection s'organise en deux étapes :

- La commission de sélection procède à l'examen des dossiers constitués par les candidats et fixe la liste des candidats retenus pour participer à l'entretien d'admission.
- La commission de sélection fixe la liste définitive des candidats admis en classe préparatoire à l'issue des entretiens individuels d'admission (frais de transport remboursés par l'École nationale de la magistrature sur la base du tarif SNCF 2e classe).

L'admission définitive dans l'une des classes préparatoires est prononcée par le directeur de l'École nationale de la magistrature.

Le statut : Étudiant (les élèves des classes préparatoires ne sont pas des auditeurs de justice). Le régime est celui de l'externat. Une assiduité sans faille aux enseignements dispensés est exigée.

L'aide financière : Les élèves admis à la classe préparatoire peuvent solliciter, sous certaines conditions, l'attribution d'une bourse. Le montant annuel de cette bourse varie entre 1 424 € et 4 019 € en fonction des revenus du foyer fiscal, du nombre d'enfants à charge de la famille et de l'éloignement du lieu d'études.

Les enseignements : Un professeur ou un maître de conférences des universités, a pour mission de coordonner les enseignements dispensés dans le cadre de la préparation.

La préparation dispensée comprend :

- Des enseignements en rapport avec les épreuves écrites et orales du premier concours d'accès à l'École nationale de la magistrature.
- Des apports méthodologiques et l'organisation d'examens « blancs ».
- Des mesures d'accompagnement et de soutien pédagogique par le biais d'un tutorat assuré par le coordonnateur de la classe préparatoire, les enseignants de la classe préparatoire ou des magistrats de juridiction.
- Des activités culturelles.

b - Les auditeurs de justice stagiaires

Le décret n° 72-355 du 4 mai 1972 (articles 13-1 et 13-2) relatif à l'École nationale de la magistrature permet aux étudiants titulaires d'un diplôme national sanctionnant une formation d'une durée au moins égale à deux années d'études après le baccalauréat de participer, en vue de leur préparation aux concours d'accès à l'École nationale de la magistrature, aux travaux non juridictionnels des cours et tribunaux.

Ces stages doivent permettent aux étudiants qui se destinent à la magistrature de découvrir la réalité du monde judiciaire et de percevoir l'implication pratique des enseignements théoriques reçus au cours de leurs années universitaires.
Pour plus d'efficacité ce dispositif est préférentiellement orienté vers les étudiants disposant déjà du diplôme minimal leur permettant de présenter le premier concours d'accès à l'ENM et qui s'engagent dans la préparation dudit concours. Il s'agit donc d'un accompagnement à la préparation qui permettra aux candidats d'acquérir la culture judiciaire désormais attendue des candidats.
Ces stages peuvent revêtir plusieurs formes : assistance aux audiences suivies de débats, travail aux côtés d'un magistrat, de sorte que soient présentés de manière active les multiples aspects des fonctions judiciaires.

L'accent est mis sur une bonne compréhension de l'organisation judiciaire, du cheminement des dossiers civils et pénaux et du rôle de chaque acteur. Une approche concrète de la procédure civile et pénale est également favorisée.

Une rémunération peut être versée sous certaines conditions aux étudiants d'origine sociale défavorisée.
L'étudiant en droit se porte candidat auprès du procureur de la République de la juridiction dans laquelle il souhaite faire son stage.

4 - Par correspondance

Dans le cadre de la réforme des concours d'accès initiée en 2008, le constat a pu être fait de la faiblesse du nombre des candidatures aux deuxième et troisième concours d'accès, pour lesquels le volume des places offertes n'est que très rarement utilisé en totalité par le jury (les postes non pourvus venant alors compléter le recrutement du premier concours).

Le dispositif actuel des cycles préparatoires va être abandonné au profit d'une préparation par correspondance de nature à concerner davantage de candidats potentiels.

Sous réserve de l'adoption des textes supports, cette préparation par correspondance pourra être mise en œuvre à compter de l'automne 2011 (dans le cadre de la préparation de la session 2012 des concours d'accès).

Cette préparation comprendra :
- La communication d'un guide méthodologique de la préparation.
- La communication de fascicules thématiques et de dossiers documentaires.
- La communication de bibliographies.
- La proposition et la correction d'un devoir écrit par matière d'admissibilité et par mois.
- Les regroupements dont un après le résultat des épreuves d'admissibilité.

Ce cycle par correspondance sera ouvert à toutes les personnes remplissant les conditions pour se présenter au deuxième ou au troisième concours d'accès. *Un droit d'inscription (fixé par le conseil d'administration de l'ENM) sera sollicité.*

Pour toutes informations
École nationale de la magistrature
Sous direction des recrutements et de la validation des compétences
10 rue des frères Bonie, 33080 Bordeaux Cedex

concours.enm@justice.fr

05 56 00 10 24
05 56 00 10 25
05 56 00 10 23

Les personnes intéressées devront transmettre leur demande d'inscription (voir calendrier sur le site internet de l'École) à la préparation par correspondance à l'École nationale de la magistrature.

Monsieur le Directeur de l'École nationale de la magistrature
Sous direction des recrutements et de la validation des compétences
Préparation par correspondance
10, rue des Frères Bonie
33080 Bordeaux Cedex

Afin d'éviter qu'une personne intéressée suive une préparation alors même qu'elle ne répondrait pas aux conditions permettant de se présenter au deuxième ou au troisième concours d'accès (voir *supra*), l'École procédera à une première vérification et en cas de difficulté en informera le candidat.

La demande sera ensuite transmise par l'École nationale de la magistrature à l'organisme de formation qui organisera dans le premier mois de la formation un concours blanc portant sur l'ensemble des épreuves écrites afin de permettre au candidat d'apprécier son niveau.

L'inscription définitive et la perception des droits d'inscription ne pourront se faire, *sans sélection*, qu'après passage de ce concours d'admissibilité blanc et réception des résultats, afin de permettre au candidat d'avoir une perception réelle de son niveau de départ par rapport aux exigences du concours.

B - LES PRÉPARATIONS PRIVÉES

La préparation aux concours d'accès à l'École nationale de la magistrature par des instituts privés est un phénomène relativement récent qui devient comparable à d'autres préparations aux concours d'accès à d'autres grandes écoles.

Cette préparation est suivie à titre exclusif ou plus souvent en complément d'une préparation par un organisme public.

Si ce complément ne peut être considéré comme étant indispensable, il est parfois choisi par les candidats dans une logique de maximisation de leurs chances ou du moins de renforcement de leur confiance.

Il n'appartient pas à cet ouvrage de fournir des informations sur ces instituts, ces informations pouvant aisément être trouvées sur internet.

CHAPITRE 2

La formation des auditeurs de justice

Section I

UNE ÉCOLE D'APPLICATION

L'École nationale de la magistrature est une école d'application. Après un cursus de formation supérieure ou l'acquisition d'une expérience professionnelle initiale, elle a pour vocation de préparer au métier de magistrat de l'ordre judiciaire.

L'objectif de formation dévolu à l'École nationale de la magistrature dans sa dimension de formation initiale est de « *Former des auditeurs de justice au métier de magistrat dans ses différentes fonctions par l'acquisition des compétences fondamentales permettant une prise de décision conforme à la loi et adaptée à son contexte, respectueuse de l'individu et des règles éthiques et déontologiques, s'inscrivant dans son environnement institutionnel national et international* ».

Les huit fonctions de base auxquelles l'École doit préparer en formation initiale sont :

- Juge de grande instance.
- Juge d'instance.
- Juge d'instruction (sous réserve des modifications résultant du discours de M. le président de la République du 7 janvier 2009).
- Juge des enfants.
- Juge d'application des peines.
- Juge placé auprès du premier président.
- Substitut du procureur de la République.
- Substitut placé auprès du procureur général.

La formation initiale des auditeurs de justice est une formation probatoire rémunérée d'une durée de trente et un mois.

Section II

L'ÉVOLUTION DE L'ENSEIGNEMENT DISPENSÉ AUX AUDITEURS DE JUSTICE DEPUIS 1958 : UNE RECHERCHE D'ÉQUILIBRE ENTRE LA TECHNICITÉ ET L'HUMANITÉ [7]

I – LA DURÉE DE LA FORMATION

La durée de la formation initiale a connu plusieurs évolutions :

	Formation initiale	Formation continue obligatoire en début de carrière
1959	36 mois	
1965	28 mois	
1974	24 mois	4 mois
1990	27 mois	1 mois
1991	31 mois	

II – LA FORMATION

A - LES SÉQUENCES DE FORMATION

À l'exception des premières promotions, la formation a traditionnellement été organisée autour de trois séquences de formation :

- Une période de scolarité commune à Bordeaux.
- Un stage individuel généraliste en juridiction (complété par des stages courts auprès des principaux partenaires de l'institution judiciaire : avocat, services de police et de gendarmerie, administration pénitentiaire...).
- Un stage individuel spécialisé en juridiction préparant à la première affectation.

Ce triptyque de base a été décliné sous différentes formes :

- De 1974 à 1980 la scolarité à Bordeaux de neuf mois était suivie d'un stage en juridiction de quinze mois.

7. Sur cette question : Jean-Luc BODIGUEL, *Les magistrats un corps sans âme ?*, Paris, Presses universitaires de France, 1991 ; Catherine BLAYA, L'École nationale de la magistrature : Évolution de l'enseignement dispensé aux auditeurs de justice 1959-1999, Rapport commandé par la Mission Droit et Justice auprès du Laboratoire de recherches sociales en éducation et formation, Université Victor Ségalen Bordeaux II, octobre 2000.

- De 1980 à 1985 fut mise en œuvre une alternance entre la scolarité commune et le stage en juridiction : une période d'études de cinq mois précédait un stage accompli dans les fonctions pénales, puis une seconde période de scolarité précédait le stage effectué dans les fonctions civiles. Ce cycle s'achevait par un regroupement de la promotion à Paris consacré à une synthèse des activités de formation et à un stage d'un mois au tribunal de grande instance de Paris.
- De 1985 à 1989 la scolarité à Bordeaux a été réunifiée avec une durée de cinq à six mois précédent le stage en juridiction de douze mois. Une seconde phase de scolarité de deux à trois mois précédait le second stage en juridiction dit de pré-affectation.
- De 1990 à 2008 la scolarité s'est découpée en une phase généraliste d'environ vingt-cinq mois (une semaine en juridiction, trois mois de stage extérieur, sept mois d'études à Bordeaux, quatorze mois de stage juridictionnel et de stages auprès des partenaires de l'institution judiciaire dont l'avocat) à laquelle succédait une phase de spécialisation de six mois après le choix du premier poste.
- À partir de 2008, l'allongement très significatif du stage en cabinet d'avocat, porté par la loi organique du 5 mars 2007 de sept semaines à six mois a conduit à une réorganisation de la formation.

B - LE CONTENU DE LA FORMATION

L'histoire pédagogique de l'École nationale de la magistrature est très fortement marquée par une recherche d'équilibre entre les enseignements dédiés à la technicité du magistrat et ceux tendant à favoriser sa réflexion, son ouverture d'esprit et son humanité.

Équilibre parfait jamais trouvé, car sans doute introuvable, entre « la formation de techniciens impeccables et d'humanistes éclairés » selon le mot de Jean François Burgelin (directeur de l'école de 1978 à 1981), les changements successifs se sont surtout focalisés sur les quelques mois de la période de scolarité à Bordeaux, le contenu de la formation en stages, pourtant majoritaire en durée mais fortement empreinte de technicité professionnelle, ayant peu subi de modification.

Durant la période de formation à Bordeaux, au-delà des enseignements fondamentaux portant sur les techniques professionnelles des différentes fonctions (dispensés depuis 1974 dans le cadre de directions d'études en petits groupes) ou sur la psychiatrie et la médecine légale, l'École a introduit ou renoncé au fil du temps à différents modules de formation (langue, informatique, comptabilité, psychologie, entretien judiciaire, sociologie judiciaire, recherche...), obligatoires ou optionnels, permettant de répondre aux évolutions des besoins de formation. Ce sont ces modules qui ont connu la plus forte volatilité en fonction des priorités affichées à tel ou tel moment.

Le contenu des formations tient compte d'un certain nombre de paramètres qui fixent pour partie la pédagogie : localisation de l'École à Bordeaux, diversité des recrutements des auditeurs de justice, forte attente de technicité de leur part...

Les attentes des auditeurs de justice

Extrait de « L'École nationale de la magistrature et l'auditeur de justice » de Louis-Naud Pierre, *Étude de DEA de sociologie*, sous la direction du professeur François Dubet, Université Victor Ségalen, Bordeaux II, juin 1999 :

« L'étudiant ou le professionnel qui réussit le concours d'entrée à l'École nationale de la magistrature est très fortement porté par le désir d'être immédiatement opérationnel ou la peur de ne pas être à la hauteur. Cette motivation est d'autant plus forte que l'auditeur a été confronté dès le début de sa formation (NDLR : en 1999 dans le cadre du stage extérieur aujourd'hui du stage avocat) à des demandes précises de la part des gens qui attendent de lui des solutions immédiates à des problèmes judiciaires qui se posent (à eux). L'auditeur est très vite sensibilisé par rapport aux attentes des justiciables aussi bien qu'aux risques du métier, c'est-à-dire à l'acte de décider seul du destin d'autrui, comme par exemple le fait de séparer ou non un enfant de ses parents ou de priver ou non quelqu'un de sa liberté. Il cherche donc à assimiler rapidement les différentes techniques qui caractérisent la profession de magistrat. C'est d'ailleurs pour le sujet une forme de sécurité, d'équilibre psychologique face aux incertitudes multiples et aux angoisses quasi paralysantes suscitées par la prise de conscience très rapide des exigences de ce métier, surtout de la nature non rationnelle de l'acte même de décider. De la formation, les auditeurs de justice attendent donc qu'elle fournisse ou aide à constituer une connaissance complète et sans faille des situations et des processus à l'œuvre dans la pratique judiciaire. Ils ont, de ce fait même, une forte demande de techniques tant sur le plan juridique que relationnel. »

Ainsi au-delà d'une apparente instabilité, le contenu de la formation dispensée à l'École nationale de la magistrature est marqué par une certaine continuité. L'expérience acquise en cinquante ans d'existence lui permet par ailleurs d'être perçue à l'étranger comme étant la référence en matière de formation des magistrats (en dehors des pays anglo-saxons pour lesquels la notion de formation d'un magistrat n'a guère de sens eu égard à leur mode de recrutement très différent du nôtre).

Même si le débat sur une formation commune avec les avocats est récurrent, l'École, qui a formé la quasi-totalité du corps judiciaire actuel, a acquis auprès des magistrats une réelle crédibilité quant à sa capacité d'accompagner l'institution dans ses évolutions. Elle est également perçue comme étant un outil indispensable pour assurer l'indépendance de la magistrature.

Section III

LA NOUVELLE ORGANISATION INSTITUTIONNELLE DE L'ENM

L'École nationale de la magistrature est un établissement public à caractère administratif placé sous la tutelle du garde des Sceaux, ministre de la Justice. Son siège est à Bordeaux.

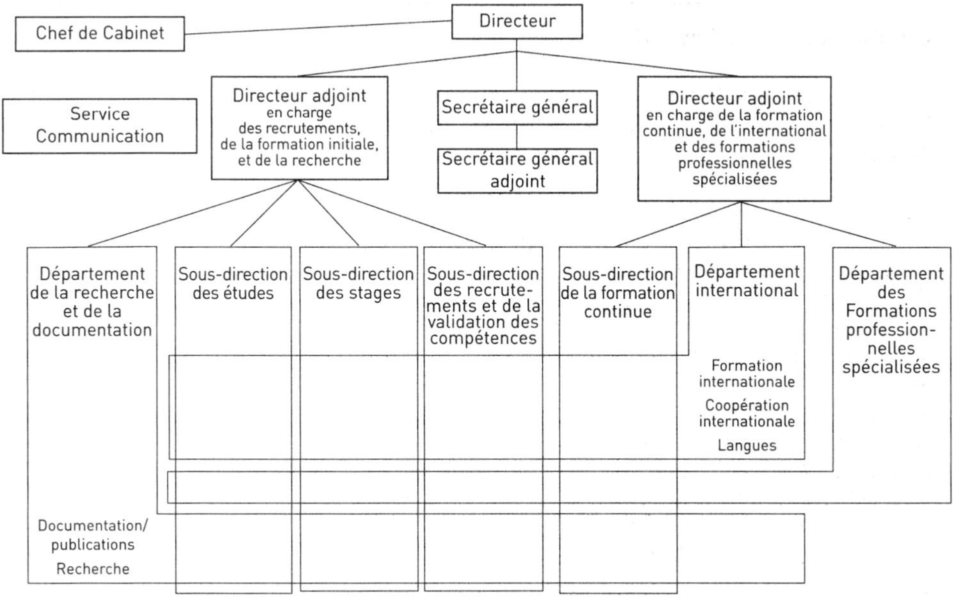

Nomination des membres de la direction

Le directeur de l'École nationale de la magistrature est nommé par décret pris en Conseil des ministres sur rapport du garde des Sceaux, ministre de la Justice.

Les membres de la direction sont nommés par le garde des Sceaux, sur proposition du directeur.

Un conseil *d'administration* fixe les grandes orientations de l'établissement. Ses délibérations sont mises en œuvre par le directeur.

Composition du conseil d'administration

4 membres de droit

- Le premier président de la Cour de cassation, président.
- Le procureur général près la Cour de cassation, vice-président.
- Le directeur des services judiciaires du ministère de la Justice (ou son représentant).
- Le directeur général de l'administration et de la fonction publique (ou son représentant).

9 membres nommés par le garde des Sceaux, ministre de la Justice

- Un directeur à l'administration centrale du ministère de la Justice (ou son suppléant).
- Un premier président ou procureur général de cour d'appel.
- Un magistrat hors hiérarchie ou du 1er grade de la cour d'appel de Paris ou des tribunaux de grande instance de Nanterre, Paris, Bobigny, Créteil.

> Un président ou procureur de la République.
> Un magistrat ancien auditeur ayant moins de sept ans de services effectifs.
> Un membre des professions judiciaires.
> Trois personnalités qualifiées dont une exerçant l'une des fonctions à la formation desquelles l'ENM peut contribuer.

2 membres nommés par arrêté conjoint du garde des Sceaux et du ministre de l'Éducation nationale
> Un directeur d'institut d'études judiciaires.
> Un professeur des universités.

Membres élus :
> Un représentant du personnel (un titulaire et un suppléant).
> Un coordonnateur ou coordonnateur régional de formation (un titulaire et un suppléant).
> Un magistrat délégué à la formation (un titulaire et un suppléant).
> Un directeur de centre de stage (un titulaire et un suppléant).
> Deux représentants des promotions d'auditeurs de justice en 2e et 3e année de formation.

Siègent avec voix consultative :
> Le directeur de l'ENM.
> Un représentant de chaque syndicat ou organisation professionnelle représentatif de magistrats.
> Deux représentants de la promotion d'auditeurs de justice en 1re année de formation.
> Le membre du corps du contrôle général économique et financier.
> L'agent comptable de l'ENM.
> Les personnels de la direction ou du corps enseignant de l'École invités par le directeur.
> Les personnes invitées par le président du conseil d'administration.

Un *conseil pédagogique* assiste le directeur dans sa mission pédagogique et contribue par ses avis à la définition des grandes orientations pédagogiques, à l'élaboration et à la mise en œuvre des programmes de formation initiale et continue et à l'évaluation de la pédagogie.

Composition

> Le directeur de l'école, président.
> Les deux directeurs adjoints.
> Une personnalité qualifiée nommée par arrêté du garde des Sceaux, ministre de la Justice.
> Deux doyens des enseignements.
> Deux coordonnateurs de formation.
> Un enseignant associé.
> Un coordonnateur régional de formation.
> Deux auditeurs de justice.

Section IV
LA NOUVELLE ORGANISATION PÉDAGOGIQUE DE L'ENM

I – LA CRÉATION DES PÔLES DE FORMATION

L'activité pédagogique de l'École nationale de la magistrature est désormais structurée, tant en formation initiale qu'en formation continue, en pôles de formation (article 40-1 du décret n° 72-355 du 4 mai 1972). Cette organisation a pour objectif d'assurer une unité pédagogique entre la formation initiale (à Bordeaux), la formation continue et les formations professionnelles spécialisées (à Paris). Elle remplace les deux organisations différentes qui existaient jusque-là (organisation fonctionnelle à Bordeaux et thématique à Paris).

L'existence de pôles de formation communs permet aux deux équipes pédagogiques de travailler en parfaite synergie et d'assurer une meilleure continuité entre la formation initiale et la formation continue.

Les huit pôles de formation

- Humanités judiciaires.
- Processus de décision et de formalisation de la Justice civile.
- Processus de décision et de formalisation de la Justice pénale.
- Communication judiciaire.
- Administration de la justice.
- Dimension internationale de la justice.
- Environnement judiciaire.
- Vie de l'entreprise.

II – UN CORPS ENSEIGNANT PLUS OUVERT

Historiquement les enseignements dispensés à l'École nationale de la magistrature l'ont été dans un premier temps par des magistrats de juridiction puis à compter de 1972 par des *magistrats détachés* (dénommés maître de conférences puis chargés de formation, aujourd'hui coordonnateurs de formation) dont le nombre a oscillé entre dix-sept à vingt-quatre selon le volume des promotions.
Ce corps enseignant permanent fait appel autant que nécessaire à des *intervenants occasionnels* pour dispenser ponctuellement devant les auditeurs de justice des enseignements spécifiques ou à forte technicité. De l'ordre de cinq cents professionnels interviennent ainsi chaque année à Bordeaux.

Si la renommée de l'École doit beaucoup à la qualité et à l'investissement mis au fil du temps par ce corps enseignant permanent, la critique, pas toujours infondée, d'un manque d'ouverture de l'École et d'un risque de coupure avec la réalité des juridictions a pu se faire jour.

En 2007, le corps enseignant permanent a donc été ouvert à des professionnels n'étant pas magistrat (d'abord en 2007 avec des enseignants en psychologie et en langue puis en 2009 avec un greffier en chef). Le statut de coordonnateur de formation a également été ouvert aux magistrats les plus expérimentés classés hors hiérarchie. Un troisième statut d'enseignant a été créé avec les enseignants associés. L'objectif est de permettre à des magistrats de juridiction, ou à d'autres professionnels, de venir contribuer à la définition des enseignements et dispenser régulièrement des enseignements aux auditeurs de justice tout en conservant leur activité professionnelle principale.

En 2009, ont été créés neufs postes de coordonnateurs régionaux de formation, qui sont des magistrats membres du corps enseignant permanent de l'École délocalisés dans de grandes régions judiciaires (à Paris, Versailles, Douai, Rennes, Bordeaux, Toulouse, Aix-en-Provence, Lyon et Nancy). Ils participent au suivi des auditeurs de justice durant leurs stages et coordonnent la formation continue déconcentrée des magistrats.

Zones de compétence des neufs coordonateurs régionaux de formation

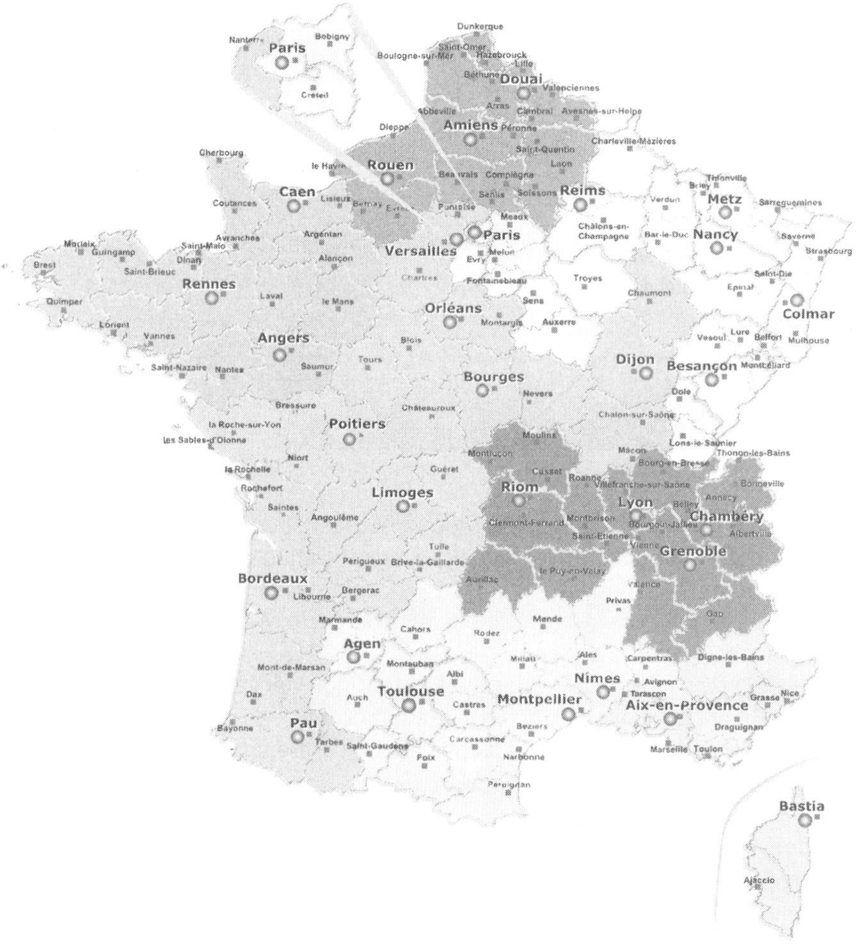

Chaque pôle de formation est organisé de la façon suivante :

Nomination des membres du corps enseignant

Les *coordonnateurs ou coordonnateurs régionaux de formation,* qui constituent le cadre enseignant permanent de l'École nationale de la magistrature, sont nommés par le garde des Sceaux, ministre de la Justice, après avis du directeur, pour une durée de trois ans renouvelable.

Chaque candidat est entendu par une commission de recrutement qui transmet au directeur un avis motivé sur le mérite de chaque candidature. Cette commission comprend :

- Deux membres du conseil d'administration.
- Les deux directeurs adjoints de l'École.
- Un sous-directeur de l'École.
- Le représentant des coordonnateurs et coordonnateurs régionaux de formation.
- Une personne qualifiée.

Les *enseignants associés* sont choisis par le directeur de l'École nationale de la magistrature.

Un doyen des enseignements, commun à la formation initiale et à la formation continue, définit pour chaque pôle de formation, après avis des enseignants du pôle, les orientations et les modalités de la mise en œuvre des objectifs pédagogiques qui ont été définis par le directeur après avis conforme du conseil d'administration. Il contribue aux enseignements et à l'élaboration des activités pédagogiques (article 40-1 du décret n° 72-355 du 4 mai 1972).

Les doyens des enseignements (2009/2010)

- Humanités judiciaires
  M. Pierre Mazeaud
  Président honoraire du Conseil constitutionnel

- Processus de décision et de formalisation de la Justice civile
  Mme Claire Favre
  Présidente de chambre à la Cour de cassation

- Processus de décision et de formalisation de la Justice pénale
  M. Jean Olivier Viout
  Procureur général près la cour d'appel de Lyon

- Communication judiciaire
  M. Jean-Pierre Berthet
  Journaliste

- Administration de la justice
  M. Renaud Denoix De Saint Marc
  Membre du Conseil constitutionnel
  Vice président honoraire du Conseil d'État

> Dimension internationale de la justice
M. Antonio Vitorino
Ancien commissaire européen à la Justice

> Environnement judiciaire
M. Boris Cyrulnick
Neuropsychiatre

> Vie de l'entreprise
Mme Marie-Anne Frison Roche
Professeur des Universités

Un *animateur du pôle* ayant le statut de coordonnateur de formation anime l'activité (organisation des réunions, rédaction des fiches pédagogiques, lien avec le sous-directeur des études et le doyen des enseignements...) et assure la cohérence pédagogique du pôle de formation. Il contribue aux enseignements.

Section V

UNE FORMATION INITIALE REPENSÉE

I – UNE NOUVELLE APPROCHE DES SERMENTS

Les auditeurs de justice sont nommés par arrêté du garde des Sceaux, ministre de la Justice. Ils sont membres du corps judiciaire et prêtent le serment qui leur permet de participer aux travaux juridictionnels des juridictions. Ils sont tenus au secret professionnel.

Le serment de l'auditeur de justice est ainsi formulé : « *Je jure de garder religieusement le secret professionnel et de me conduire en tout comme un digne et loyal auditeur* ».

Le serment de magistrat que prêtent les auditeurs de justice au terme de leur formation, s'ils ont été jugés aptes, les invite à jurer de « *bien et fidèlement remplir mes fonctions, de garder religieusement le secret des délibérations et de me conduire en tout comme un digne et loyal magistrat* ».

Jusqu'alors prêté individuellement devant les cours d'appel, ce second serment souffrait d'un déficit de solennité, le serment bénéficiant de toutes les attentions étant celui d'auditeur de justice prêté collectivement devant la cour d'appel de Bordeaux en début de formation.

Si le serment d'auditeur de justice constitue un moment important en ce qu'il marque l'entrée dans le corps judiciaire, sa très grande solennité (présence du garde des Sceaux, des personnalités du monde judiciaire, des familles des auditeurs, des médias...) venait signifier aux auditeurs de justice un message sans doute peu compatible avec le caractère

probatoire de la formation et la nécessaire humilité de celui qui commence un parcours de formation.
Le serment d'auditeur de justice est donc désormais prêté individuellement devant la cour d'appel compétente au lieu du stage en juridiction. Il permet à l'apprenti magistrat de participer aux travaux juridictionnels des juridictions et lui donne accès aux dossiers judiciaires.

Dans le cadre de la réforme de l'École nationale de la magistrature mise en œuvre en 2008, il a été proposé de faire de l'audience de prestation du serment de magistrat un moment particulier, solennisé et chargé de significations symboliques en ce qu'il marque :

- L'aboutissement de la formation reçue à l'École nationale de la magistrature.
- La consécration de la déclaration d'aptitude délivrée par le jury de l'examen d'aptitude et de classement.
- La réception de la promotion des auditeurs de justice par le garde des Sceaux, ministre de la Justice.
- Le passage de l'état d'auditeur à celui de magistrat.
- La remise complète des attributs du magistrat (épitoge).
- La veille de la prise des premières fonctions.

Le conseil d'administration de l'École nationale de la magistrature a validé cette proposition de faire à l'avenir prêter le serment de magistrat collectivement devant la Cour de cassation. Elle sera mise en œuvre au bénéfice d'une modification de l'ordonnance statutaire encore à intervenir.

II – UN ANCRAGE RENFORCÉ DANS LA CULTURE JUDICIAIRE, L'ÉTHIQUE ET LA DÉONTOLOGIE

Si la compétence technique du magistrat est attendue par les justiciables et les acteurs du processus judiciaire, elle seule ne saurait répondre aux attentes. Au-delà du « savoir » (les connaissances juridiques notamment), du « savoir faire » (la capacité à les mettre en œuvre), un « savoir être » est particulièrement attendu en ce qu'il est consubstantiel de la fonction de magistrat. Lui seul est capable de fonder le respect et la confiance dans l'institution judiciaire, il est donc une exigence première, un socle, une assise sur laquelle le magistrat va pouvoir appuyer ses compétences techniques.

Fait d'impartialité, d'indépendance, d'éthique, d'objectivité, de distance par rapport à ses propres sensibilités et convictions (politiques, philosophiques, religieuses...), de respect du justiciable, de ses collaborateurs et des partenaires de l'institution judiciaire, de courtoisie et de délicatesse... ce « savoir être » est un « état » qui s'enseigne difficilement. Il doit pourtant irriguer l'ensemble des enseignements dispensés à l'École nationale de la magistrature et être un questionnement permanent, une tension pour l'auditeur et ses formateurs. Il s'agit ici idéalement d'atteindre ce que Max Weber qualifiait de « grâce personnelle ».

La légitimité du magistrat qui n'est plus conférée par le statut social (comme sous l'ancien régime et jusqu'à la Seconde Guerre mondiale) relève aujourd'hui pour un peu de son

statut (diplômes, nomination, indépendance...), pour beaucoup de sa compétence technique, et pour l'essentiel de sa personnalité voire de son charisme.
Renforcée dans le cadre de la réforme de 2008, la part consacrée aux « humanités judiciaires » a trouvé une place nouvelle également dans la procédure d'évaluation des auditeurs de justice (voir plus loin).

PÔLE DE FORMATION « HUMANITÉS JUDICIAIRES »
Programme pédagogique de la promotion 2009

Formation initiale théorique de niveau 1 « Études » (commune à tous les auditeurs)

Capacités fondamentales travaillées

- Capacité à identifier, s'approprier et mettre en œuvre les règles déontologiques
- Capacité à prendre en compte l'environnement institutionnel national

Contenu de la formation

- Culture judiciaire :
  - Histoire de la justice et de la magistrature
  - Le rituel
  - Les us et coutumes, l'étiquette
  - Les grands textes sur la justice
  - L'architecture judiciaire
  - Les avocats : histoire de la profession, organisation, rémunération
- Les attentes des justiciables, la demande de justice
- La déontologie des magistrats :
  - Le serment
  - La responsabilité
  - Recueil des règles déontologiques
  - La jurisprudence
  - Les procédures disciplinaires
- Éthique publique, indépendance et impartialité
- La déontologie des avocats, les règles de la profession
- La carrière du magistrat :
  - Le statut

Formation initiale pratique de niveau 1 (commune à tous les auditeurs)

- Stage avocat
- Stage juridictionnel
- Stage extérieur

Formation initiale théorique de niveau 2 « Préparation aux premières fonctions » (en lien avec une fonction choisie)

Capacités fondamentales travaillées

- Capacité à identifier, s'approprier et mettre en œuvre les règles déontologiques
- Capacité à prendre en compte l'environnement institutionnel national

Contenu de la formation

- Culture judiciaire :
  - Histoire de la fonction choisie
  - Les règles relatives à la correspondance, le protocole
- La carrière du magistrat :
  - Les organes et procédures de gestion du corps et de la carrière
  - Le traitement
- Le dialogue institutionnel dans le cadre de la fonction

III – UNE MEILLEURE CONNAISSANCE DE L'HOMME ET DE LA CITÉ

S'il est vrai que la fonction du magistrat consiste à rapprocher le droit du fait, ce fait ne peut que rarement se détacher des situations humaines qu'il traduit ou des groupes sociaux qui animent la cité.

Cette dimension humaine de la fonction judiciaire, qui donne tout son sens à la notion de service public de la Justice, trouve sa traduction courante dans la notion de justiciable. Cette appellation recouvre au sens étroit les personnes qui ont directement à faire avec l'institution judiciaire, tant en matière civile qu'en matière pénale (mis en cause, témoin, victime, demandeur, défendeur...) et plus largement l'ensemble des citoyens qui, s'ils ne sont pas directement concernés par telle ou telle décision judiciaire, le sont par nature par la qualité de la régulation sociale à laquelle participe l'institution judiciaire. C'est cette fonction de régulation sociale qui explique que les faits et décisions judiciaires soient assez largement relayés par les médias et qu'ils soient tout aussi largement commentés par les citoyens.

Utilisée pour la première fois par le législateur à l'occasion de la récente révision constitutionnelle, la notion de justiciable qui jusqu'alors ne relevait que du langage courant, aura à l'avenir une définition juridique beaucoup plus précise.

Si le droit est l'outil, l'homme est donc le plus souvent la matière de la Justice. Il est donc particulièrement important que, dans le cadre de leur formation les futurs magistrats acquièrent une connaissance approfondie du fonctionnement humain et des groupes sociaux qui composent la société (cette formation venant en complément des éléments acquis avant l'entrée à l'École par l'expérience et par l'étude dont la teneur aura pu être vérifiée à l'occasion de l'épreuve du concours d'accès intitulée « Connaissance et compréhension du monde contemporain »).

Si cette connaissance de l'homme passe pour partie par l'expérience, cette dernière ne peut suffire à assurer une analyse sérieuse des situations souvent complexes qui sont soumises au magistrat, sauf à réduire cette analyse à la seule confrontation avec son propre vécu, ce qui est insuffisant dès lors que les situations sont très variées et parfois exceptionnelles. Aussi le recours à des apports scientifiques est indispensable (en matière de médecine légale, de psychiatrie, de psychologie, de sociologie et de criminologie notamment) pour permettre au magistrat de fonder son analyse, puis sa décision, tout autant sur des connaissances que sur son expérience.

Cette culture scientifique de base permet en outre au magistrat de dialoguer efficacement avec les experts dont il peut être emmené à solliciter l'éclairage si la question à traiter revêt un caractère particulièrement complexe.

PÔLE DE FORMATION « ENVIRONNEMENT JUDICIAIRE »
Programme pédagogique de la promotion 2009

Formation initiale théorique de niveau 1 « Études » (commune à tous les auditeurs)

Capacités fondamentales travaillées

- Capacité à prendre une décision inscrite dans son contexte

Contenu de la formation

- L'individu :
  - Psychiatrie et Psychologie : maîtrise du langage spécialisé, connaissance des maladies et pathologies mentales, développement de la personnalité, les systèmes familiaux, l'expertise
  - Médecine légale
- La société :
  - Des éléments de sociologie
  - La criminologie (les violences - intra-familiales, urbaines, routières - la dangerosité)
  - Les phénomènes d'exclusion
  - La discrimination
  - Les cultures étrangères et autres
  - Phénomènes criminels

Formation initiale pratique de niveau 1 (commune à tous les auditeurs)

- Stage extérieur (associations, entreprises, préfectures, collectivités territoriales...)

Si la régulation juridique des entreprises est assurée pour l'essentiel par d'autres entités que le magistrat judiciaire du premier degré (conseil de prud'hommes, tribunal de commerce, Autorité de la concurrence...) même s'il n'en est pas totalement absent, l'importance sociale de l'entité que constitue l'entreprise et plus largement de la vie économique fait qu'elle ne peut être méconnue du magistrat.

PÔLE DE FORMATION « VIE DE L'ENTREPRISE »
Programme pédagogique de la promotion 2009

Formation initiale théorique de niveau 1 « Études » (commune à tous les auditeurs)

Capacités fondamentales travaillées

Contenu de la formation

- Le contexte socio-économique :
    - Éléments de culture économique, l'entreprise, le dialogue social
    - La fiscalité, les types de rémunération

Formation initiale pratique de niveau 2 (en lien avec la fonction choisie)

Approfondissement des contentieux et procédures spécifiques aux futures fonctions exercées (instance et grande instance)

IV – UN MÉTIER DE COMMUNICATION

Si le cœur du métier de magistrat consiste à prendre des décisions, son activité pourrait se résumer dans la formule : « Écouter, comprendre, décider, expliquer ». Ainsi deux des quatre axes de travail du magistrat relèvent de la communication. Cette dimension du travail du magistrat, importante pour prendre une « bonne » décision, est essentielle pour que cette décision puisse être comprise de ceux qu'elle concerne.

Cette dimension de communication se retrouve notamment dans l'entretien judiciaire, dans l'audience publique, dans l'animation de réunions et pour certaines fonctions dans le rapport avec les médias.

La réforme de la formation initiale a notamment pour ambition de donner à ces apprentissages une dimension nouvelle.

PÔLE DE FORMATION « COMMUNICATION JUDICIAIRE »
Programme pédagogique de la promotion 2009

Formation initiale théorique de niveau 1 « Études » (commune à tous les auditeurs)

Capacités fondamentales travaillées

- Capacité d'adaptation
- Capacité à adopter une position d'autorité ou d'humilité adaptée aux circonstances
- Capacité à la relation, à l'écoute et à l'échange
- Capacité à susciter un accord et à concilier
- Capacité à expliquer une décision
- Capacité à travailler en équipe

Contenu de la formation

- Techniques de l'entretien :
  - La prise de parole
  - Le registre sémantique
  - L'écoute
  - La gestion du stress
  - L'adaptation
  - La gestion des conflits
- L'entretien judiciaire :
  - La préparation et la définition des objectifs de l'entretien
  - Le positionnement du magistrat
  - L'entretien avec les personnes vulnérables : enfants, personnes âgées, malades mentaux
  - L'énoncé et l'explication de la décision
- L'audience publique (techniques de la tenue de l'audience) :
  - Mêmes éléments que ci-dessus
  - La gestion de la collégialité
- L'analyse systémique
- La communication par l'image
- La communication avec les médias (éléments généraux)

Formation initiale pratique de niveau 1 (commune à tous les auditeurs)

- Stage juridictionnel

Formation initiale théorique de niveau 2 « Préparation aux premières fonctions » (en lien avec une fonction choisie)

Capacités fondamentales travaillées

- Capacité d'adaptation

- Capacité à adopter une position d'autorité ou d'humilité adaptée aux circonstances
- Capacité à la relation, à l'écoute et à l'échange
- Capacité à susciter un accord et à concilier
- Capacité à expliquer une décision
- Capacité à travailler en équipe
- Contenu de la formation

Contenu de la formation

- L'entretien judiciaire :
  - La gestion des entretiens difficiles et conflictuels
  - L'écoute active
  - La reformulation
  - La recherche de l'adhésion
  - Les techniques de conciliation
  - La médiation
  - L'approfondissement des entretiens avec les personnes vulnérables : enfants, personnes âgées, malades mentaux
  - L'audition hors du palais
- L'audience publique :
  - Les réquisitions devant la Cour d'assises
  - La présidence d'audience pénale complexe (TC/TPE criminel)
- La communication avec les médias (pratique)
- La conduite de réunion

V – UNE NOUVELLE CULTURE PROFESSIONNELLE

A - UN JURISTE MAÎTRISANT LES TECHNIQUES PROFESSIONNELLES DU MAGISTRAT

En charge de « dire le droit », le magistrat est avant tout un professionnel parfaitement rompu à l'utilisation de la règle de droit. Si l'École nationale de la magistrature, qui est une école d'application, ne peut se réduire à une « école du droit » (cette fonction étant par nature celle de l'université), elle doit transmettre aux auditeurs de justice les techniques professionnelles spécifiques permettant de mettre en œuvre la règle de droit quels que soient les fonctions judiciaires et le support de cette mise en œuvre (contrôle de la régularité des enquêtes pénales, acte de saisine d'une juridiction, rédaction d'un jugement...). Cet apprentissage concerne naturellement tout autant la justice civile que la justice pénale.

L'École qui a pour mission de former de futurs magistrats généralistes qui pourront successivement occuper différentes fonctions tant au siège qu'au parquet, doit transmettre en premier lieu aux auditeurs de justice les « fondamentaux » du métier de magistrat (ensemble des éléments communs ou nécessaires à toutes les fonctions de magistrat) avant de progressivement leur permettre de maîtriser les spécificités de chacune des fonctions.

PÔLE DE FORMATION « PROCESSUS DE DÉCISION ET DE FORMALISATION DE LA JUSTICE CIVILE »
Programme pédagogique de la promotion 2009

Formation initiale théorique de niveau 1 « Études » (commune à tous les auditeurs)

Capacités fondamentales travaillées

- Capacité à analyser et synthétiser une situation ou un dossier
- Capacité à identifier, respecter et garantir un cadre procédural
- Capacité à préparer et conduire une audience ou un entretien judiciaire dans le respect du contradictoire
- Capacité à prendre une décision, fondée en droit et en fait, empreinte de bon sens, et exécutable
- Capacité à motiver, formaliser une décision

Contenu de la formation

- *La méthodologie de la décision et de la formalisation judiciaire du premier degré*[8] *:*
  - *Analyse d'un dossier et identification du cadre procédural d'une situation*
  - *Principes directeurs (loyauté, contradictoire, impartialité), procès équitable*
  - *Les droits de la défense*
  - *Les régimes probatoires (modes de preuve, valeur probante)*
  - *La collégialité*
  - *Les principes de rédaction*
- Le processus commun de la décision du juge civil (fonctions juge de grande instance, juge d'instance, juge des enfants)
  - Les principes directeurs du procès civil
  - La saisine des juridictions civiles
  - L'analyse du dossier et prise de décision
  - Les preuves et mesures d'instruction
  - La méthodologie de la formalisation
  - L'exécution de la décision

8. En italique, activité commune avec le pôle « Processus de décision et de formalisation de la Justice pénale ».

- Les spécificités fonctionnelles :
    - grande instance
    - instance
    - enfants

Formation initiale pratique de niveau 1 (commune à tous les auditeurs)

- Stage avocat
- Stage juridictionnel :
    - Juge grande instance
    - Juge d'instance
    - Juge des enfants

Formation initiale théorique de niveau 2 « Préparation aux premières fonctions » (en lien avec une fonction choisie)

Capacités fondamentales travaillées

- Capacité à analyser et synthétiser une situation ou un dossier
- Capacité à identifier, respecter et garantir un cadre procédural
- Capacité à préparer et conduire une audience ou un entretien judiciaire dans le respect du contradictoire
- Capacité à prendre une décision, fondée en droit et en fait, empreinte de bon sens, et exécutable
- Capacité à motiver, formaliser une décision

Contenu de la formation

- Approfondissement des contentieux et procédures spécifiques aux futures fonctions exercées (substitut et substitut placé, juge grande instance, juge instance, juge des enfants, juge placé)
- Approfondissement et actualisation des connaissances
- Dialogue inter-fonctionnel

Formation initiale pratique de niveau 2 (en lien avec une fonction choisie)

- Stage de préparation aux premières fonctions :
    - Juge grande instance
    - Juge d'instance
    - Juge des enfants
    - Juge placé
- Stage cour d'appel

PÔLE DE FORMATION « PROCESSUS DE DÉCISION ET DE FORMALISATION DE LA JUSTICE PÉNALE »
Programme pédagogique de la promotion 2009

Formation initiale théorique de niveau 1 « Études » (commune à tous les auditeurs)

Capacités fondamentales travaillées

- Capacité à analyser et synthétiser une situation ou un dossier
- Capacité à identifier, respecter et garantir un cadre procédural
- Capacité à préparer et conduire une audience ou un entretien judiciaire dans le respect du contradictoire
- Capacité à prendre une décision, fondée en droit et en fait, empreinte de bon sens, et exécutable
- Capacité à motiver, formaliser une décision

Contenu de la formation

- *La méthodologie de la décision et de la formalisation judiciaire du premier degré*[9] :
  - *Analyse d'un dossier et identification du cadre procédural d'une situation*
  - *Principes directeurs (loyauté, contradictoire, impartialité), procès équitable*
  - *Les droits de la défense*
  - *Les régimes probatoires (modes de preuve, valeur probante)*
  - *La collégialité*
  - *Les principes de rédaction*
- La formalisation écrite de l'intervention de l'avocat
- Le processus de décision pénale **(fonctions parquet, juge d'instruction, siège pénal mineurs et majeurs, juge d'application des peines) :** le traitement du dossier pénal, la chaîne pénale
  - Les principes directeurs du procès civil
  - La saisine, la compétence, la qualification
  - Les cadres et pouvoirs d'enquête
  - La direction et la conduite d'enquête
  - L'orientation des procédures
  - Les mesures pré-sentencielles : le contrôle judiciaire, la détention provisoire, les mesures éducatives
  - Le règlement d'un dossier d'instruction : méthodologie du réquisitoire définitif et de l'ordonnance du juge ; dialogue institutionnel
  - L'audience (la préparation, la présidence, les réquisitions, la prise de décision, le choix de la sanction)

9. En italique, activité commune avec le pôle « Processus de décision et de formalisation de la Justice civile ».

  - L'exécution de la décision
  - La rédaction de la décision

Formation initiale pratique de niveau 1 (commune à tous les auditeurs)

- Stage avocat
- Stage services d'enquête
- Stage pénitentiaire
- Stage juridictionnel :
  - Parquet
  - Juge d'instruction
  - Juge des libertés et de la détention
  - Siège pénal majeur
  - Siège pénal mineur
  - Juge d'application des peines

Formation initiale théorique de niveau 2 « Préparation aux premières fonctions »

(en lien avec une fonction choisie)

Capacités fondamentales travaillées

- Capacité à analyser et synthétiser une situation ou un dossier
- Capacité à identifier, respecter et garantir un cadre procédural
- Capacité à préparer et conduire une audience ou un entretien judiciaire dans le respect du contradictoire
- Capacité à prendre une décision, fondée en droit et en fait, empreinte de bon sens, et exécutable
- Capacité à motiver, formaliser une décision

Contenu de la formation

- Approfondissement des contentieux et des procédures spécifiques aux futures fonctions exercées (substitut et substitut placé, juge d'instruction, juge grande instance, juge instance, juge des enfants, juge d'application des peines, juge placé)
- Approfondissement et actualisation des connaissances
- Dialogue inter-fonctionnel

Formation initiale pratique de niveau 2 (en lien avec une fonction choisie)

- Stage de préparation aux premières fonctions :
  - Substitut
  - Substitut placé
  - Juge d'instruction
  - Juge grande instance

- Juge d'instance
- Juge des enfants
- Juge d'application des peines
- Juge placé

• Stage cour d'appel

B - UN GESTIONNAIRE

Inscrite dans l'État, même si elle y occupe une place particulière, l'action judiciaire suppose des moyens de tous ordres (humains, financiers, immobiliers, informatiques...). L'auditeur de justice doit pouvoir acquérir d'une part une culture institutionnelle lui permettant de se repérer dans l'État et auprès des partenaires de l'institution judiciaire et d'autre part une culture gestionnaire pour connaître et maîtriser les moyens qui permettent au magistrat de déployer au mieux son activité, l'objectif assigné à l'institution judiciaire étant de rendre des décisions de qualité, dans un délai raisonnable dans un environnement budgétaire maîtrisé.

L'institution judiciaire a, afin de garantir son indépendance, historiquement fait le choix de s'auto-administrer (à la différence par exemple de la fonction publique hospitalière dans laquelle il existe d'un côté les soignants et d'un autre les administratifs). Sauf à encourir le risque d'une absence d'efficience ou d'une sous-administration, l'ENM doit donner à tous les futurs magistrats des connaissances de base en ces domaines, qu'ils pourront au besoin approfondir dans le cadre de la formation continue (qui est obligatoirement de cinq jours par an) s'ils sont amenés à occuper des fonctions dans lesquelles la dimension gestionnaire a une part plus importante voire prépondérante.

C - DÉPASSER LA CULTURE DE L'ARTISAN POUR ALLER VERS CELLE DU TRAVAIL EN ÉQUIPE

Si la qualité et la rigueur des décisions rendues par les magistrats demeurent l'objectif de toute « production » judiciaire ; l'augmentation et la complexification des contentieux, l'émergence de la notion de délai raisonnable et les attentes croissantes des justiciables rendent nécessaire dans le cadre de la formation des futurs magistrats un apprentissage sur l'organisation du travail au sein des juridictions.

Héritier d'une culture ancienne qui rapproche le travail du magistrat de celui de l'artisan qui « cisèle » son ouvrage, le service public de la justice doit aujourd'hui penser son organisation dans le cadre d'équipes pluridisciplinaires, de partenariats extérieurs et d'un échange rapide des informations notamment.

Pour cela l'apprentissage du travail en équipe, de la délégation et l'utilisation des nouvelles technologies est indispensable.

Si la fin du XXe siècle a été marquée par un fort accroissement de la productivité de l'institution judiciaire (nombre de décisions rendues par an et par magistrat notamment), les limites aujourd'hui atteintes permettent de penser que les enjeux à venir sont ceux de la définition d'une nouvelle organisation du travail (disparition progressive du support papier au profit de dossiers dématérialisés ou numérisés, entretiens à distance par visio conférence, préparation des décisions par des assistants ou des services administratifs, pôles de spécialisation...). S'il n'appartient pas à l'École nationale de la magistrature de définir cette nouvelle organisation du travail, il lui revient de sensibiliser les auditeurs de justice à ces enjeux et à les préparer à y faire face.

PÔLE DE FORMATION « ADMINISTRATION DE LA JUSTICE »
Programme pédagogique de la promotion 2009

Formation initiale théorique de niveau 1 « Études » (commune à tous les auditeurs)

Capacités fondamentales travaillées

- Capacité à organiser, gérer et innover
- Capacité d'adaptation
- Capacité à prendre en compte l'environnement institutionnel national
- Capacité à travailler en équipe

Contenu de la formation

- L'histoire et l'organisation de l'administration de la justice :
  - La fonctionnarisation des greffes
  - Les services administratifs régionaux
  - Les plates-formes interrégionales
  - La carte judiciaire
- Les moyens de la justice :
  - Les moyens immobiliers : les bâtiments
  - Les moyens techniques : les nouvelles technologies (notions générales)
  - Les moyens humains : les catégories et statuts, le management, le dialogue social, la formation
- Les relations avec le greffe et les partenaires
- Économie de la Justice :
  - Le coût de la Justice
  - La maîtrise des frais de Justice
  - L'aide juridictionnelle
  - La LOLF
  - Les marchés publics
  - Les budgets opérationnels de programme
  - Le dialogue de gestion
- La gestion du temps et des flux

- L'administration de l'État et les collectivités locales :
  - Place de la Justice dans l'État
  - Organisation et compétences des services de l'État (Éducation nationale, Finances, Intérieur...)
  - Compétences des collectivités territoriales
  - Dialogue institutionnel (administrations, élus...)
- Le processus de décision dans d'autres structures

Formation initiale pratique de niveau 1 (commune à tous les auditeurs)

- Stage juridictionnel :
  - semaine greffe

Formation initiale théorique de niveau 2 « Préparation aux premières fonctions » (en lien avec une fonction choisie)

Capacités fondamentales travaillées

- Capacité à organiser, gérer et innover
- Capacité d'adaptation
- Capacité à prendre en compte l'environnement institutionnel national
- Capacité à travailler en équipe

Contenu de la formation

- La qualité de la justice :
  - La performance : les critères et les outils
  - Les bonnes pratiques professionnelles
- L'administration au quotidien :
  - La sécurité dans les juridictions
  - L'organisation et la gestion du cabinet
  - La maîtrise des frais de justice
  - L'accès au droit, l'aide aux victimes
  - Les relations avec le greffe et les partenaires
- Les moyens techniques :
  - L'environnement informatique du magistrat
  - Les applications métier
- Économie de la Justice :
  - La maîtrise des frais de Justice (par fonction)
  - Le circuit de la dépense
- La gestion du temps et des flux
  - Le secrétariat général
  - Les directions centrales et l'organisation régionale

VI – UN CADRE NATUREL DE RÉFÉRENCE : L'EUROPE

Comme cela a pu être développé plus haut (cf. supra « un magistrat ouvert sur le monde », Chap. 1, Sect.IV,V), le cadre naturel de référence des auditeurs de justice doit s'inscrire clairement dans l'espace judiciaire européen dans la mise en œuvre des normes juridiques supra nationales et de standards juridiques et judiciaires internationaux.

L'étude des problématiques et des pratiques judiciaires doit dans cette perspective être systématiquement faite en regard du cadre national mais également avec une dimension comparatiste de nature à élargir l'horizon des auditeurs.

Initiatrice au niveau européen d'échanges entre futurs magistrats de l'Union européenne, l'ENM professe qu'au-delà de la mise en œuvre d'outils juridiques d'entraide et de coopération judiciaire, ces échanges favorisent la prise de conscience de l'existence de références communes partagées par tous les magistrats de l'espace judiciaire européen et participent au développement d'une relation de confiance entre les différentes autorités judiciaires.

PÔLE DE FORMATION « DIMENSION INTERNATIONALE DE LA JUSTICE »
Programme pédagogique de la promotion 2009

Formation initiale théorique de niveau 1 « Études » (commune à tous les auditeurs)

Capacités fondamentales travaillées

- Capacité à prendre en compte l'environnement institutionnel international

Contenu de la formation

- Techniques et pratiques de la coopération judiciaire internationale :
  - La connaissance des institutions
  - La maîtrise des outils et des pratiques
- L'espace judiciaire européen :
  - Le droit communautaire et européen
  - La connaissance des institutions
  - La connaissance des outils et des pratiques
- Le droit et les pratiques judiciaires comparés
- Les langues et civilisations
  - Langue obligatoire : anglais
  - Langues facultatives : allemand, espagnol, italien, arabe

Formation initiale théorique de niveau 2 « Préparation aux premières fonctions » (en lien avec une fonction choisie)

Capacités fondamentales travaillées

- Capacité à prendre en compte l'environnement institutionnel international

Contenu de la formation

- La coopération civile internationale
- L'entraide judiciaire pénale européenne et internationale

Formation initiale pratique de niveau 2 (en lien avec une fonction choisie)

- Stage extérieur à l'étranger (dans une juridiction étrangère, une juridiction internationale, un organisme d'entraide ou de coopération judiciaire...)

VII – UNE NOUVELLE RELATION À LA PROFESSION D'AVOCAT [10]

Plusieurs opinions existent quant à la place qui doit être faite aux avocats dans la formation des futurs magistrats. Schématiquement certains estiment qu'il faut dispenser une formation conjointe au terme de laquelle un choix serait opéré (avec au besoin un stage complémentaire) alors qu'à l'opposé d'autres voient en l'avocat un obstacle à la relation directe entre le magistrat et le justiciable et il n'aurait donc aucune place dans la formation des magistrats.

L'École nationale de la magistrature et le législateur ont fait en 2007 le choix d'un juste milieu permettant de concilier les spécificités de chacun et le développement d'une culture commune propice à une reconnaissance mutuelle.

Cette évolution s'est traduite par :

- La présence d'un avocat dans le jury des concours d'accès à l'École nationale de la magistrature ;
- L'accueil d'élèves avocats durant la période d'études des auditeurs de justice. Intégrés pendant six mois à la promotion, ils sont présents dans chaque groupe de directions d'études et peuvent ainsi mieux appréhender le métier de magistrat de la même manière que les auditeurs peuvent en permanence s'interroger sur le rôle de la défense.
- L'accueil fréquent d'élèves avocats dans les tribunaux dans le cadre de leur projet pédagogique individuel.
- L'allongement par le législateur de la durée (portée de sept semaines à six mois) du stage que les auditeurs de justice effectuent au sein d'un cabinet d'avocat.
- Le recrutement d'un avocat en qualité d'enseignant associé à l'École.
- La présence d'un avocat dans la composition du jury de l'examen d'aptitude et de classement.

10. Sur les liens entre la formation des magistrats et le barreau : Anne Boigeol, « Les transformations des modalités d'entrée dans la magistrature », *Revue Pouvoirs*, 1995.

VIII – LES SÉQUENCES DE FORMATION

La formation à l'École nationale de la magistrature fait alterner les périodes de formation pratique en stage de découverte ou de professionnalisation et les périodes de formation théorique à Bordeaux. Cette formation dispensée a largement une dimension pratique (84 semaines de stages pour 34 semaines d'études plus théoriques).

SÉQUENCES	DURÉE Programme pédagogique de la promotion 2009
Stage découverte du tribunal de grande instance	1 semaine
Stage avocat	21 semaines
Études (à l'ENM Bordeaux)	27 semaines (dont 2 semaines d'accueil)
Stage services d'enquêtes (police/gendarmerie)	2 semaines
Stage pénitentiaire (maison d'arrêt)	2 semaines
Stage juridictionnel	38 semaines **Justice civile :** 8 semaines grande instance (dont 2 semaines affaires familiales) 5 semaines instance **Justice des mineurs** (civile et pénale) : 4 semaines juge des enfants 1 semaine stage services d'accueil des mineurs en danger ou délinquants **Justice pénale :** 7 semaines parquet 4 semaines instruction [11] 1 semaine Juge des libertés et de la détention / service de contrôle judiciaire 2 semaines siège pénal majeur Assistance à un ou deux procès d'assises 4 semaines application des peines 1 semaine stage pénitentiaire milieu ouvert Greffe : 1 semaine
Stages extérieurs	9 semaines dont 4 semaines à l'étranger
Choix du poste et stage de langue	1 semaine

11. Sous réserve des modifications résultant du discours de M. le président de la République du 7 janvier 2009.

Préparation (théorie) aux premières fonctions (à l'ENM Bordeaux)	6 semaines
Stage cour d'appel	1 semaine
Stage de préparation aux premières fonctions	10 semaines dont 1 semaine de préparation à la prise de fonction
Congés et autorisations d'absence	17 semaines
Total	**135 semaines**

La *période d'accueil* (à l'ENM Bordeaux) est centrée sur :
- des éléments de culture judiciaire ;
- des réflexions sur le rôle et la place du magistrat et sur le besoin de justice ;
- une identification du rôle de chaque acteur de la chaîne pénale et du procès civil, le cheminement d'un dossier ;
- la préparation au stage avocat.

Le *stage de découverte* (dans un tribunal de grande instance) permet :
- une première immersion dans la vie juridictionnelle ;
- une appréhension concrète du rôle de chaque acteur de la chaîne pénale et du procès civil, le cheminement d'un dossier.

Le *stage avocat* a pour objectifs :
- la connaissance du métier d'avocat ;
- la pratique des droits de la défense devant l'ensemble des juridictions ;
- l'appréhension de la demande de justice et sa mise en forme par l'avocat ;
- l'appréhension de la relation au justiciable à tous les stades de la procédure.

La *période d'études* (à l'ENM Bordeaux) doit permettre l'acquisition :
- des compétences fondamentales du métier de magistrat autres que techniques ;
- des éléments d'environnement dont la connaissance est nécessaire à l'exercice de la plupart des fonctions ;
- des techniques professionnelles fondamentales communes aux différentes fonctions (prise de décision, écrit judiciaire, oralité judiciaire) ;
- des techniques professionnelles spécifiques relevant des « cœurs de métier » de chaque fonction.

Le *stage service d'enquête* (dans un commissariat de police important, un service régional de police judiciaire de la police nationale, une direction centrale de police judiciaire, une communauté de brigades importante, une brigade de recherche, une section recherche de la gendarmerie nationale) favorise :
- la connaissance de l'organisation et du fonctionnement du service ;
- la connaissance des différentes étapes et techniques d'une enquête pénale (le dépôt de plainte, l'accueil du public, l'audition auteur, l'audition victime, l'audition mineur, la rédaction des procès verbaux, les fichiers, la surveillance, la perquisition, la garde à vue, le compte rendu, la police technique et scientifique...).

Le *stage pénitentiaire en milieu fermé* (en qualité de surveillant dans une maison d'arrêt) ouvre sur :
- la connaissance du quotidien carcéral ;
- la connaissance de l'organisation et du fonctionnement d'une maison d'arrêt et du rôle des différents acteurs.

Le *stage juridictionnel* (dans un tribunal de grande instance et un tribunal d'instance) assure :
- la connaissance de l'organisation et du fonctionnement de la juridiction ;
- la mise en pratique des techniques professionnelles communes et des « cœurs de métier » de chaque fonction ;
- la connaissance du rôle et du travail du greffe ;
- la connaissance des partenaires du magistrat.

Le stage *pénitentiaire en milieu ouvert* (dans un service pénitentiaire d'insertion et de probation) est orienté vers :
- la connaissance de l'organisation et du fonctionnement du service ;
- la connaissance du travail du conseiller d'insertion et de probation ;
- le suivi des mesures.

Le stage *prise en charge des mineurs en danger et délinquants* (dans un service de la protection judiciaire de la jeunesse, dans un service habilité, dans un service du conseil général, dans un foyer d'accueil des mineurs en danger, dans un foyer d'accueil de mineurs délinquants, dans un centre éducatif renforcé, dans un centre éducatif fermé ou dans un établissement pour mineurs) donne :
- la connaissance de l'organisation et du fonctionnement du service ;
- la connaissance des modalités de prise en charge des mineurs.

Le *stage extérieur* (dans une administration déconcentrée de l'État, une préfecture, une administration centrale, une collectivité territoriale, un établissement public, une autorité administrative indépendante, une association ou une entreprise) favorise :
- la connaissance du rôle et du fonctionnement d'un partenaire de l'institution judiciaire ou d'un acteur de la vie économique et sociale.

Le *stage extérieur à l'étranger* (dans une juridiction étrangère, une juridiction communautaire ou internationale, un organisme de coopération judiciaire internationale, une institution internationale, une ambassade ou auprès d'un magistrat de liaison) est orienté vers :
- la découverte de la mise en œuvre de la fonction choisie dans un système judiciaire étranger ;
- l'appréhension de la dimension internationale de l'action judiciaire.

La *période de préparation théorique aux premières fonctions* (à l'ENM Bordeaux) donne : la connaissance approfondie des techniques professionnelles et du champ de compétence de la fonction choisie ;
- la connaissance des éléments d'environnement propres à l'exercice de la fonction choisie ;
- l'acquisition de la capacité à la gestion d'un cabinet.

La période du *stage de préparation aux premières fonctions* (dans un tribunal de grande instance ou d'instance) est centrée sur :
- la mise en œuvre pratique de l'ensemble des techniques professionnelles et du champ de compétence de la fonction.

Le *stage cour d'appel* permet d'entrevoir :
- la déclinaison au deuxième degré de juridiction de la fonction choisie ;
- la connaissance du rôle des chefs de cours ;
- la connaissance du rôle du service administratif régional.

Le *stage de préparation à la prise de fonctions* (dans la juridiction d'affectation) permet :
- la découverte de la juridiction d'affectation ;
- la préparation à la transmission des dossiers ;
- l'assistance à l'assemblée générale ;
- la présentation aux principaux partenaires de la fonction.

IX – UNE CONTINUITÉ PÉDAGOGIQUE RENFORCÉE

A - LE LIVRET PÉDAGOGIQUE DE L'AUDITEUR DE JUSTICE

L'un des aspects de la réforme de l'école a porté sur la volonté de renforcer l'accompagnement pédagogique de l'auditeur durant sa formation. A été ainsi créé un livret pédagogique de nature à lui permettre de se situer par rapport aux attentes des formateurs, de connaître son degré d'acquisition des compétences fondamentales, des compétences techniques, de connaître les insuffisances repérées et les moyens pour y remédier.

L'existence du livret pédagogique s'accompagne d'échanges réguliers (entretiens pédagogiques) entre l'auditeur de justice et ses formateurs :
- Une fois au milieu de la période d'études.
- Une fois à la fin de la période d'études.
- Une fois au milieu du stage juridictionnel.

Outil partagé entre l'auditeur et ses formateurs, le livret pédagogique lui permet d'être pleinement acteur de sa formation.

B - LE RENFORCEMENT DES LIENS ENTRE L'ÉCOLE ET LES JURIDICTIONS

Dans le cadre de la réforme, les liens entre l'École nationale de la magistrature et les juridictions ont été renforcés d'une part du fait de l'évolution du corps enseignant (création des coordonnateurs régionaux de formation et de la fonction de magistrat enseignant associé) mais également par l'affirmation d'une continuité pédagogique entre la formation dispensée à Bordeaux durant la période d'études et les stages accomplis dans les tribunaux.

Le livret pédagogique de l'auditeur permettra de transmettre aux maîtres de stage en juridiction des éléments précis sur la progression de l'auditeur afin d'adapter son stage à ses forces et ses faiblesses.

Des sessions de formation pédagogique seront en outre organisées dans les juridictions pour ces maîtres de stage afin de leur permettre d'assurer au mieux cette mission importante du magistrat consistant à former les auditeurs de justice suivant la dynamique du compagnonnage.

Section VI
LA RÉFORME COMPLÈTE DE LA PROCÉDURE D'ÉVALUATION : LA QUESTION CENTRALE DE L'APTITUDE À DEVENIR MAGISTRAT

La procédure d'évaluation en vigueur avant la réforme de 2008 ne donnant guère satisfaction et étant de longue date un sujet de crispation, il a été décidé de la refondre entièrement.

Son objectif premier, de loin le plus important, est de fournir des éléments précis, les plus objectifs possibles, pour asseoir la décision relative à l'aptitude de l'auditeur de justice à occuper les fonctions judiciaires au terme de sa formation généraliste.

Le second objectif est de classer les auditeurs afin de leur permettre de choisir leur première affectation (dans l'ordre du classement). Le corps de la magistrature étant un corps unique et aucune hiérarchie n'existant dans les fonctions judiciaires proposées à la sortie de l'École, l'enjeu se limite ici à l'étendue du choix de la première affectation (que le futur magistrat pourra demander à quitter après avoir accompli au moins deux années). Le rang de classement de sortie n'a pas d'influence sur le déroulement de la carrière.

I – UNE SÉPARATION DES FONCTIONS DE FORMATION ET D'ÉVALUATION

Le premier principe ayant gouverné l'élaboration des nouvelles modalités d'évaluation est celui de la séparation des fonctions de formation et d'évaluation.

Cette séparation offre plusieurs avantages importants :

- Elle libère le processus pédagogique de transmission des savoirs et des expériences de la contrainte de l'évaluation. L'auditeur de justice peut instaurer avec son maître de stage une relation confiante dans le cadre du processus de compagnonnage mis en œuvre par lequel le magistrat expérimenté va guider l'auditeur de justice dans ses apprentissages concrets (lorsqu'il procédera à un entretien avec un justiciable, lorsqu'il présidera une audience ou lorsqu'il rédigera un jugement par exemple). La progression de l'auditeur de justice supposant de sa part un questionnement important sur sa pratique et plus encore sur celle du magistrat professionnel, il doit pouvoir s'inscrire dans ce questionnement sans redouter que ses interrogations puissent rejaillir négativement sur son évaluation.

- Elle assure une impartialité des appréciations (toutes les épreuves écrites sont corrigées anonymement) de nature à renforcer la confiance dans le processus d'évaluation.

- Elle limite le nombre des évaluateurs et donc assure une meilleure cohérence par la mise en œuvre plus uniforme des critères.

II – L'OBJECTIVATION DE L'ACQUISITION DES COMPÉTENCES : L'ÉVALUATION ET L'EXAMEN D'APTITUDE ET DE CLASSEMENT

La seconde évolution importante a consisté à cantonner l'évaluation à des séquences courtes, peu nombreuses et parfaitement identifiées dans le temps (le système antérieur reposant sur des évaluations très nombreuses et quasi permanentes).

Neufs épreuves et un test, regroupés en trois temps, viennent objectiver les compétences acquises par l'auditeur.

Cette évaluation porte désormais sur l'ensemble des compétences attendues du magistrat et ne se cantonne pas exclusivement aux compétences techniques.

III – LE JURY

Le jury de l'examen d'aptitude et de classement est composé de neuf membres nommés par arrêté du garde des Sceaux, ministre de la Justice, sur proposition du conseil d'administration de l'École. Il est donc indépendant de l'école.

Composition du jury

- Un magistrat hors hiérarchie à la Cour de cassation, président.
- Un directeur, chef de service ou sous directeur au ministère de la Justice ou un membre de l'inspection générale des services judiciaires, vice-président.
- Un maître des requêtes au Conseil d'État ou un conseiller référendaire à la Cour des comptes.
- Trois magistrats de l'ordre judiciaire.
- Deux professeurs des universités chargés d'un enseignement de droit.
- Un avocat ou un avocat honoraire.

IV – LES ÉPREUVES

En fin de période d'études, trois épreuves écrites notées passées collectivement et corrigées anonymement (sur la base d'une grille d'évaluation) par les membres du corps enseignant de l'École permettent d'évaluer les acquisitions propres à cette période de formation :

- Épreuve écrite portant sur les techniques professionnelles des fonctions civiles[12].
- Épreuve écrite portant sur les techniques professionnelles des fonctions pénales[13].
- Épreuve écrite portant sur les enseignements thématiques transversaux [14].

À la fin du stage juridictionnel l'auditeur est évalué dans le cadre de trois épreuves en situation réelle sur le lieu du stage :

- À l'occasion de la présidence d'une audience correctionnelle.
- À l'occasion des réquisitions orales devant le tribunal correctionnel.
- À l'occasion de la tenue d'une audience civile de cabinet.

Au terme du stage juridictionnel, le directeur de centre de stage (magistrat qui a organisé le stage au sein du tribunal) rédige un premier rapport faisant le bilan du stage.

Une réunion de l'ensemble des magistrats, maîtres de stage, ayant suivi l'auditeur et du directeur de centre de stage permet un échange sur l'aptitude de l'auditeur à occuper les fonctions proposées à la sortie de l'École. Présent à cette réunion, le coordonnateur régional de formation (membre du corps enseignant de l'ENM) en fait une synthèse sous la forme d'un second rapport. Il mentionne en outre son avis sur l'aptitude de l'auditeur à occuper les fonctions judiciaires.

Les six notes (de 0 à 20) ainsi obtenues lors des épreuves de fin d'études et de fin de stage juridictionnel concourent chacune avec un coefficient un au rang de classement final.

L'examen d'aptitude et de classement (organisé durant la période du stage extérieur) se décompose en quatre séquences :

- Une épreuve de rédaction d'un jugement civil (6 heures).

- Une épreuve de rédaction d'un réquisitoire définitif (6 heures).

- Un entretien avec le jury (40 minutes) :
  L'auditeur de justice développe, à partir d'un dossier dont il a eu à connaître à l'occasion de sa formation, pendant quinze minutes, une question relative au rôle de l'institution judiciaire, à son fonctionnement, au statut et au positionnement du magistrat ou à la place du justiciable (le développement d'une question purement juridique est proscrit, les capacités de l'auditeur de justice en ce domaine étant évaluées par ailleurs).

12. Portant sur les enseignements dispensés dans le cadre du pôle « Prise de décision et formalisation de la justice civile ».
13. Portant sur les enseignements dispensés dans le cadre du pôle « Prise de décision et formalisation de la justice pénale ».
14. Portant sur les enseignements dispensés dans le cadre des six autres pôles.

L'auditeur de justice expose ensuite, pendant dix minutes, l'analyse qu'il fait d'un cas pratique, tiré au sort, portant sur une question de déontologie (il bénéficie de trente minutes de préparation à cet effet avant l'épreuve).
La conversation avec le jury qui s'en suit prend appui sur les éléments exposés par l'auditeur de justice ou sur l'expérience acquise au cours de sa scolarité (stage avocat et stage juridictionnel notamment).

- Un test en langue anglaise.

Les trois notes (de 0 à 20) ainsi obtenues, ainsi que le résultat du test, concourent pour le rang de classement final (Entretien coefficient 3, épreuves de rédaction coefficient 1,5 chacune).

V – LES DÉCISIONS DU JURY

Au terme des épreuves de l'examen d'aptitude et de classement, le jury prend connaissance des notes des épreuves de fin d'études et de stage juridictionnel.

Séquences de formation	Nature des épreuves	Durées des épreuves	Contenu des épreuves	Coefficients
Études	Épreuve écrite	6 heures	Techniques professionnelles des fonctions civiles	1
	Épreuve écrite	6 heures	Techniques professionnelles des fonctions pénales	1
	Épreuve écrite	6 heures	Enseignements thématiques transversaux	1
Stage juridictionnel	Épreuve orale	une audience	Présidence de l'audience correctionnelle	1
	Épreuve orale	une audience	Réquisitions devant le tribunal correctionnel	1
	Épreuve orale	une audience	Tenue d'une audience civile de cabinet	1

Examen d'aptitude et de classement	Épreuve orale	40 minutes	Entretien avec le jury	3
	Épreuve écrite	6 heures	Jugement civil	1,5
	Épreuve écrite	6 heures	Réquisitoire définitif	1,5
	Test		Langue anglaise	Bonification de points

Il se prononce en premier lieu sur l'aptitude de chaque auditeur à exercer à la sortie de l'École, les fonctions judiciaires, après avis motivé du directeur de l'École et à la vue des deux rapports du directeur de centre de stage et du coordonnateur régional de formation.

Le jury peut prononcer :
- une déclaration d'aptitude générale ;
- des recommandations fonctionnelles ;
- des réserves, dites recommandations restrictives (l'auditeur ne peut choisir une ou plusieurs des huit fonctions de base) ;
- le renouvellement d'une année d'études (cette décision se traduit par le redoublement du stage juridictionnel) ;
- une déclaration d'inaptitude (l'auditeur est alors exclu de l'école).

Le jury détermine ensuite le total des points obtenus par chaque auditeur et arrête par ordre de mérite d'après le total des points obtenus par chacun, la liste de classement.

Décisions spéciales du jury de l'examen de classement			
PROMOTION	REDOUBLEMENT	EXCLUSION	AUTRES CAS
1997 **155 ADJ** 1er : 119 2e : 18 3e : 7 RST[15] : 11	1 ADJ du 3e Concours Soit : 0,64 %		**Recommandations restrictives [16]:** 2 ADJ du 2e concours 1 ADJ du 3e concours **Soit : 1,93 %** **Démission :** 2 ADJ du 3e concours

15. Recrutement sur titres.
16. Le jury n'autorise pas l'auditeur de justice à choisir l'ensemble des huit fonctions de base mais uniquement certaines d'entre elles.

1998 **164 ADJ** 1er : 132 2e : 15 3e : 5 RST : 12	1 ADJ du 1er concours 1 ADJ du 2e concours 2 ADJ RST **Soit : 2,43 %**		**Recommandations restrictives :** 2 ADJ du 1er concours 2 ADJ du 3e concours **Soit : 2,43 %**
1999 **204 ADJ** 1er : 158 2e : 18 3e : 8 RST : 20	3 ADJ du 1er concours 1 ADJ du 2e concours 1 ADJ RST **Soit : 2,45 %**	1 ADJ du 2e concours 1 ADJ du 3e concours 1 ADJ RST **Soit : 1,47 %**	**Recommandations restrictives :** 3 ADJ du 1er concours 1 ADJ du 2e concours 1 ADJ RST **Soit : 2,45 %**
2000 **208 ADJ** 1er : 155 2e : 17 3e : 6 RST : 30	2 ADJ du 1er concours 2 ADJ du 2e concours 1 ADJ du 3e concours 1 ADJ RST **Soit : 2,88 %**	2 ADJ du 1er concours Soit : 0,96 %	Recommandations restrictives 2 ADJ du 1er concours 1 ADJ RST **Soit : 1,44 %**
2001 **233 ADJ** 1er : 175 2e : 18 3e : 9 RST : 31	3 ADJ du 1er concours **Soit : 1,28 %**	2 ADJ du 1er concours **Soit : 2,14 %**	**Recommandations restrictives** 1 ADJ du 1er concours **Soit : 0,85 %**
2002 **268 ADJ** 1er : 213 2e : 18 3e : 6 RST : 31	1 ADJ du 1er concours **Soit 0,37 %**	1 ADJ du 1er concours **Soit : 0,37 %**	**Recommandations restrictives** 3 ADJ du 1er concours **Soit : 1,11 %**
2003 **268 ADJ** 1er : 220 2e : 12 3e : 5 RST : 31			**Recommandations restrictives** 3 du 1er concours **Soit : 1,11 %**

2004 **279 ADJ** 1er : 230 2e : 13 3e : 7 RST : 29	3 ADJ du 1er concours **Soit : 1,07 %**		**Recommandations restrictives** 2 ADJ du 1er concours 1 ADJ du 3e concours 1 ADJ RST Démission 1 ADJ du 2e concours **Soit : 1,79 %**
2005 **287 ADJ** 1er : 226 2e : 18 3e : 5 RST : 38	3 ADJ du 1er concours 3 ADJ du 2e concours 3 ADJ du 3e concours 1 ADJ RST **Soit : 3,48 %**	1 ADJ RST **Soit : 0,34 %**	**Recommandations restrictives** 2 ADJ du 1er concours 1 ADJ du 3e concours 2 ADJ RST **Soit : 1,40 %**
2006 **297 ADJ** 1er : 227 2e : 22 3e : 9 RST : 39	6 ADJ du 1er concours 1 ADJ du 2e concours 1 ADJ du 3e concours **Soit : 2,69 %**	1 ADJ du 1er concours 2 ADJ du 2e concours **Soit : 1,01 %**	**Recommandations restrictives** 1 ADJ du 1er concours 1 ADJ du 2e concours 2 ADJ du 3e concours **Soit : 1,34 %**
2007 **255 ADJ** 1er : 189 2e : 19 3e : 7 RST : 40	3 ADJ du 1er concours 2 ADJ du 2e concours **Soit : 1,96 %**		**Recommandations restrictives** 4 ADJ du 1er concours 1 ADJ du 2e concours 1 ADJ du 3e concours 2 ADJ RST **Soit : 3,14 %**
TOTAL : 2618 ADJ 1er concours : 2044 2e concours : 188 3e concours : 74 RST : 312	1er concours : 25 ADJ **soit 1,22 %** 2e concours : 10 ADJ **soit 5,31 %** 3e concours : 6 ADJ **soit 8,10 %** RST : 5 ADJ **soit 1,60 %** **Total : 46 ADJ** **Soit : 1,75 %**	1er concours : 6 ADJ **soit 0,29 %** 2e concours : 3 ADJ **soit 1,59 %** 3e concours : 1 ADJ **soit 1,35 %** RST : 2 ADJ soit 0,64 % **Total : 12 ADJ** **Soit : 0,45 %**	1er concours : 23 ADJ **soit 1,12 %** 2e concours : 5 ADJ **soit 2,65 %** 3e concours : 8 ADJ **soit 10,81 %** RST : 7 ADJ **soit** **2,24 %** **Total : 43** **Soit : 1,64 %**

VI – LE CHOIX DES POSTES D'AFFECTATION ET LE CHANGEMENT DE FONCTIONS

Les auditeurs de justice classés par le jury choisissent leur poste d'affectation à la sortie de l'École dans une liste élaborée par le ministère de la Justice. Cette répartition s'opère suivant l'ordre du classement de sortie.

Ils ont au préalable signé un engagement de servir l'État pendant une durée de dix années.

Dans la culture du corps de la magistrature il n'existe pas de « hiérarchie » des fonctions entre elles. Le choix très diversifié des différents majors de promotions est tout à fait illustrant à ce titre.

Premières affectations des auditeurs de justice par fonctions (Promotions 1992 à 2007)

PROMOTIONS	Nombre d'auditeurs de justice	Substituts du procureur	Substituts placés	Juges grande instance	Juges d'instruction	Juges des enfants	Juges d'instance	Juges d'application des peines	Juges placés
1992	167	39	14	22	18	11	36	15	12
1993	155	38	6	17	18	16	40	8	12
1994	114	35	8	16	15	12	14	5	9
1995	106	29	7	14	9	10	21	4	12
1996	147	33	10	18	24	13	22	13	14
1997	154	37	9	16	15	22	31	7	17
1998	161	47	12	5	20	21	34	8	14
1999	196	49	22	18	22	14	34	9	28
2000	200	64	14	22	25	17	31	14	13
2001	224	85	13	19	25	23	24	13	22
2002	266	76	35	26	18	13	33	27	38
2003	268	80	23	33	36	26	18	15	37
2004	275	89	32	32	13	24	21	35	29
2005	276	79	24	35	25	28	28	17	40
2006	286	97	32	35	30	21	28	16	27
2007	250	63	39	25	8	25	26	14	50
TOTAUX	3245	940	300	353	321	296	441	220	374
% DU TOTAL		**28,97 %**	**9,24 %**	**10,88 %**	**9,89 %**	**9,12 %**	**13,59 %**	**6,78 %**	**11,53 %**

Le premier poste sera occupé pendant au moins deux ans. Il en sera de même pour la suite de la carrière. Le magistrat pourra ensuite changer de fonctions et de lieu d'affectation s'il le souhaite suivant un processus de mutation qui fait intervenir la direction des services judiciaires du ministère de la Justice et le Conseil supérieur de la magistrature.

Le caractère essentiellement généraliste de la formation initiale des magistrats doit trouver son complément dans une formation continue régulière. Cette nécessité a été prise en compte par la création en 1980 d'un service structuré au sein de l'École nationale de la magistrature pour la mettre en œuvre (situé dans l'antenne parisienne).

Le droit et les pratiques professionnelles évoluant de plus en plus rapidement, le changement de fonction qui ponctue naturellement et régulièrement la carrière du magistrat (qui peut se dérouler jusqu'à soixante-cinq ans) rendait nécessaire la mise en œuvre d'une nouvelle séquence de formation à cette occasion.

Le Professeur François Terré soulignait déjà en 1987 [17] que « *la disproportion est grande entre le soin extrême mis à former les magistrats pour leur premier poste et l'absence totale de recyclage à l'occasion d'un changement d'affectation* ».

Dans le cadre de la réforme de l'École nationale de la magistrature mise en œuvre en 2009, les magistrats qui changent de fonctions disposent désormais d'une formation de deux semaines à Bordeaux et de trois semaines en stage auprès d'un magistrat exerçant cette nouvelle fonction.

17. Magistrats et avocats : formation, carrière, activité professionnelle, Rapport au garde des Sceaux, Groupe de travail présidé par François Terré, La Documentation française, 1987.

ANNEXES

Textes applicables à l'École nationale de la magistrature et au recrutement dans la magistrature :

- **Annexe I - Ordonnance n° 58-1270 du 22 décembre 1958 portant loi organique relative au statut de la magistrature (extraits)**
- **Annexe II - Décret n° 72-355 du 4 mai 1972 relatif à l'École nationale de la magistrature**
- **Annexe III - Règlement intérieur de l'École nationale de la magistrature**
- **Annexe IV - Programme des épreuves des trois concours d'accès à l'École nationale de la magistrature**
- **Annexe V - Annales des épreuves d'admissibilité des trois concours d'accès à l'École nationale de la magistrature, session 2009**

Annexe I
Ordonnance n° 58-1270 du 22 décembre 1958 portant loi organique relative au statut de la magistrature (extraits)

Version consolidée au 9 décembre 2007

Chapitre I : Dispositions générales

Article 1

I. - Le corps judiciaire comprend :
1° Les magistrats du siège et du parquet de la Cour de cassation, des cours d'appel et des tribunaux de première instance ainsi que les magistrats du cadre de l'administration centrale du ministère de la Justice ;
2° Les magistrats du siège et du parquet placés respectivement auprès du premier président et du procureur général d'une cour d'appel et ayant qualité pour exercer les fonctions du grade auquel ils appartiennent à la cour d'appel à laquelle ils sont rattachés et dans l'ensemble des tribunaux de première instance du ressort de ladite cour ;
3° Les auditeurs de justice.
II. - Tout magistrat a vocation à être nommé, au cours de sa carrière, à des fonctions du siège et du parquet.

Article 6

Tout magistrat, lors de sa nomination à son premier poste, et avant d'entrer en fonction, prête serment en ces termes :
« Je jure de bien et fidèlement remplir mes fonctions, de garder religieusement le secret des délibérations et de me conduire en tout comme un digne et loyal magistrat. »

Il ne peut, en aucun cas, être relevé de ce serment.

Le serment est prêté devant la cour d'appel. Toutefois, pour les magistrats directement nommés à la Cour de cassation, il est prêté devant cette juridiction.

L'ancien magistrat prête à nouveau serment lorsqu'il est réintégré.

Article 8

L'exercice des fonctions de magistrat est incompatible avec l'exercice de toutes fonctions publiques et de toute autre activité professionnelle ou salariée.

Des dérogations individuelles peuvent toutefois être accordées aux magistrats, par décision des chefs de cour, pour donner des enseignements ressortissant à leur compétence ou pour exercer des fonctions ou activités qui ne seraient pas de nature à porter atteinte à la dignité du magistrat et à son indépendance, à l'exception des activités d'arbitrage, sous réserve des cas prévus par les dispositions législatives en vigueur.

Les magistrats peuvent, sans autorisation préalable, se livrer à des travaux scientifiques, littéraires ou artistiques.

Article 9

L'exercice des fonctions de magistrat est incompatible avec l'exercice d'un mandat au Parlement, au Parlement européen ou au Conseil économique et social, ainsi que de membre du congrès ou d'une assemblée de province de la Nouvelle-Calédonie, de représentant à l'assemblée de la Polynésie française, de membre de l'assemblée territoriale des îles Wallis et Futuna, de conseiller territorial de Saint-Barthélemy, de conseiller territorial de Saint-Martin, de conseiller général de Mayotte ou de conseiller territorial de Saint-Pierre-et-Miquelon ou avec la fonction de membre du gouvernement de la Nouvelle-Calédonie ou du gouvernement de la Polynésie française.
Nul ne peut être nommé magistrat ni le demeurer dans une juridiction dans le ressort de laquelle se trouve tout

ou partie du département dont son conjoint est député ou sénateur.
L'exercice des fonctions de magistrat est également incompatible avec l'exercice d'un mandat de conseiller régional, de conseiller général, de conseiller municipal ou de conseiller d'arrondissement, de conseiller de Paris ou de membre de l'Assemblée de Corse dans le ressort de la juridiction à laquelle appartient ou est rattaché le magistrat.
Nul ne peut être nommé magistrat ni le demeurer dans une juridiction dans le ressort de laquelle il aura exercé depuis moins de cinq ans, une fonction publique élective visée au présent article ou fait acte de candidature à l'un de ces mandats, à l'exception du mandat de représentant au Parlement européen, depuis moins de trois ans.
Les dispositions des trois alinéas qui précèdent ne s'appliquent pas aux magistrats de la Cour de cassation.

Article 13
Les magistrats sont astreints à résider au siège de la juridiction à laquelle ils appartiennent ou sont rattachés.
Des dérogations exceptionnelles à caractère individuel et provisoire, peuvent être accordées sur avis favorable des chefs de cour par le ministre de la Justice.

Chapitre II : Du recrutement et de la formation professionnelle des magistrats

Article 14
La formation professionnelle des auditeurs de justice est assurée par l'École nationale de la magistrature.
Les magistrats sont soumis à une obligation de formation continue. La formation continue est organisée par l'École nationale de la magistrature dans les conditions fixées par un décret en Conseil d'État.
L'école peut, en outre, contribuer soit à la formation des futurs magistrats d'État étrangers et, en particulier, des États auxquels la France est liée par des accords de coopération technique en matière judiciaire, soit à l'information et au perfectionnement des magistrats de ces États.

L'organisation et les conditions de fonctionnement de l'École nationale de la magistrature sont fixées par un règlement d'administration publique.

Section I : De l'accès au corps judiciaire par l'École nationale de la magistrature.

Article 15
Les auditeurs de justice sont recrutés :
1° Par voie de concours dans les conditions fixées à l'article 17 ;

2° Sur titres.

Article 16
Les candidats à l'auditorat doivent :
1° Être titulaires d'un diplôme sanctionnant une formation d'une durée au moins égale à quatre années d'études après le baccalauréat, que ce diplôme soit national, reconnu par l'État ou délivré par un État membre de la Communauté européenne et considéré comme équivalent par le ministre de la Justice après avis d'une commission dans les conditions prévues par un décret en Conseil d'État, ou d'un diplôme délivré par un institut d'études politiques, ou encore avoir obtenu le certificat attestant la qualité d'ancien élève d'une école normale supérieure. Cette exigence n'est pas applicable aux candidats visés aux 2° et 3° de l'article 17 ;
2° Être de nationalité française ;
3° Jouir de leurs droits civiques et être de bonne moralité ;
4° Se trouver en position régulière au regard du Code du service national.
5° Remplir les conditions d'aptitude physique nécessaires à l'exercice de leurs fonctions et être reconnus indemnes ou définitivement guéris de toute affection donnant droit à un congé de longue durée.

Article 17
Trois concours sont ouverts pour le recrutement d'auditeurs de justice :
1° Le premier, aux candidats remplissant la condition prévue au 1° de l'article 16 ;
2° Le deuxième, de même niveau, aux fonctionnaires régis par les titres Ier, II, III et IV du statut général des fonctionnaires de l'État et des collectivités territoriales, aux militaires et aux autres agents de l'État, des collectivités territoriales et de leurs établissements publics justifiant, au 1er janvier de l'année du concours, de quatre ans de service en ces qualités ;

3° Le troisième, de même niveau, aux personnes justifiant, durant huit années au total, d'une ou plusieurs activités professionnelles, d'un ou plusieurs mandats de membre d'une assemblée élue d'une collectivité territoriale ou de fonctions juridictionnelles à titre non professionnel. La durée de ces activités, mandats ou fonctions ne peut être prise en compte que si les intéressés n'avaient pas, lorsqu'ils les exerçaient, la qualité de magistrat, de fonctionnaire, de militaire ou d'agent public.

Un cycle de préparation est ouvert aux personnes remplissant les conditions définies au 3° du présent article et ayant subi avec succès une épreuve de sélection. Les candidats ayant suivi ce cycle et échoué au troisième concours sont admis à se présenter, dans un délai de deux ans à compter de la fin du cycle, aux concours d'entrée dans les corps de catégorie A de la fonction publique de l'État, aux concours sur épreuves d'entrée dans les cadres d'emploi de catégorie A de la fonction publique territoriale ainsi qu'aux concours sur épreuves d'entrée dans les corps de la fonction publique hospitalière, dans les conditions prévues par les dispositions législatives relatives à la création d'un troisième concours d'entrée à l'École nationale d'administration.
Un décret en Conseil d'État détermine les conditions d'application du présent article.

Article 17-1
Les dispositions législatives portant recul de la limite d'âge pour l'accès par voie de concours aux emplois publics sont applicables dans les mêmes conditions à l'accès par voie de concours à la magistrature.

Article 18
Les candidats déclarés reçus à l'un des concours prévus à l'article 17 sont nommés auditeurs de justice, par arrêté du garde des Sceaux, ministre de la Justice, et perçoivent un traitement.

Article 18-1
Peuvent être nommées directement auditeurs de justice, si elles sont titulaires d'une maîtrise en droit et si elles remplissent les autres conditions fixées à l'article 16, les personnes que quatre années d'activité dans le domaine juridique, économique ou social qualifient pour l'exercice des fonctions judiciaires.
Peuvent également être nommés dans les mêmes conditions les docteurs en droit qui possèdent, outre les diplômes requis pour le doctorat, un autre diplôme d'études supérieures, ainsi que les personnes ayant exercé des fonctions d'enseignement ou de recherche en droit dans un établissement public d'enseignement supérieur pendant trois ans après l'obtention de la maîtrise en droit et possédant un diplôme d'études supérieures dans une discipline juridique.

Le nombre des auditeurs nommés au titre du présent article ne peut dépasser le tiers du nombre des auditeurs issus des concours prévus à l'article 17 et figurant dans la promotion à laquelle ils seront intégrés.

Les candidats visés au présent article sont nommés par arrêté du garde des Sceaux, ministre de la Justice, sur avis conforme de la commission prévue à l'article 34.

Article 18-2
Un décret en Conseil d'État fixe les limites d'âge inférieure ou supérieure des candidats visés à l'article 18-1.
Il détermine en outre les conditions dans lesquelles est réduit le temps de scolarité des auditeurs recrutés au titre de l'article 18-1.

Ces auditeurs sont soumis à un régime de stages et d'études adapté à leur formation d'origine.

À l'issue du temps de scolarité, ils concourent au classement avec les auditeurs de la promotion à laquelle ils sont rattachés.

Article 19
Les auditeurs participent sous la responsabilité des magistrats à l'activité juridictionnelle, sans pouvoir toutefois recevoir délégation de signature.
Ils peuvent notamment :
Assister le juge d'instruction dans tous les actes d'information ;
Assister les magistrats du ministère public dans l'exercice de l'action publique ;
Siéger en surnombre et participer avec voix consultative aux délibérés des juridictions civiles et correctionnelles ;
Présenter oralement devant celles-ci des réquisitions ou des conclusions ;
Assister aux délibérés des cours d'assises.
Sans préjudice de l'avant-dernier alinéa de l'article 18-2, les auditeurs de justice effectuent, pendant la scolarité

à l'École nationale de la magistrature, un stage d'une durée minimale de six mois auprès d'un barreau ou comme collaborateur d'un avocat inscrit au barreau.

Article 20

Les auditeurs de justice sont astreints au secret professionnel.
Préalablement à toute activité, ils prêtent serment devant les cours d'appel en ces termes :
« Je jure de garder religieusement le secret professionnel et de me conduire en tout comme un digne et loyal auditeur de justice. »
Ils ne peuvent, en aucun cas, être relevés de ce serment.

Article 21

Un jury procède au classement des auditeurs de justice qu'il juge aptes, à la sortie de l'école, à exercer les fonctions judiciaires. Le jury assortit la déclaration d'aptitude de chaque auditeur d'une recommandation et, le cas échéant, de réserves sur les fonctions pouvant être exercées par cet auditeur, lors de sa nomination à son premier poste. Lors de la nomination de l'auditeur à son premier poste, cette recommandation, ces réserves et les observations éventuellement formulées par ce dernier sont versées à son dossier de magistrat.
Il peut écarter un auditeur de l'accès à ces fonctions ou lui imposer le renouvellement d'une année d'études.
La liste de classement est portée à la connaissance du garde des Sceaux, ministre de la Justice, qui en assure la publication au Journal officiel.

Article 21-1

Deux concours sont ouverts pour le recrutement de magistrats du second et du premier grade de la hiérarchie judiciaire.
Les candidats doivent remplir les conditions prévues à l'article 16.
Ils doivent en outre :
1° Pour les candidats aux fonctions du second grade de la hiérarchie judiciaire, être âgés de trente-cinq ans au moins au 1er janvier de l'année d'ouverture du concours et justifier d'au moins dix ans d'activité professionnelle dans le domaine juridique, administratif, économique ou social, les qualifiant particulièrement pour exercer des fonctions judiciaires ;
2° Pour les candidats aux fonctions du premier grade de la hiérarchie judiciaire, être âgés de cinquante ans au moins au 1er janvier de l'année d'ouverture du concours et justifier d'au moins quinze ans d'activité professionnelle dans le domaine juridique, administratif, économique ou social, les qualifiant particulièrement pour exercer des fonctions judiciaires.
Les candidats admis suivent une formation probatoire organisée par l'École nationale de la magistrature comportant un stage en juridiction effectué selon les modalités prévues à l'article 19. Ils sont rémunérés pendant cette formation.
Préalablement à toute activité, ils prêtent serment devant la cour d'appel en ces termes : "Je jure de conserver le secret des actes du parquet, des juridictions d'instruction et de jugement dont j'aurai eu connaissance au cours de mon stage." Ils ne peuvent en aucun cas être relevés de ce serment.
Le directeur de l'École nationale de la magistrature établit, sous la forme d'un rapport, le bilan de la formation probatoire de chaque candidat et adresse celui-ci au jury prévu à l'article 21.
Après un entretien avec le candidat, le jury se prononce sur son aptitude à exercer les fonctions judiciaires.
Les candidats déclarés aptes à exercer les fonctions judiciaires suivent une formation complémentaire jusqu'à leur nomination, dans les formes prévues à l'article 28, aux emplois pour lesquels ils ont été recrutés. Les dispositions de l'article 27-1 ne sont pas applicables.
Les années d'activité professionnelle accomplies par les magistrats recrutés au titre du présent article sont prises en compte pour leur classement indiciaire dans leur grade et pour leur avancement.
Les dispositions de l'article 25-4 sont applicables aux magistrats recrutés au titre du présent article.
Le nombre total des postes offerts au concours pour une année déterminée ne peut excéder :
1° Pour les concours de recrutement au second grade de la hiérarchie judiciaire, le cinquième du nombre total des recrutements intervenus au second grade au cours de l'année civile précédente, cette proportion pouvant toutefois être augmentée à concurrence de la part non utilisée au cours de la même année civile des possibilités de nomination déterminées par l'article 25 ;
2° Pour les concours de recrutement au premier grade de la hiérarchie judiciaire, le dixième du nombre total de nominations en avancement au premier grade prononcées au cours de l'année précédente.
Un décret en Conseil d'État détermine les conditions d'application du présent article.

Section II : De l'intégration directe dans le corps judiciaire

Article 22
Peuvent être nommés directement aux fonctions du second grade de la hiérarchie judiciaire, à condition d'être âgés de trente-cinq ans au moins :
1° Les personnes remplissant les conditions prévues à l'article 16 et justifiant de sept années au moins d'exercice professionnel les qualifiant particulièrement pour exercer des fonctions judiciaires ;
2° Les greffiers en chef des cours et tribunaux et des conseils de prud'hommes justifiant de sept années de services effectifs dans leur corps
3° Les fonctionnaires de catégorie A du ministère de la Justice ne remplissant pas les conditions prévues au 1° de l'article 16 et justifiant de sept années de services effectifs au moins en cette qualité.

Article 23
Peuvent être nommés directement aux fonctions du premier grade de la hiérarchie judiciaire :
1° Les personnes remplissant les conditions prévues à l'article 16 et justifiant de dix-sept années au moins d'exercice professionnel les qualifiant particulièrement pour exercer des fonctions judiciaires ;
2° Les greffiers en chef des cours et tribunaux et des conseils de prud'hommes qui remplissent des conditions de grade et d'emploi définies par décret en Conseil d'État et que leur compétence et leur expérience qualifient particulièrement pour exercer des fonctions judiciaires visées au présent article.

Article 25
Au cours d'une année civile déterminée, les nominations au titre de l'article 22 ne peuvent excéder un quart de la totalité des recrutements intervenus au second grade au cours de l'année civile précédente.

Article 25-1
Au cours d'une année civile déterminée, les nominations prononcées au titre de l'article 23 ne peuvent excéder le dixième des promotions intervenues au cours de l'année civile précédente au premier grade.

Article 25-2
Les nominations au titre des articles 22 et 23 interviennent après avis conforme de la commission prévue à l'article 34.
Le directeur de l'École nationale de la magistrature ainsi que le président des jurys de concours d'accès à l'école assistent avec voix consultative aux délibérations de la commission.
La commission fixe le grade, le groupe, l'échelon et les fonctions auxquels le candidat peut être nommé. Le cas échéant, elle peut décider de soumettre l'intéressé à l'accomplissement d'une période de formation préalable à l'installation dans ses fonctions.
Les années d'activité professionnelle accomplies par les magistrats recrutés au titre de l'article 22 sont assimilées aux services effectifs requis pour l'avancement dans la limite de deux années. Ces dispositions sont applicables aux magistrats concernés qui ont été nommés dans les dix années qui précèdent la date d'entrée en vigueur de la loi organique n° 2001-539 du 25 juin 2001 relative au statut des magistrats et au Conseil supérieur de la magistrature.

Article 25-3
Les candidats à une intégration au titre des articles 22 et 23 suivent, s'ils sont admis par la commission prévue à l'article 34, une formation probatoire organisée par l'École nationale de la magistrature comportant un stage en juridiction effectué selon les modalités prévues à l'article 19.
La commission prévue à l'article 34 peut, à titre exceptionnel et au vu de l'expérience professionnelle du candidat, le dispenser de la formation probatoire prévue au premier alinéa.
Pendant la formation probatoire, le candidat est astreint au secret professionnel et prête serment au début de son stage, devant la cour d'appel dans le ressort de laquelle le stage se déroule, en ces termes : « Je jure de conserver le secret des actes du parquet, des juridictions d'instruction et de jugement dont j'aurai eu connaissance au cours de mon stage ».
Le directeur de l'École nationale de la magistrature établit, sous la forme d'un rapport, le bilan de la formation probatoire de chaque candidat qu'il adresse au jury prévu à l'article 21.
Après un entretien avec le candidat, le jury se prononce sur son aptitude à exercer des fonctions judiciaires et transmet son avis à la commission prévue à l'article 34. Toute décision de la commission d'avancement défavorable à l'intégration d'un candidat admis à la formation probatoire visée au premier alinéa est motivée.
Un décret en Conseil d'État détermine les conditions d'application de l'article 25-2 et du présent article, notamment les conditions dans lesquelles sont assurées, pendant leur formation probatoire, la rémunération et la protection sociale des candidats.

Article 25-4
Un décret en Conseil d'État précise les conditions dans lesquelles les personnes intégrées directement dans la magistrature au titre des articles 22 et 23 peuvent obtenir que soient prises en compte, pour la constitution de leurs droits à pension de retraite de l'État ou pour le rachat d'annuités supplémentaires, les années d'activité professionnelle accomplies par elles avant leur nomination comme magistrat.
Cette prise en compte est subordonnée au versement d'une contribution dont ledit décret fixe le montant et les modalités.
Elle s'effectue sous réserve de la subrogation de l'État pour le montant des prestations auxquelles ces personnes pourront avoir droit pour les périodes rachetées au titre des régimes de retraite de base auxquels elles étaient affiliées ainsi que des régimes de retraite complémentaire dans la limite des droits afférents au versement des cotisations minimales obligatoires.
Ce décret précise, en outre, les conditions dans lesquelles les avocats, avoués, notaires, huissiers de justice et greffiers des tribunaux de commerce intégrés directement dans la magistrature avant la date d'entrée en vigueur de la loi organique n° 92-189 du 25 février 1992 modifiant l'ordonnance n° 58-1270 du 22 décembre 1958 portant loi organique relative au statut de la magistrature peuvent bénéficier des dispositions du présent article.

Chapitre III : Des magistrats des premier et second grades

Article 29
Dans toute la mesure compatible avec le bon fonctionnement du service et les particularités de l'organisation judiciaire, les nominations des magistrats tiennent compte de leur situation de famille.
Les dispositions de la loi du 30 décembre 1921 rapprochant les fonctionnaires qui, étrangers au département, sont unis par le mariage soit à des fonctionnaires du département, soit à des personnes qui y ont fixé leur résidence, ne sont pas applicables aux magistrats.

Article 26
Le président de la République nomme les auditeurs de justice aux postes du second degré de la hiérarchie judiciaire sur les propositions du garde des Sceaux, ministre de la Justice.
Suivant leur rang de classement, à l'exclusion des fonctions visées par les réserves du jury prévues à l'article 21 et en fonction de la liste qui leur est proposée, les auditeurs font connaître au garde des Sceaux, ministre de la Justice, le poste auquel ils souhaitent être nommés.
Un auditeur de justice qui n'a pas exprimé de choix fait d'office l'objet d'une proposition de nomination et, s'il refuse cette proposition, il est considéré comme démissionnaire.
Au vu de ces choix, le garde des Sceaux, ministre de la Justice, saisit pour avis la formation compétente du Conseil supérieur.
En cas d'avis défavorable pour la nomination d'un auditeur à un emploi du siège, une nouvelle proposition de nomination est faite après consultation de l'intéressé et soumise pour avis à la formation compétente du Conseil supérieur. En cas d'avis défavorable pour la nomination d'un auditeur à un emploi du parquet, le garde des Sceaux, ministre de la Justice, peut passer outre ou faire une nouvelle proposition après consultation de l'intéressé qui est soumise pour avis à la formation compétente du Conseil supérieur.
Si l'auditeur refuse la nouvelle proposition, il est considéré comme démissionnaire.
Les années d'activité professionnelle accomplies par les magistrats recrutés par les voies du deuxième et du troisième concours d'accès à l'École nationale de la magistrature ainsi que par ceux recrutés au titre de l'article 18-1 de la présente ordonnance sont prises en compte pour leur classement indiciaire dans leur grade et pour leur avancement. Ces dispositions sont applicables aux magistrats concernés qui ont été nommés dans les dix années qui précèdent la date d'entrée en vigueur de la loi organique n° 2001-539 du 25 juin 2001 précitée.
Un décret en Conseil d'État détermine les conditions d'application du présent article.

Article 30
Un décret en Conseil d'État précisera les conditions dans lesquelles les avocats, avoués, notaires et huissiers intégrés directement dans la magistrature au titre du présent article pourront obtenir, moyennant le versement d'une contribution dont ce même décret fixera le montant et les modalités, que soient prises en compte, pour la constitution de leurs droits à pension de retraite de l'État ou pour le rachat d'annuités supplémentaires, les années d'activité professionnelle accomplies par eux avant leur nomination comme magistrat. Ce décret précisera en outre les conditions dans lesquelles les personnes recrutées avant la date d'entrée en vigueur de la loi organique n° 80-844 du 29 octobre 1980 pourront, moyennant le rachat de cotisations, bénéficier des dispositions du présent alinéa.

Article 32
Nul ne peut être nommé magistrat dans le ressort d'un tribunal de grande instance ou d'un tribunal de première instance où il aura exercé depuis moins de cinq ans les professions d'avocat, avoué, notaire, huissier de justice ou agréé près les tribunaux de commerce. Toutefois, cette exclusion est étendue, pour une nomination déterminée, à un ou plusieurs autres ressorts de tribunaux du ressort de la cour d'appel, dès lors que la commission prévue à l'article 34 a émis un avis en ce sens.

Article 33
Les fonctionnaires des greffes des diverses juridictions des départements du Bas-Rhin, du Haut-Rhin et de la Moselle pourront être nommés juges du livre foncier dans les conditions fixées par un règlement d'administration publique.
Après trois ans d'exercice de leurs fonctions, les juges du livre foncier peuvent accéder aux autres fonctions du second grade, sous réserve, pour ceux qui ne sont pas licenciés en droit, de l'avis conforme de la commission prévue à l'article 34 ; celle-ci, avant de se prononcer, peut décider de subordonner son avis à l'accomplissement d'un stage probatoire en juridiction ; elle peut également décider de soumettre l'intéressé à une période de formation préalable à l'installation dans ses nouvelles fonctions.

Chapitre IV : De la commission d'avancement

Article 34
Il est institué une commission chargée de dresser et d'arrêter le tableau d'avancement ainsi que les listes d'aptitude aux fonctions. Cette commission est commune aux magistrats du siège et du parquet.
Le tableau d'avancement est communiqué à chacune des formations du Conseil supérieur de la magistrature avant d'être signé par le Président de la République.
La commission d'avancement peut demander à l'autorité chargée d'évaluer l'activité professionnelle du magistrat candidat à l'inscription sur une des listes d'aptitude ou au tableau d'avancement des précisions sur le contenu de son dossier. Ces précisions et les observations du magistrat concerné sont versées dans son dossier. La commission peut également adresser aux autorités chargées d'évaluer l'activité professionnelle des magistrats les observations qu'elle estime utiles sur le contenu des dossiers examinés.
La commission d'avancement établit chaque année un rapport d'activité rendu public.

Article 35
La commission d'avancement comprend, outre le premier président de la Cour de cassation, président, et le procureur général près ladite cour :
1° L'inspecteur général des services judiciaires ou, à défaut, l'inspecteur général adjoint et le directeur chargé des services judiciaires ou, à défaut, son représentant d'un rang au moins égal à celui de sous-directeur et ayant la qualité de magistrat ;
2° Deux magistrats hors hiérarchie de la Cour de cassation, un du siège et un du parquet, élus par l'ensemble des magistrats hors hiérarchie appartenant à ladite cour ;
3° Deux premiers présidents et deux procureurs généraux de cour d'appel, élus respectivement par l'ensemble des premiers présidents et l'ensemble des procureurs généraux de cour d'appel ;
4° Dix magistrats des cours et tribunaux, sept du premier grade et trois du second grade, élus par le collège des magistrats dans les conditions prévues au chapitre Ier bis.

Chapitre V bis : Des conseillers et des avocats généraux à la Cour de cassation en service extraordinaire

Article 40-1
Peuvent être nommées conseillers ou avocats généraux à la Cour de cassation en service extraordinaire, si elles remplissent les conditions prévues à l'article 16 ci-dessus et si elles justifient de vingt-cinq années au moins d'activité professionnelle, les personnes que leur compétence et leur activité qualifient particulièrement pour l'exercice de fonctions judiciaires à la Cour de cassation.
Les conseillers en service extraordinaire exercent les attributions des conseillers à la Cour de cassation.
Les avocats généraux en service extraordinaire exercent les attributions confiées au ministère public près la Cour de cassation.
Le nombre des conseillers et des avocats généraux en service extraordinaire ne peut respectivement excéder le dixième de l'effectif des magistrats hors hiérarchie du siège de la Cour de cassation et le dixième de l'effectif des magistrats hors hiérarchie du parquet de ladite cour.

Article 40-2
Les conseillers et les avocats généraux en service extraordinaire sont nommés pour une durée de huit ans non renouvelable, dans les formes respectivement prévues pour la nomination des magistrats du siège de la Cour de cassation et pour la nomination des magistrats du parquet de ladite cour.
Un décret en Conseil d'État détermine les conditions de recueil et d'instruction des dossiers de candidature à l'exercice de fonctions judiciaires en service extraordinaire.
Il ne peut être mis fin aux fonctions des conseillers et avocats généraux à la Cour de cassation qu'à leur demande ou au cas où aurait été prononcée à leur encontre l'une des sanctions prévues aux 6° et 7° de l'article 45 et à l'article 40-3. Lorsqu'il est ainsi mis fin aux fonctions des conseillers ou des avocats généraux en service extraordinaire ayant la qualité de fonctionnaires, les dispositions de l'article 40-5 reçoivent, s'il y a lieu, application.

Article 40-5 (extrait)
Les conseillers et les avocats généraux en service extraordinaire ayant la qualité de fonctionnaires sont placés en position de détachement dans leur corps d'origine. Ils ne peuvent recevoir, pendant la durée de leurs fonctions, aucun avancement de grade dans ce corps.

Chapitre V ter : Du détachement judiciaire

Article 41
Les membres des corps recrutés par la voie de l'École nationale d'administration et les professeurs et les maîtres de conférences des universités peuvent, dans les conditions prévues aux articles suivants, faire l'objet d'un détachement judiciaire pour exercer les fonctions des premier et second grades.
Le présent article s'applique, dans les conditions prévues par leur statut, aux fonctionnaires de l'État, territoriaux et hospitaliers et aux fonctionnaires des assemblées parlementaires appartenant à des corps et cadres d'emplois de même niveau de recrutement.

Article 41-1
Peuvent faire l'objet d'un détachement judiciaire pour exercer les fonctions du second grade les personnes visées à l'article 41 justifiant d'au moins quatre ans de service en l'une ou plusieurs des qualités mentionnées à l'article 41.
Peuvent faire l'objet d'un détachement judiciaire pour exercer les fonctions du premier grade les personnes visées à l'article 41 justifiant d'au moins sept ans de service en l'une ou plusieurs de ces mêmes qualités.

Article 41-2
Le détachement judiciaire est prononcé, après avis conforme de la commission instituée à l'article 34, par arrêté du garde des Sceaux, ministre de la Justice, et, le cas échéant, conjoint du ministre dont relève le corps auquel appartient l'intéressé. Toute décision de la commission défavorable au détachement judiciaire est motivée. La commission détermine les fonctions auxquelles peut être nommée la personne détachée.
Les personnes visées à l'article 41 faisant l'objet d'un détachement judiciaire sont soumises exclusivement au présent statut.

Article 41-3
Préalablement à l'exercice de fonctions judiciaires, les personnes visées à l'article 41 faisant l'objet d'un détachement judiciaire accomplissent un stage d'une durée de six mois dont la nature est déterminée par la commission prévue à l'article 34.
Pendant la durée du stage, ces personnes visées à l'article 41 sont soumises aux dispositions de l'article 19 et du premier alinéa de l'article 20. Au début du stage, elles prêtent serment devant la cour d'appel dans le ressort de laquelle le stage se déroule, en ces termes : « Je jure de conserver le secret des actes du parquet, des juridictions d'instruction et de jugement dont j'aurai eu connaissance au cours de mon stage. »

Article 41-4
Les personnes visées à l'article 41 faisant l'objet d'un détachement judiciaire sont nommées à une fonction judiciaire dans les formes prévues à l'article 28.
Avant leur première affectation à une fonction judiciaire, elles prêtent serment dans les conditions prévues à l'article 6.

Article 41-5
Le détachement judiciaire est d'une durée de cinq ans non renouvelable.
Pendant cette période, il ne peut être mis fin au détachement judiciaire que sur demande de l'intéressé ou au cas où aurait été prononcée à son encontre l'une des sanctions prévues aux 6° et 7° de l'article 45 et au premier alinéa de l'article 41-6. S'il est mis fin au détachement, les dispositions de l'article 41-7 reçoivent, s'il y a lieu, application.
Article 41-8
Le nombre des détachements judiciaires ne peut excéder un vingtième des emplois de chacun des deux grades.

Article 41-9
Peuvent être nommées au premier et au second grade de la hiérarchie judiciaire les personnes détachées pendant trois ans au moins dans le corps judiciaire.
Pour toute nomination au premier grade, les personnes détachées doivent justifier d'une durée minimale de sept années de service dans le corps judiciaire et l'un ou plusieurs des corps énumérés à l'article 41.
Les nominations prononcées en application des alinéas précédents s'imputent sur les quotas de nominations fixés à chaque niveau hiérarchique par le 1° de l'article 25 et par l'article 25-1. Ces nominations interviennent dans les conditions prévues à l'article 25-2. Toutefois, la dernière phrase du dernier alinéa de l'article 25-2 n'est pas applicable.

Chapitre V quater : Des magistrats exerçant à titre temporaire

Article 41-10
Peuvent être nommées, pour exercer des fonctions de juge d'instance ou d'assesseur dans les formations collégiales des tribunaux de grande instance, les personnes âgées de moins de soixante-cinq ans révolus que leur compétence et leur expérience qualifient particulièrement pour exercer ces fonctions.
Elles doivent soit remplir les conditions prévues au 1°, 2° ou 3° de l'article 22, soit être membre ou ancien membre des professions libérales juridiques et judiciaires soumises à un statut législatif ou réglementaire ou dont le titre est protégé et justifier de sept années au moins d'exercice professionnel.

Article 41-11
Lorsqu'ils sont affectés dans un tribunal d'instance, les magistrats recrutés dans le cadre du présent chapitre sont répartis dans les différents services de la juridiction selon les modalités fixées par l'ordonnance annuelle prévue par le Code de l'organisation judiciaire et traitent des contentieux civil et pénal à l'exclusion de la départition prud'homale. Ils ne peuvent assurer plus du quart des services du tribunal dans lequel ils sont affectés.
Lorsqu'ils sont affectés en qualité d'assesseurs dans une formation collégiale du tribunal de grande instance, ces magistrats sont répartis dans les différentes formations de la juridiction selon les modalités fixées par l'ordonnance annuelle prévue par le Code de l'organisation judiciaire et traitent des contentieux civil et pénal. Il ne peut y avoir dans ces formations plus d'un assesseur choisi parmi les magistrats recrutés dans le cadre du présent chapitre.

Article 41-12
La commission prévue à l'article 34 arrête la liste des candidats admis.
Les magistrats recrutés au titre de l'article 41-10 sont nommés pour une durée de sept ans non renouvelable dans les formes prévues pour les magistrats du siège après avoir suivi la formation probatoire prévue à l'article 21-1.
Les deuxième et troisième alinéas de l'article 25-3 sont applicables aux candidats visés au premier alinéa.
Le directeur de l'École nationale de la magistrature établit, sous la forme d'un rapport, le bilan de la formation probatoire de chaque candidat, qu'il adresse à la commission prévue à l'article 34.
Les nominations interviennent après avis conforme de la commission prévue à l'article 34. L'article 27-1 ne leur est pas applicable. Toute décision de cette commission défavorable à la nomination d'un candidat admis à la formation probatoire visée au deuxième alinéa est motivée.
Lors de leur installation, les magistrats prêtent serment dans les conditions prévues à l'article 6.
Un décret en Conseil d'État détermine les conditions de dépôt et d'instruction des dossiers de candidature, les modalités d'organisation et la durée de la formation, ainsi que les conditions dans lesquelles sont assurées l'indemnisation et la protection sociale des candidats mentionnés au présent article.

Article 41-13
Les magistrats recrutés dans le cadre du présent chapitre sont soumis au présent statut.
Toutefois, ils ne peuvent être membres du Conseil supérieur de la magistrature ni de la commission d'avancement, ni participer à la désignation des membres de ces instances.

Les articles 13 et 76 ne leur sont pas applicables.
Ces magistrats sont indemnisés dans des conditions fixées par décret en Conseil d'État.

Article 41-14
Par dérogation à l'article 8, les magistrats recrutés dans le cadre du présent chapitre peuvent exercer une activité professionnelle concomitamment à leurs fonctions judiciaires, sous réserve que cette activité ne soit pas de nature à porter atteinte à la dignité de la fonction et à son indépendance. Les membres des professions libérales juridiques et judiciaires soumis à un statut législatif ou réglementaire ou dont le titre est protégé ne peuvent exercer des fonctions judiciaires dans le ressort du tribunal de grande instance où ils ont leur domicile professionnel.
Ces magistrats ne peuvent exercer concomitamment aucune activité d'agent public, à l'exception de celle de professeur et de maître de conférences des universités.
En cas de changement d'activité professionnelle, le magistrat en informe le premier président de la cour d'appel, qui lui fait connaître, le cas échéant, que sa nouvelle activité n'est pas compatible avec l'exercice de ses fonctions judiciaires.
Le magistrat ne peut connaître d'un litige présentant un lien avec son activité professionnelle ou lorsqu'il entretient ou a entretenu des relations professionnelles avec l'une des parties. Dans ces hypothèses, le président du tribunal de grande instance ou le juge chargé de l'administration du tribunal d'instance auquel l'intéressé est affecté décide, à la demande de celui-ci ou de l'une des parties, que l'affaire sera soumise à un autre juge du tribunal ou, s'il exerce des fonctions d'assesseur, qu'elle sera renvoyée à une formation de jugement autrement composée. Cette décision de renvoi est insusceptible de recours.

Chapitre V quinquies : Des juges de proximité

Article 41-17
Peuvent être nommés juges de proximité, pour exercer une part limitée des fonctions des magistrats des juridictions judiciaires de première instance, s'ils remplissent les conditions prévues aux 2° à 5° de l'article 16
1° Les anciens magistrats de l'ordre judiciaire et de l'ordre administratif ;
2° Les personnes, âgées de trente-cinq ans au moins, que leur compétence et leur expérience qualifient pour exercer ces fonctions. Ces personnes doivent soit remplir les conditions fixées au 1° de l'article 16, soit être membres ou anciens membres des professions libérales juridiques et judiciaires soumises à un statut législatif ou réglementaire ou dont le titre est protégé. Elles doivent, en outre, justifier de quatre années au moins d'exercice professionnel dans le domaine juridique ;
3° Les personnes justifiant de vingt-cinq années au moins d'activité dans des fonctions impliquant des responsabilités de direction ou d'encadrement dans le domaine juridique, Dispositions déclarées non conformes à la Constitution par décision du Conseil constitutionnel n° 2003-466 DC du 20 février 2003 les qualifiant pour l'exercice des fonctions judiciaires ;
4° Les anciens fonctionnaires des services judiciaires des catégories A et B, que leur expérience qualifie pour l'exercice des fonctions judiciaires ;
5° Les conciliateurs de justice ayant exercé leurs fonctions pendant au moins cinq ans.

Article 41-19
Les juges de proximité sont nommés pour une durée de sept ans non renouvelable, dans les formes prévues pour les magistrats du siège.
L'article 27-1 ne leur est pas applicable.
Avant de rendre son avis, la formation compétente du Conseil supérieur de la magistrature soumet l'intéressé à une formation probatoire organisée par l'École nationale de la magistrature et comportant un stage en juridiction effectué selon les modalités prévues à l'article 19. Le troisième alinéa de l'article 25-3 est applicable aux stagiaires.
La formation compétente du Conseil supérieur de la magistrature peut, à titre exceptionnel et au vu de l'expérience professionnelle du candidat, le dispenser de la formation probatoire prévue au troisième alinéa.
Le directeur de l'École nationale de la magistrature établit, sous forme d'un rapport, le bilan du stage probatoire du candidat, qu'il adresse à la formation compétente du Conseil supérieur de la magistrature et au garde des Sceaux, ministre de la Justice.
Préalablement à leur entrée en fonction, les juges de proximité prêtent serment dans les conditions prévues à l'article 6.
Les juges de proximité n'ayant pas été soumis à la formation probatoire prévue dans le troisième alinéa suivent une formation organisée par l'École nationale de la magistrature et comportant un stage en juridiction effectué

selon les modalités prévues à l'article 19.
Un décret en Conseil d'État détermine les conditions de dépôt et d'instruction des dossiers de candidature, les modalités d'organisation et la durée de la formation, ainsi que les conditions dans lesquelles sont assurées l'indemnisation et la protection sociale des stagiaires mentionnés au présent article.

Article 41-21
Les juges de proximité exercent leurs fonctions à temps partiel. Ils perçoivent une indemnité de vacation dans des conditions fixées par décret en Conseil d'État.

Article 41-22
Par dérogation au premier alinéa de l'article 8, les juges de proximité peuvent exercer une activité professionnelle concomitamment à leurs fonctions judiciaires, sous réserve que cette activité ne soit pas de nature à porter atteinte à la dignité de la fonction et à son indépendance. Les membres des professions libérales juridiques et judiciaires soumises à un statut législatif ou réglementaire ou dont le titre est protégé et leurs salariés ne peuvent exercer des fonctions de juge de proximité dans le ressort du tribunal de grande instance où ils ont leur domicile professionnel ; ils ne peuvent effectuer aucun acte de leur profession dans le ressort de la juridiction de proximité à laquelle ils sont affectés.
Sans préjudice de l'application des dispositions du deuxième alinéa de l'article 8, les juges de proximité ne peuvent exercer concomitamment aucune activité d'agent public, à l'exception de celle de professeur et de maître de conférences des universités.
En cas de changement d'activité professionnelle, les juges de proximité en informent le premier président de la cour d'appel dans le ressort de laquelle ils sont affectés, qui leur fait connaître, le cas échéant, que leur nouvelle activité n'est pas compatible avec l'exercice de leurs fonctions judiciaires.
Les juges de proximité ne peuvent connaître des litiges présentant un lien avec leur activité professionnelle ou lorsqu'ils entretiennent ou ont entretenu des relations professionnelles avec l'une des parties. Dans ces cas, le président du tribunal de grande instance dans le ressort duquel ils sont affectés décide, à leur demande ou à celle de l'une des parties, que l'affaire sera soumise à un autre juge de proximité du même ressort. Cette décision de renvoi est insusceptible de recours.
Les juges de proximité ne peuvent mentionner cette qualité ni en faire état dans les documents relatifs à l'exercice de leur activité professionnelle, tant pendant la durée de leurs fonctions que postérieurement.

Article 41-24
Les juges de proximité ne peuvent demeurer en fonction au-delà de l'âge de soixante-quinze ans.
Il ne peut être mis fin à leurs fonctions qu'à leur demande ou au cas où aurait été prononcée à leur encontre la sanction de la fin des fonctions prévue à l'article 41-23.
Durant un an à compter de la cessation de leurs fonctions judiciaires, les juges de proximité sont tenus de s'abstenir de toute prise de position publique en relation avec ces fonctions.

Annexe II
Décret n° 72-355 du 4 mai 1972 relatif à l'École nationale de la magistrature

Version consolidée au 19 janvier 2009

Titre Ier : Organisation générale

Article 1
L'École nationale de la magistrature est un établissement public à caractère administratif placé sous la tutelle du garde des Sceaux, ministre de la Justice. Son siège est à Bordeaux.

Article 1er-1
L'École nationale de la magistrature a pour missions :

a) La formation initiale et continue des magistrats de l'ordre judiciaire français ;
b) La formation de personnes n'appartenant pas au corps judiciaire et amenées à exercer, dans l'ordre judiciaire, soit des fonctions juridictionnelles, soit celles de délégués du procureur de la République, de médiateurs judiciaires ou de conciliateurs judiciaires ;
c) La formation initiale et continue des magistrats et futurs magistrats d'États étrangers ;
d) La coopération européenne et internationale, notamment par la diffusion des connaissances juridiques et judiciaires et le développement des systèmes judiciaires étrangers ;
e) La recherche, notamment dans le domaine des pratiques judiciaires comparées.

Dans le cadre de ses missions, l'École nationale de la magistrature peut assurer des prestations de service à titre onéreux. Elle peut créer des filiales, dans des conditions fixées par décret.

Chapitre Ier : Direction de l'école

Article 2
L'École nationale de la magistrature est dirigée par un directeur nommé par décret pris sur le rapport du garde des Sceaux, ministre de la Justice.
Le directeur de l'école met en œuvre la mission pédagogique de l'école. À ce titre, il préside le conseil pédagogique.
Il prend toutes mesures utiles pour l'exécution des délibérations du conseil d'administration ainsi que pour le fonctionnement et la discipline intérieure de l'établissement. Il représente l'établissement en justice et dans tous les actes de la vie civile. Il est ordonnateur des recettes et des dépenses. Il nomme à toutes les fonctions pour lesquelles aucune autre autorité n'a reçu le pouvoir de nomination.
Il peut déléguer sa signature.

Article 3
Le directeur est secondé par les personnels de direction mentionnés à l'article 1er du décret n° 99-1073 du 21 décembre 1999 modifié régissant les emplois de l'École nationale de la magistrature.

Chapitre II : Conseil d'administration

Article 4
Le conseil d'administration comprend :

a) Quatre membres de droit :

Le premier président de la Cour de cassation, président ;
Le procureur général près la Cour de cassation, vice-président ;
Le directeur des services judiciaires ou son représentant ;
Le directeur général de l'administration et de la fonction publique, ou son représentant.

b) Neuf membres nommés par arrêté du garde des Sceaux, ministre de la Justice :

Un directeur à l'administration centrale du ministère de la Justice, ou son suppléant désigné dans les mêmes formes ;
Un premier président ou un procureur général de cour d'appel ;
Un magistrat hors hiérarchie ou du premier grade de la Cour d'appel de Paris ou des tribunaux de grande instance de Paris, Nanterre, Bobigny et Créteil ;
Un président ou un procureur de la République d'un tribunal de grande instance ;
Un magistrat ancien auditeur de justice ayant moins de sept ans de services effectifs depuis sa première installation ;
Un membre des professions judiciaires ;
Trois personnalités qualifiées, dont une personne exerçant l'une des fonctions à la formation desquelles l'École nationale de la magistrature peut contribuer, en application du b de l'article 1er-1.

c) Deux membres nommés par arrêté conjoint du garde des Sceaux, ministre de la Justice, et du ministre de l'éducation nationale :

Un directeur d'institut d'études judiciaires ;
Un professeur des universités.

d) Un coordonnateur de formation ou coordonnateur régional de formation ou son suppléant, élus au scrutin uninominal majoritaire à un tour et à bulletin secret par l'ensemble des coordonnateurs de formation, coordonnateurs régionaux de formation et enseignants associés réunis en collège par le directeur.

e) Un magistrat délégué à la formation et un directeur de centre de stage, ou leur suppléant, élus au scrutin uninominal majoritaire à un tour et à bulletin secret par l'ensemble des directeurs de centre de stage et des magistrats délégués à la formation réunis en collège par le directeur.

f) Un représentant du personnel ou son suppléant, élus au scrutin uninominal majoritaire à un tour et à bulletin secret par l'ensemble des membres du personnel administratif et technique.

g) Deux représentants des auditeurs de justice de chacune des promotions en cours de formation en deuxième et troisième année, élus au scrutin uninominal majoritaire à un tour et à bulletin secret.
Les membres du conseil d'administration mentionnés au g ne participent pas aux travaux du conseil portant nomination de magistrats délégués à la formation, de directeurs de centre de stage ou de membres de jurys prévus par le présent décret.

Un représentant de chaque syndicat ou organisation professionnelle représentatif à l'égard des magistrats d'après le nombre de voix recueillies lors de l'élection du collège des magistrats, désigné par le garde des Sceaux, ministre de la Justice, sur proposition desdits syndicats ou organisations, et deux représentants des auditeurs de justice de la promotion en cours de formation en première année élus dans les conditions prévues au g siègent au conseil d'administration avec voix consultative. Siègent également au conseil, avec voix consultative, le directeur de l'école, le membre du corps du contrôle général économique et financier et l'agent comptable. Le directeur peut se faire accompagner par toute personne de son choix appartenant au personnel de direction ou d'enseignement de l'école. Le président peut également appeler toute personne de son choix à assister aux délibérations.

Article 5
Les membres mentionnés aux b, c, d, e et f de l'article 4 sont désignés pour quatre ans. En cas de vacance, démission ou toute autre cause, le nouveau membre achève la période de fonction de son prédécesseur. Le mandat des membres de droit et des membres désignés en raison de leurs fonctions cesse avec leurs fonctions.

En cas de démission d'un des membres mentionnés aux d, e, f et g de l'article 4 ou de toute autre cause de vacance, de nouvelles élections sont organisées pour pourvoir le poste vacant.

Le mandat des auditeurs de justice expire au moment de la nomination en qualité de magistrat des auditeurs de la promotion dont ils font partie.

Il cesse de plein droit si les intéressés font l'objet d'une mesure disciplinaire ; dans ce cas, ils ne sont pas rééligibles.

Le mandat des membres du conseil d'administration est gratuit.

Article 6
Les modalités des élections des membres du conseil d'administration mentionnés aux d, e, f et g de l'article 4 ainsi que des auditeurs de justice siégeant au conseil avec voix consultative sont fixées par le règlement intérieur de l'école.

Article 7
Le conseil d'administration se réunit sur la convocation de son président aussi souvent qu'il est nécessaire et au moins deux fois par an.

La convocation du conseil est de droit si elle est demandée par la majorité de ses membres, par le directeur de l'école ou par le garde des Sceaux ministre de la Justice.

L'ordre du jour est fixé par le président, après avis du directeur. En cas de convocation de droit, l'ordre du jour comporte obligatoirement l'examen des questions ayant motivé cette convocation.

Le conseil désigne un secrétaire qui est choisi parmi le personnel de l'école.

Le conseil ne peut valablement délibérer que si la majorité des membres appelés à y siéger sont présents, ou, le cas échéant, représentés. Si le quorum n'est pas atteint, le conseil est convoqué de nouveau dans le délai de quinze jours et peut délibérer valablement si un tiers des membres est présent.

Les décisions sont prises à la majorité des membres présents. En cas de partage égal des voix, celle du président est prépondérante.

Les avis et décisions du conseil font l'objet de procès-verbaux signés par le président et adressés au garde des Sceaux, ministre de la Justice, ainsi qu'à tous les membres du conseil, dans le mois qui suit la date de la séance.
Un membre du conseil d'administration peut donner pouvoir à un autre membre du conseil lorsque lui-même et, le cas échéant, son représentant ou son suppléant sont empêchés de siéger. Aucun membre ne peut recevoir plus de deux pouvoirs.
Les membres du conseil et les personnes appelées à y siéger à titre consultatif sont tenus au secret des délibérations.

Article 8
Le conseil d'administration délibère sur :

1° Les orientations générales de l'école ;
2° Le budget et ses modifications ;
3° Le compte financier et l'affectation des résultats ;
4° Les acquisitions, aliénations et échanges d'immeubles ;
5° Les emprunts, dons et legs ;
6° Les actions en justice et les transactions ;
7° La création de filiales et les conventions conclues entre celles-ci et l'établissement, notamment du point de vue de leur équilibre financier ;
8° Le programme de la formation initiale et de la formation continue ;
9° Le rapport annuel du directeur sur l'activité et le fonctionnement administratif et financier de l'école, avant sa transmission au garde des Sceaux, ministre de la Justice ;
10° Le règlement intérieur de l'école établi par le directeur, avant sa transmission pour approbation au garde des Sceaux, ministre de la Justice ;
Il est obligatoirement consulté sur les règles fixant l'organisation et le fonctionnement de l'établissement.

Sous réserve des dispositions particulières du présent décret, les délibérations du conseil d'administration sont exécutoires un mois après leur transmission au garde des Sceaux, ministre de la Justice, à moins que celui-ci n'y fasse opposition.

Toutefois, les délibérations portant sur le budget et ses modifications, le compte financier et les emprunts sont exécutoires dans les conditions fixées par le décret n° 99-575 du 8 juillet 1999 relatif aux modalités d'approbation de certaines décisions financières des établissements publics de l'État.

Article 9
Le conseil d'administration désigne dans son sein un comité restreint de six membres, dont un auditeur de justice qui participe à toutes les délibérations sauf à celles qui sont relatives aux nominations mentionnées à l'avant-dernier alinéa de l'article 4.

Le conseil d'administration peut déléguer au comité restreint une partie de ses attributions, à l'exception de ce qui concerne le budget annuel, l'approbation des comptes, les programmes des études et le rapport annuel.

Le comité restreint rend compte de ses décisions à la première séance du conseil d'administration.

Chapitre III : Fonctionnement financier

Article 10
L'école est soumise au régime financier et comptable défini par les articles 14 à 25 du décret du 10 décembre 1953 et 151 à 189 du décret du 29 décembre 1962, ainsi que par l'article 60 de la loi de finances pour 1963 relatif à la responsabilité des comptables publics.

Article 11
Les formes et conditions prescrites pour les marchés de l'État s'appliquent aux marchés passés par l'école.

Article 12
Les recettes de l'école comprennent notamment :
1° Les subventions annuelles de l'État ou de toute autre collectivité ;
2° Les produits de l'aliénation des biens, fonds et valeurs ;
3° Les revenus des biens, fonds et valeurs ;
4° Les dons et legs faits au profit de l'établissement ;
5° Le produit des emprunts ;
6° La rémunération des services rendus.

Article 13
Les dépenses de l'école comprennent notamment :
1° Les frais de fonctionnement de l'école ;
2° Les traitements et indemnités des auditeurs de justice et les vacations versés aux étudiants visés à l'article 13-1 ainsi que les bourses attribuées aux élèves des classes préparatoires mentionnés à l'article 17-2 ;
3° Les acquisitions des biens meubles et immeubles ;
4° Les remboursements des emprunts ;
5° Les dépenses afférentes aux cycles préparatoires ;
6° Les dépenses afférentes aux périodes de formation préalable à l'installation dans les fonctions et aux stages probatoires visés respectivement aux articles 25-2 et 25-3 de l'ordonnance du 22 décembre 1958 ;
7° Les dépenses afférentes à la formation probatoire des candidats aux fonctions de magistrat à titre temporaire prévues par l'article 41-12 de l'ordonnance du 22 décembre 1958 ;
8° Les dépenses afférentes aux actions de formation mentionnées au b de l'article 1er-1 ;
9° Les dépenses afférentes aux classes préparatoires mentionnées à l'article 17-2.

Article 13-1
En vue de leur préparation aux concours d'accès à l'École nationale de la magistrature, des étudiants titulaires d'un diplôme national sanctionnant une formation d'une durée au moins égale à deux années d'études après le baccalauréat peuvent participer aux travaux non juridictionnels des cours et tribunaux.

Ils sont désignés par le directeur de l'école sur proposition des chefs des cours d'appel, qui instruisent les candidatures et recueillent l'avis des autorités universitaires dont ils relèvent.

Article 13-2
Les étudiants visés à l'article précédent peuvent percevoir des vacations pour les travaux effectués et en fonction du temps passé, sur décision du directeur de l'École nationale de la magistrature.

Le nombre de vacations est fixé par le directeur de l'école, sur proposition des chefs de la cour d'appel intéressés compétent.

Le taux de chaque vacation et le nombre maximum de vacations allouées à un même bénéficiaire sont fixés par arrêté conjoint du garde des Sceaux, ministre de la Justice, et du ministre chargé du Budget.

Article 13-3
Dans la limite des crédits ouverts à cet effet, le directeur de l'école peut faire appel, pour dispenser des enseignements, pour la réalisation d'études ou d'expertises ou pour tous travaux nécessaires à l'accomplissement des missions qui lui incombent, à des enseignants associés, appartenant ou non à l'administration, qui lui apportent leur concours de façon continue ou intermittente sans renoncer à leur occupation principale.
Ces enseignants associés sont rémunérés sous forme d'indemnités forfaitaires mensuelles dont les modalités d'attribution, les montants ou les taux sont fixés par arrêté conjoint du garde des Sceaux, ministre de la Justice, et des ministres chargés de la Fonction publique et du Budget.
Ils peuvent prétendre au remboursement des frais de transport et de séjour qu'ils sont susceptibles d'engager à l'occasion des déplacements effectués dans le cadre des missions qui leur sont confiées dans les conditions fixées par le décret du 3 juillet 2006 susvisé.

Article 14
Des régies de recettes et de dépenses peuvent être créées par arrêté conjoint du garde des Sceaux, ministre de la Justice et du ministre de l'Économie et des Finances.

Article 14-1
L'École nationale de la magistrature est autorisée à transiger dans les conditions fixées par les articles 2044 à 2058 du Code civil en vue de mettre fin aux litiges l'opposant à d'autres personnes physiques ou morales publiques ou privées. La transaction est conclue par le directeur de l'école et soumise à l'approbation du conseil d'administration de l'école en application de l'article 8.

Article 15
L'École nationale de la magistrature est soumise au contrôle financier institué par le décret du 25 octobre 1935.

Un membre du corps du contrôle général économique et financier, placé sous l'autorité du ministre de l'Économie et des Finances, exerce le contrôle du fonctionnement financier de l'établissement.

Ses attributions sont définies conjointement par arrêté du garde des Sceaux, ministre de la Justice et du ministre de l'Économie et des Finances.

Titre II : Accès à l'école

Article 16
Les premier, deuxième et troisième concours d'accès à l'École nationale de la magistrature prévus par l'article 17 de l'ordonnance du 22 décembre 1958 susvisée sont ouverts chaque année à une date fixée par arrêté du garde des Sceaux, ministre de la Justice.
Nul ne peut se présenter plus de trois fois à chacun des trois concours de l'École nationale de la magistrature.
Le nombre total des places et leur répartition entre les premier, deuxième et troisième concours sont fixés par arrêté du garde des Sceaux, ministre de la Justice. 65 p. 100 au minimum et 77 p. 100 au maximum de ces places sont attribués aux candidats du premier concours, 18 p. 100 au minimum et 25 p. 100 au maximum de ces places sont attribués aux candidats du deuxième concours. 5 p. 100 au minimum et 10 p. 100 au maximum de ces places sont attribués aux candidats du troisième concours.

Pour chaque concours, le jury peut ne pas pourvoir à toutes les places offertes. Toutefois, le président des jurys peut, sur proposition de chaque jury, dans les proportions fixées par l'arrêté d'ouverture des concours, reporter les places non pourvues au titre d'un des trois concours sur l'un ou l'autre des deux autres concours. Les jurys établissent, par ordre de mérite, dans la limite des places offertes par l'arrêté du garde des Sceaux, ministre de la Justice, et compte tenu, le cas échéant, du report des places non pourvues au titre d'un concours, la liste des candidats admis.
Le jury peut, pour chacun de ces concours, établir, par ordre de mérite, une liste complémentaire des candidats aptes à entrer à l'école, dans le cas où des vacances résultant de démission, de déclaration d'inaptitude physique aux fonctions judiciaires, de report de scolarité en application du deuxième alinéa de l'article 40 ou de décès viendraient à se produire. Cette liste reste valable pendant un mois après le début de la scolarité de la promotion issue du concours considéré.
Les modalités d'organisation, les règles de discipline, le programme des épreuves écrites et orales ainsi que les modalités de déroulement et de correction des épreuves des premier, deuxième et troisième concours d'entrée à l'école sont déterminés par arrêté du garde des Sceaux, ministre de la Justice, pris après avis du conseil d'administration de l'école.
Les conditions d'inscription aux premier, deuxième et troisième concours et la liste des candidats admis à y prendre part sont fixées par arrêtés du garde des Sceaux, ministre de la Justice.

Chapitre Ier : Premier concours

Article 17

Le premier concours est ouvert aux candidats âgés de trente et un ans au plus au 1er janvier de l'année du concours. La limite d'âge est reculée de un, deux ou trois ans en faveur des candidats titulaires de l'un des diplômes prévus à l'article 17-1° de l'ordonnance du 22 décembre 1958 susvisée portant loi organique relative au statut de la magistrature à condition qu'ils aient été âgés respectivement de vingt-cinq, vingt-six ou au moins vingt-sept au 1er janvier de l'année de leur première inscription à l'université ou dans un établissement supérieur et qu'ils aient été admis dans les conditions prévues par le décret n° 61-440 du 5 mai 1961 modifié par le décret n° 63-62 du 25 janvier 1963.

Article 17-1

La commission prévue par l'article 16-1° de l'ordonnance du 22 décembre 1958 susvisée émet un avis motivé sur l'équivalence entre les titres ou diplômes délivrés par un État membre de la Communauté européenne et les diplômes français requis par cet article pour l'inscription au premier concours.

Elle établit son appréciation en considération du degré des connaissances et des qualifications que le diplôme présenté, compte tenu de la nature et de la durée des études et des formations pratiques dont il atteste l'accomplissement, permet de présumer chez le titulaire.

Ladite commission comprend :

1° Un magistrat de la Cour de cassation, président ;
2° Deux professeurs des universités ;
3° Un représentant du ministre chargé de l'enseignement supérieur et de la recherche ;
4° Un représentant du ministre de la fonction publique.

Les membres de la commission sont nommés par arrêté du garde des Sceaux, ministre de la Justice, pour une durée de quatre ans. La nomination du membre mentionné au 3° intervient sur proposition du ministre chargé de l'enseignement supérieur et de la recherche. La nomination du membre mentionné au 4° intervient sur proposition du ministre de la fonction publique.

Le titulaire de l'un des titres ou diplômes mentionnés au premier alinéa saisit, en vue de son inscription au concours, la commission qui lui communique son avis motivé.

L'intéressé adresse cet avis à l'École nationale de la magistrature, qui le joint à son dossier de candidature.

Article 17-2

En vue de se présenter au premier concours, les candidats remplissant les conditions de l'article 16 de l'ordonnance du 22 décembre 1958 susvisée peuvent être admis à une classe préparatoire. Ces classes, qui ont pour objet de permettre une diversification de l'accès au corps de la magistrature tenant compte notamment de l'origine géographique et des ressources des candidats ou de leur famille, sont organisées par l'École nationale de la magistrature selon des modalités fixées par un arrêté du garde des Sceaux, ministre de la Justice.

Article 18
Les épreuves du premier concours comprennent des épreuves d'admissibilité et des épreuves d'admission.

Admissibilité :

1° Une composition, rédigée en cinq heures, portant sur une question posée aujourd'hui à la société française dans ses dimensions judiciaires, juridiques, sociales, politiques, historiques, économiques, philosophiques et culturelles (coefficient 5) ;
2° Une composition, rédigée en cinq heures, sur un sujet de droit civil ou de procédure civile (coefficient 3) ;
3° Un cas pratique, rédigé en deux heures, sur un sujet de droit civil ou de procédure civile (coefficient 1) ;
4° Une composition, rédigée en cinq heures, sur un sujet de droit pénal ou de procédure pénale (coefficient 3) ;
5° Un cas pratique, rédigé en deux heures, sur un sujet de droit pénal ou de procédure pénale (coefficient 1) ;
6° Une épreuve d'une durée de deux heures constituée de questions appelant une réponse courte, destinée à évaluer les connaissances des candidats relatives à l'organisation de l'État et de la justice, aux libertés publiques et au droit public (coefficient 2).

Admission :

1° Une note de synthèse, rédigée en cinq heures, à partir de documents se rapportant à des problèmes judiciaires, juridiques ou administratifs (coefficient 4) ;
2° Une épreuve orale de langue anglaise, d'une durée de trente minutes comportant le compte rendu d'un texte, suivi d'une conversation (coefficient 3) ;
3° Une épreuve orale d'une durée de vingt-cinq minutes se rapportant au droit européen et au droit international privé (coefficient 4) ;
4° Une épreuve orale d'une durée de vingt-cinq minutes se rapportant au droit social et au droit commercial (coefficient 4) ;
5° Une épreuve de mise en situation et d'entretien avec le jury (coefficient 6). Cette épreuve comporte successivement :

a) Une mise en situation, d'une durée de trente minutes sans préparation, au cours de laquelle un groupe de candidats analyse un cas concret devant le jury. Les candidats admissibles sont répartis en groupes d'importance égale, comportant au moins trois membres. Le président du jury veille à ce que chaque candidat dispose d'un temps de parole minimum fixé en fonction de la taille du groupe et d'au moins cinq minutes ;

b) Un entretien avec le jury, d'une durée de quarante minutes, comprenant un exposé du candidat sur une question d'actualité posée à la société française ou sur une question de culture générale ou judiciaire, suivi d'une conversation avec le jury portant sur le parcours et la motivation du candidat et sur sa participation à la mise en situation. La conversation s'appuie sur une fiche individuelle de renseignements remplie par le candidat admissible.

Les membres du jury de l'épreuve de mise en situation et d'entretien disposent également de l'avis d'un psychologue établi dans les conditions prévues à l'article 18-1.

Article 18-1
Chaque candidat fait l'objet d'un avis écrit d'un psychologue, établi à partir de tests de personnalité et d'aptitude d'une durée maximum de trois heures passés avant les épreuves d'admission et d'un entretien d'une durée maximum de trente minutes organisé en présence d'un magistrat.

L'avis du psychologue est remis en mains propres au candidat ou lui est notifié par lettre recommandée avec demande d'avis de réception. Il est transmis au président du jury.

Le candidat ou le président du jury peuvent demander, dans un délai de huit jours à compter de la réception de l'avis, un entretien avec un autre psychologue, organisé et notifié dans les mêmes conditions.

Les psychologues qui conduisent les entretiens et les magistrats qui y assistent sont nommés examinateurs spécialisés dans les conditions prévues à l'article 19. Toutefois, ils ne participent pas aux délibérations finales du jury pour l'attribution de la note de l'épreuve de mise en situation et d'entretien.

Le candidat peut demander communication du résultat des tests de personnalité et d'aptitude. Celui-ci est détruit à l'expiration d'un délai deux mois à compter de la publication des résultats du concours.

Article 19

Le jury du premier concours est ainsi composé :

1° Un magistrat hors hiérarchie à la Cour de cassation, président
2° Un conseiller d'État, vice-président ;
3° Un professeur des universités chargé d'un enseignement de droit ;
4° Quatre magistrats de l'ordre judiciaire ;
5° Un avocat ;
6° Un psychologue ;
7° Une personne qualifiée en matière de recrutement ;
8° Une personne choisie en raison de sa compétence dans une profession autre que celles mentionnées aux alinéas précédents.

Les membres du jury sont nommés par arrêté du garde des Sceaux, ministre de la Justice, sur proposition du conseil d'administration. Le vice-président remplace le président dans le cas où il se trouverait dans l'impossibilité de poursuivre sa mission.

Des examinateurs spécialisés peuvent être adjoints au jury par arrêté du garde des Sceaux, ministre de la Justice, au plus tard la veille de l'épreuve pour laquelle ils sont désignés. Ils participent aux délibérations finales du jury avec voix consultative pour l'attribution des notes se rapportant à l'épreuve qu'ils ont évaluée ou corrigée.

Les épreuves écrites sont anonymes. Les épreuves écrites et orales sont notées par deux correcteurs.
La cinquième épreuve d'admission est notée par le président, le vice-président, un des quatre magistrats de l'ordre judiciaire et les membres visés aux 5°, 6°, 7° et 8°.

Chapitre II : Deuxième concours

Article 21

Le deuxième concours est ouvert aux candidats remplissant les conditions définies au 2° de l'article 17 de l'ordonnance du 22 décembre 1958 susvisée, et âgés de quarante ans au plus au 1er janvier de l'année du concours.

Le temps passé au service national, même au-delà de la durée légale, est assimilé aux services précités.

Article 22

Avant de se présenter au deuxième concours, les candidats justifiant de la qualité prévue à l'article 17 (2°) de l'ordonnance du 22 décembre 1958 susvisée peuvent être admis à un cycle préparatoire organisé dans les conditions prévues aux articles 23 à 31.

Article 23

Les candidats aux épreuves d'accès au cycle préparatoire sont groupés en deux séries ; la première comprend les candidats titulaires d'un des diplômes de l'enseignement supérieur dont la liste est fixée par arrêté du garde des Sceaux, ministre de la Justice ; la deuxième comprend les candidats qui ne sont titulaires d'aucun de ces diplômes.
Les épreuves d'accès au cycle préparatoire sont ouvertes aux candidats justifiant qu'ils rempliront, au 1er janvier de l'année du concours auquel prépare le cycle, les conditions d'accès à ce concours.

Les candidats doivent être en fonction à la date de clôture des inscriptions et le demeurer jusqu'à leur entrée éventuelle au cycle préparatoire.

Article 24
Les épreuves pour l'accès au cycle préparatoire comprennent deux épreuves d'admissibilité et une épreuve d'admission.

Admissibilité :

1° La rédaction, en quatre heures, du résumé d'un texte juridique ou d'une note de synthèse sur un dossier de nature juridique (coefficient 2) ;
2° La rédaction, en trois heures, d'un exposé sur une question d'actualité d'ordre social, juridique, politique ou économique. Les candidats ont pour cette épreuve le choix entre trois sujets (coefficient 2).

Admission :

Une conversation de trente minutes avec le jury ayant pour objet d'apprécier l'intelligence que le candidat a de ses fonctions professionnelles et son ouverture d'esprit ; le jury dispose du dossier du candidat.
Les sujets des épreuves sont différents pour chacune des deux séries de candidats.

Les épreuves écrites sont anonymes. Chacune est notée par deux correcteurs, dont au moins un membre du jury.

Article 25
Nul ne peut se présenter plus de trois fois aux épreuves d'accès au cycle préparatoire.

Les modalités d'organisation et les règles de discipline de ces épreuves sont fixées, après avis du conseil d'administration de l'école, par arrêté du garde des Sceaux, ministre de la Justice.

Les conditions d'inscription aux épreuves, les dates auxquelles elles se déroulent, la liste des candidats admis à y prendre part, les modalités de report éventuel des places entre les séries sont fixées par arrêté du garde des Sceaux, ministre de la Justice.

Article 26
Le jury chargé d'apprécier la valeur des épreuves définies à l'article 24 est ainsi composé :

1° Un magistrat hors hiérarchie à la Cour de cassation, président ;
2° Le directeur des services judiciaires, ou un sous-directeur de la direction des services judiciaires, ou un magistrat de cette direction ;
3° Deux magistrats de l'ordre judiciaire ;
4° Un professeur en activité, honoraire ou émérite, des universités chargé ou ayant été chargé d'un enseignement de droit.

Les membres du jury sont nommés par arrêté du garde des Sceaux, ministre de la Justice, sur proposition du conseil d'administration. Le même arrêté désigne le membre du jury appelé à remplacer le président dans le cas où il se trouverait dans l'impossibilité de poursuivre sa mission.

Article 27
Un arrêté du garde des Sceaux, ministre de la Justice, fixe le nombre de places offertes au cycle préparatoire au titre de chacune des deux séries prévues à l'article 23 ci-dessus. Le nombre total des places offertes au cycle préparatoire au titre d'une même année est au plus égal à trois fois le nombre total de places offertes au concours d'entrée à l'École nationale de la magistrature qui a eu lieu au cours de l'année précédente et auquel prépare ce cycle.

À l'issue de ces épreuves, le jury établit par ordre alphabétique, dans la limite des places offertes, la liste des candidats admis au cycle préparatoire dans chacune des deux séries.
Le jury peut dresser une liste complémentaire, par ordre de mérite, comportant les noms des candidats susceptibles d'être admis au cycle préparatoire dans le cas où des vacances résultant de démissions ou de décès viendraient à se produire ou dans le cas où toutes les places offertes au titre de l'autre série ne seraient pas attribuées.

Article 28
Un arrêté du garde des Sceaux, ministre de la Justice, pris sur proposition du jury, prononce l'admission des candidats en qualité de stagiaires du cycle préparatoire à l'École nationale de la magistrature .

Pour les candidats admis au titre de la première série visée à l'article 23 ci-dessus, la durée du cycle préparatoire est fixée à un an.

Pour les autres candidats admis au titre de la seconde série visée à l'article 23 ci-dessus, la durée du cycle préparatoire est fixée à deux ans.

Sur proposition des autorités ayant la responsabilité pédagogique du centre de préparation prévu à l'article 30, le garde des Sceaux, ministre de la Justice, peut mettre fin à la période d'études d'un stagiaire au terme de chacune des années d'enseignement. Cette décision, prise par arrêté, doit être notifiée à l'intéressé un mois au moins avant la clôture de l'année d'enseignement.

Nul ne peut renouveler sa période d'études au cycle préparatoire. Toutefois, dans le cas où, pour motifs graves, la scolarité d'un stagiaire au cycle préparatoire est durablement interrompue, la durée du cycle peut être prolongée d'une année par arrêté du garde des Sceaux, ministre de la Justice, mais sur proposition du jury, sous réserve que l'intéressé remplisse les conditions d'âge pour l'accès au concours auquel prépare le cycle.

Article 29
Les candidats admis au cycle préparatoire sont détachés en qualité de stagiaire du cycle préparatoire s'ils sont fonctionnaires titulaires ; s'ils ne sont pas titulaires, ils sont mis en congé dans leur administration d'origine et affectés en qualité de stagiaire du cycle préparatoire de l'École nationale de la magistrature . Les candidats détachés ou mis en congé sont pris en charge par l'école ; leur situation financière est réglée par décret.

Les stagiaires du cycle préparatoire sont tenus de se présenter au concours auquel prépare le cycle à l'expiration de leur période d'études. Ils peuvent se présenter à ce concours pendant cette période sous réserve qu'ils en remplissent les conditions d'accès.

Article 30
Les dépenses du cycle préparatoire sont prises en charge par l'École nationale de la magistrature . Ce cycle est organisé, par convention passée avec le directeur de l'école, dans des universités, des établissements d'enseignement supérieur ou des centres spécialisés.

Article 31
Les dispositions de l'article 18 s'appliquent au deuxième concours sous réserve des dispositions suivantes :
Pour les épreuves d'admissibilité prévues au 2° et au 4°, le candidat dispose d'un dossier documentaire se rapportant au sujet.

Pour l'épreuve d'admission prévue au 5°, l'exposé du candidat porte sur son expérience professionnelle.

Article 32
Le jury du deuxième concours est celui du premier concours.
Les dispositions des deux derniers alinéas de l'article 19 sont applicables au déroulement des épreuves du deuxième concours.

Chapitre III : Troisième concours

Article 32-1
Le troisième concours est ouvert aux candidats remplissant les conditions définies au 3° de l'article 17 de l'ordonnance du 22 décembre 1958 susvisée et âgés de quarante ans au plus au 1er janvier de l'année du concours.

Le temps passé au service national, même au-delà de la limite légale, n'est pas assimilé au temps d'activité professionnelle visé par l'article 17 (3°) de l'ordonnance du 22 décembre 1958 susvisée.

Article 32-2
Avant de se présenter au troisième concours, les candidats peuvent être admis à un cycle préparatoire. Ce

cycle est organisé dans les conditions prévues par l'article 23, à l'exception du dernier alinéa, les articles 24, 25, 27, 28, 29, alinéa 2, 30, 32-3 et 32-4 du présent décret.

Article 32-3
Le cycle préparatoire prend la forme d'une préparation par correspondance et, le cas échéant, d'un ou de plusieurs stages intensifs.

Article 32-4
Le jury chargé d'apprécier la valeur des épreuves d'accès au cycle préparatoire est celui prévu par l'article 26 du présent décret.

Toutefois, l'un des deux magistrats de l'ordre judiciaire visés au 3° dudit article est remplacé par une personnalité n'appartenant pas à la magistrature et n'exerçant pas ses fonctions dans l'administration publique, et choisie en raison de son expérience professionnelle.

Article 32-5
Les dispositions de l'article 18 s'appliquent au troisième concours sous réserve des dispositions suivantes :

Pour les épreuves d'admissibilité prévues au 2° et au 4°, le candidat dispose d'un dossier documentaire se rapportant au sujet.

Pour l'épreuve d'admission prévue au 5°, l'exposé du candidat porte sur son expérience professionnelle.

Article 32-6
Le jury du troisième concours est celui du premier concours.

Chapitre IV : Recrutement sur titres

Article 33
Les candidats mentionnés à l'article 18-1 de l'ordonnance du 22 décembre 1958 susvisée doivent, pour être admis à l'École nationale de la magistrature , être âgés de trente et un ans au moins et de quarante ans au plus au 1er janvier de l'année en cours.
Les modalités de constitution et d'instruction des dossiers de candidature sont fixées par arrêté du garde des Sceaux, ministre de la Justice, après avis du Conseil d'administration de l'école.

Chapitre V : Dispositions communes

Article 34
Les limites d'âge supérieures prévues aux articles 17, 21, 23, 32-1 et 33 ci-dessus sont reculées du temps passé au service national à titre obligatoire.

Les dispositions législatives et réglementaires dérogeant aux limites d'âge fixées pour l'accès, par voie de concours, aux emplois publics sont applicables aux limites d'âge supérieures susvisées.

Si un candidat que le garde des Sceaux, ministre de la Justice, n'a pas admis à concourir obtient, après le début des épreuves, soit le retrait, soit l'annulation de cette décision, la limite d'âge pour ce candidat est reculée du temps nécessaire pour que le nombre de concours auxquels il lui sera permis de se présenter ne se trouve pas réduit par suite de l'intervention de la décision rapportée ou annulée.

Article 34-1
En ce qui concerne les candidats dont la qualité de handicapé a été reconnue compatible avec l'exercice des fonctions de magistrat, préalablement à leur inscription au concours, dans les conditions prévues aux articles L. 323-9 à L. 323-12 du Code du travail[18], le président du jury pourra, par décision motivée pour chaque candidat et concernant chacune des épreuves écrites ou orales prévues aux articles 18, 24, 31, 32-

18. Aujourd'hui articles L. 5211-1 et suivants du Code du travail.

2, 32-5 et 36 du présent décret, leur accorder sur leur demande un temps supplémentaire ou des modalités particulières de préparation ou d'exécution. Ce temps ne pourra excéder le tiers de celui dont disposent les autres candidats.

La demande est adressée au président du jury huit jours au moins avant le début des épreuves. Elle est accompagnée de tout document justifiant du besoin de temps supplémentaire ou de modalités particulières mentionnés au premier alinéa.

Les procès-verbaux des concours porteront mention expresse du temps supplémentaire ou des modalités particulières accordées à chaque candidat pour chaque épreuve.

Article 35
Pour l'appréciation des différentes épreuves, les notes s'échelonnent de 0 à 20. Chaque note est multipliée par le coefficient affecté à l'épreuve correspondante.

Pour la cinquième épreuve d'admission, toute note inférieure à cinq sur vingt est éliminatoire.

Article 36
En subissant une épreuve orale portant sur une langue étrangère autre que celle qui a fait l'objet de l'épreuve obligatoire de la langue anglaise, les candidats au premier, au deuxième et au troisième concours l'accès à l'École nationale de la magistrature peuvent obtenir des points supplémentaires lorsque la note attribuée pour cette épreuve est supérieure à la moyenne ; le nombre des points supplémentaires est limité à cinq (coefficient 2).
Cette épreuve est de même nature et de même durée que l'épreuve d'admission prévue au 2° de l'article 18.

La liste des langues étrangères qui peuvent être choisies par les candidats est établie par arrêté du garde des Sceaux, ministre de la Justice.

Article 37
Nul ne peut être nommé plus de trois fois membre d'un jury de concours d'accès à l'École nationale de la magistrature et plus de quatre fois examinateur spécialisé.

Ne peut être nommée membre d'un jury de concours d'accès à l'École nationale de la magistrature et d'examinateur spécialisé une personne occupant l'une des positions et fonctions suivantes :

a) Détachement à l'École nationale de la magistrature dans des fonctions de direction et d'enseignement ;
b) Enseignant associé ;
c) Enseignant dans un établissement public ou privé assurant une préparation des candidats aux concours d'accès à l'école, jusqu'à l'expiration d'un délai de trois ans suivant la cessation de ces fonctions.

Article 38
À la fin des épreuves, le président de chaque jury adresse un rapport au conseil d'administration de l'École nationale de la magistrature .

Titre III : Formation professionnelle assurée par l'École nationale de la magistrature

Chapitre Ier : Dispositions générales

Article 40
Les auditeurs de justice recrutés au titre de l'article 17 de l'ordonnance n° 58-1270 du 22 décembre 1958 modifiée susvisée sont affectés à l'École nationale de la magistrature . La durée de leur formation est de trente et un mois.
Lorsque, pour un motif légitime, un candidat déclaré admis aux concours d'accès à l'école ou nommé directement auditeur de justice sur le fondement de l'article 18-1 de l'ordonnance du 22 décembre 1958 susvisée se trouve dans l'impossibilité de débuter la scolarité, il peut faire l'objet, sur sa demande, d'un report de scolarité jusqu'à la rentrée de la promotion suivante, accordé par arrêté du garde des Sceaux, ministre de la Justice. Lorsque le motif de cette demande est tiré de l'état de santé du candidat, le médecin de prévention est consulté.

Le temps de scolarité des auditeurs recrutés au titre de l'article 18-1 de l'ordonnance du 22 décembre 1958 susvisée peut être réduit dans les conditions prévues par le règlement intérieur, sans que cette réduction puisse excéder le tiers de la durée de la scolarité normale.
Le régime de la scolarité ainsi que les conditions d'évaluation de chacune des deux catégories d'auditeurs de justice mentionnées aux premier et troisième alinéas, sont fixés par le règlement intérieur.

Article 40-1
L'enseignement dispensé à l'école est structuré en pôles de formation, dont la liste est établie par le directeur, après avis du conseil d'administration.

Chaque pôle de formation est supervisé par un doyen des enseignements, désigné par le directeur de l'école pour une période d'un an renouvelable, dans les conditions prévues par l'article 13-3.

Le doyen des enseignements définit, après avis des enseignants du pôle, les orientations et les modalités de la mise en œuvre des objectifs pédagogiques qui ont été définis par le directeur de l'école après avis conforme du conseil d'administration. Il contribue aux enseignements et à l'élaboration des activités pédagogiques.

Article 41
L'enseignement est dispensé à l'école par :
1° Des coordonnateurs de formation à l'École nationale de la magistrature nommés par application des dispositions du décret n° 99-1073 du 21 décembre 1999 régissant les emplois de l'École nationale de la magistrature ;
2° Des enseignants associés recrutés dans les conditions prévues à l'article 13-3, sans excéder le quart du volume horaire de l'activité des coordonnateurs de formation visés au 1° du présent article ;
3° Des intervenants occasionnels auxquels le directeur de l'école peut faire appel occasionnellement et qui sont rémunérés à la vacation.
Des fonctions pédagogiques peuvent également être exercées à l'école par des coordonnateurs régionaux de formation affectés dans l'une des cours d'appel dont la liste est établie par le directeur de l'école après avis du conseil d'administration.

Les autres fonctions entrant dans les missions énumérées à l'article 1er peuvent également être exercées par des chargés de mission.

Ces personnels sont nommés dans les conditions prévues par le décret précité du 21 décembre 1999.
Les coordonnateurs de formation, les coordonnateurs régionaux de formation et les enseignants associés constituent un collège, représenté auprès de la direction par les deux membres du conseil d'administration visés au d de l'article 4. Ce collège contribue par ses avis à l'élaboration et à la mise en œuvre des programmes de formation des auditeurs de justice et des magistrats.
Le règlement intérieur de l'école fixe les modalités de fonctionnement du collège.

Article 41-1
Le directeur de l'école, sur avis conforme du conseil d'administration, désigne pour trois ans :

1° A la Cour de cassation, après avis du premier président et du procureur général, un ou plusieurs magistrats délégués à la formation qui remplissent les missions que leur confie l'école pour les questions intéressant le recrutement et la formation des magistrats ;
2° Dans chaque cour d'appel où un coordonnateur régional de formation n'est pas affecté, après avis du premier président et du procureur général, un ou plusieurs magistrats délégués à la formation qui remplissent les missions que leur confie l'école pour les questions intéressant, dans le ressort de cette cour, le recrutement et la formation continue des magistrats.

Il peut désigner, dans les conditions fixées au premier alinéa et après avis des chefs de la cour d'appel, au sein d'un tribunal de grande instance, un directeur de centre de stage qui remplit, dans le ressort de ce tribunal, les missions de recrutement et de formation qui lui sont confiées par l'École nationale de la magistrature.

Les magistrats délégués à la formation et les directeurs de centre de stage informent régulièrement de leurs activités les chefs des juridictions auxquelles ils appartiennent.

Chapitre II : Conseil pédagogique

Article 42
Le conseil pédagogique assiste le directeur dans sa mission pédagogique.

Il contribue, par ses avis qui sont transmis au conseil d'administration, à la définition des grandes orientations pédagogiques, à l'élaboration et à la mise en œuvre des programmes de formation initiale et continue et à l'évaluation de la pédagogie.

Les dispositions du règlement intérieur relatives au régime de la scolarité et aux conditions d'évaluation des auditeurs de justice sont également établies après avis du conseil pédagogique.

Article 43
Le conseil pédagogique comprend :

1° Le directeur de l'école, président ;
2° Le directeur adjoint chargé des recrutements, de la formation initiale et de la recherche, nommé par application du décret n° 99-1073 du 21 décembre 1999 modifié régissant les emplois de l'École nationale de la magistrature ;
3° Le directeur adjoint chargé de la formation continue, de l'international et de la formation professionnelle spécialisée, nommé par application du même décret ;
4° Une personnalité qualifiée, nommée par arrêté du garde des Sceaux ;
5° Deux doyens d'enseignements ;
6° Deux coordonnateurs de formation ;
7° Un enseignant associé ;
8° Un coordonnateur régional de formation ;
9° Deux auditeurs de justice.

Le règlement intérieur de l'école fixe les modalités de désignation des membres mentionnés aux 5° à 9°.

Le président peut appeler toute personne de son choix à assister aux réunions du conseil pédagogique.

En cas d'absence ou d'empêchement du directeur de l'école, le conseil pédagogique est présidé par le directeur adjoint qu'il désigne à cet effet.

Article 44
Le conseil pédagogique se réunit en séance plénière sur convocation de son président une fois par an au moins.

Chapitre III : Déclaration d'aptitude et classement des auditeurs de justice

Article 45
La déclaration d'aptitude et la liste de classement prévues à l'article 21 de l'ordonnance du 22 décembre 1958 susvisée sont établies par un jury qui est ainsi composé :
1° Un magistrat hors hiérarchie à la Cour de cassation, président ;
2° Un directeur, chef de service ou sous-directeur au ministère de la Justice ou un membre de l'inspection générale des services judiciaires, vice-président ;
3° Un maître des requêtes au Conseil d'État ou un conseiller référendaire à la Cour des comptes ;
4° Trois magistrats de l'ordre judiciaire ;
5° Deux professeurs des universités chargés d'un enseignement de droit ;
6° Un avocat ou un avocat honoraire.
Les membres du jury sont nommés par arrêté du garde des Sceaux, ministre de la Justice, sur proposition du conseil d'administration.
Des examinateurs spécialisés peuvent être adjoints au jury par arrêté du garde des Sceaux, ministre de la Justice, au plus tard la veille de l'épreuve pour laquelle ils sont désignés. Ils ne participent pas aux délibérations finales du jury pour l'attribution de la note se rapportant à l'épreuve qu'ils ont évaluée ou corrigée.

Nul ne peut être nommé plus de trois fois membre du jury.

Ne peuvent être nommées membre du jury les personnes occupant les positions ou fonctions suivantes :

a) Membre du jury des concours d'accès à l'École nationale de la magistrature dont est issue la promotion d'auditeurs de justice soumise au classement ;
b) Détachement à l'école dans des fonctions de direction et d'enseignement, jusqu'à l'expiration d'un délai de trois ans suivant la fin du détachement
c) Enseignant associé, jusqu'à l'expiration d'un délai de trois ans suivant la cessation de ces fonctions ;
d) Magistrat délégué à la formation ou directeur de centre de stage, jusqu'à l'expiration d'un délai de trois ans suivant la cessation de ces fonctions.

Article 46
Le classement est établi compte tenu :
1° De la note d'études, affectée du coefficient 3 ;
2° De la note de stage juridictionnel, affectée du coefficient 3 ;
3° De la note de l'examen institué à l'article suivant, affectée du coefficient 6.
Les notes visées aux 1°, 2° et 3° s'échelonnent de 0 à 20 et sont attribuées selon les modalités définies par le règlement intérieur.
Pour les auditeurs de justice recrutés au titre de l'article 18-1 de l'ordonnance du 22 décembre 1958, les modalités d'attribution de la note d'études tiennent compte de la réduction de scolarité visée à l'article 40.

Article 47
Les épreuves de classement comprennent :

1° La rédaction en six heures d'une décision de droit civil (coefficient 1, 5) ;
2° La rédaction en six heures d'un réquisitoire définitif (coefficient 1, 5) ;
3° Un entretien d'une durée de quarante minutes avec des membres du jury (coefficient 3) comportant :

a) Un exposé de l'auditeur de justice d'une durée de quinze minutes, à partir d'un dossier qu'il choisit parmi ceux dont il a eu à connaître à l'occasion de sa formation, portant sur une question relative au rôle et au fonctionnement de l'institution judiciaire, au statut et à la place du magistrat ou à la place du justiciable ;
b) Une analyse par l'auditeur de justice d'un cas pratique portant sur une question de déontologie, d'une durée de dix minutes ;
c) Une conversation de quinze minutes avec le jury portant notamment sur l'expérience acquise par l'auditeur au cours de sa scolarité ;
Les auditeurs de justice disposent de trente minutes pour la préparation de cette épreuve ;

4° Un test de langue anglaise, permettant aux auditeurs de justice d'obtenir des points supplémentaires, dans la limite de cinq, dont les modalités sont précisées par le règlement intérieur (coefficient 1).

Chacune des épreuves prévues aux 1° à 3° est notée de 0 à 20.

Chaque épreuve écrite prévue aux 1° et 2° est notée par un des membres visés au 4° et un des membres visés au 5° de l'article 45 désignés dans l'arrêté qui les nomme. L'épreuve orale prévue au 3° du présent article est notée par les membres visés aux 1°, 2°, 3° et 6° et par un des membres visés au 4° du même article désignés dans l'arrêté qui les nomme.

Les dispositions de l'article 34-1 sont applicables aux épreuves prévues par le présent article.

Article 48
Le jury arrête les notes obtenues par les auditeurs aux épreuves prévues à l'article 47 ci-dessus.
Il prend ensuite connaissance des notes d'études et de stage.
Il se prononce en premier lieu sur l'aptitude de chaque auditeur à exercer, à la sortie de l'école, les fonctions judiciaires, après avis motivé du directeur de l'école et au vu du rapport du coordonnateur régional de formation sur l'aptitude de l'auditeur de justice à exercer les fonctions judiciaires, établi dans les conditions prévues dans le règlement intérieur, ainsi que du rapport du directeur de centre de stage sur le stage juridictionnel.

Ces rapports sont notifiés à l'auditeur de justice, qui peut faire des observations qui sont alors transmises au jury.

Il en est de même de l'avis du directeur de l'école, lorsque celui-ci conclut à une déclaration d'inaptitude, à des recommandations, à des réserves ou au renouvellement d'une année d'études.
Il détermine alors le total des points obtenus par chaque auditeur arrête par ordre de mérite d'après le total des points obtenus par chacun, la liste de classement prévue à l'article 21 de l'ordonnance du 22 décembre 1958 susvisée.
Si deux ou plusieurs auditeurs ont obtenu le même total de points au classement, l'auditeur ayant obtenu la meilleure note de stages est classé en premier. En cas de nouvelle égalité, l'auditeur ayant obtenu la meilleure note d'études est classé en premier. En cas de nouvelle égalité, le jury statue au vu du dossier de chacun des auditeurs concernés, le cas échéant, après les avoir entendus.
Le président du jury établit après les épreuves de classement un rapport qu'il adresse au conseil d'administration.

Article 49
La décision d'écarter un auditeur de justice de l'accès aux fonctions judiciaires ou de lui imposer le renouvellement d'une année d'études prévue à l'article 21 de l'ordonnance du 22 décembre 1958 susvisée est portée à la connaissance de l'intéressé, au cours d'un entretien individuel avec le président ou un membre du jury désigné par lui.
La recommandation et, le cas échéant, les réserves prévues à l'article 21 de l'ordonnance du 22 décembre 1958 susvisée sont adressées par le jury au garde des Sceaux, ministre de la Justice. Le directeur de l'école en reçoit copie.
Le président ou un membre du jury désigné par lui remet à chaque auditeur de justice la recommandation et, le cas échéant, les réserves qui le concernent. En cas d'impossibilité, elles sont notifiées par lettre recommandée avec demande d'avis de réception.
Les auditeurs de justice peuvent formuler des observations sur ces recommandations et réserves tant qu'ils n'ont pas fait connaître au garde des Sceaux, ministre de la Justice, le poste auquel ils souhaitent être nommés conformément à l'article 26 de l'ordonnance du 22 décembre 1958 susvisée.
Les observations sont adressées, sous couvert du directeur de l'école, au garde des Sceaux, ministre de la Justice.

Chapitre IV : Stage en juridiction des candidats à l'intégration directe dans le corps judiciaire et des candidats admis aux concours prévus par l'article 21-1 de l'ordonnance du 22 décembre 1958

Article 49-1
Le directeur de l'École nationale de la magistrature décide, en tenant compte des préférences exprimées par le candidat, de la date et du lieu du stage prévu par les articles 21-1 et 25-3 de l'ordonnance du 22 décembre 1958 susvisée, ainsi que des conditions dans lesquelles ce stage sera organisé.
Le bilan du stage établi par le directeur de l'École nationale de la magistrature comprend le rapport de synthèse du coordonnateur régional de formation compétent dans le ressort de la cour d'appel où le stage s'est déroulé, rédigé sur la base des appréciations portées par les maîtres de stage et le directeur de centre de stage, auquel le directeur de l'école joint son avis motivé. Ce bilan est remis au jury prévu à l'article 21 de l'ordonnance du 22 décembre 1958 susvisée dans le délai d'un mois suivant la date de fin de stage.
Après entretien avec le candidat, le jury transmet à la commission prévue à l'article 34 de l'ordonnance du 22 décembre 1958 susvisé son avis sur l'aptitude de celui-ci à exercer les fonctions judiciaires, accompagné du bilan de stage.

Chapitre V : Formation continue des magistrats

Article 50
L'École nationale de la magistrature assure l'exercice par les magistrats de leurs obligations de formation continue selon les modalités définies aux articles suivants et au règlement intérieur.
Tout magistrat suit chaque année au moins cinq jours de formation.
Tout magistrat nommé à des fonctions qu'il n'a jamais exercées auparavant suit en outre, dans les deux mois qui suivent son installation, la formation à la prise de fonctions correspondante.

Article 51
Le programme annuel des différentes actions nationales de formation continue proposées aux magistrats est arrêté par le conseil d'administration sur proposition du directeur de l'École nationale de la magistrature.
Des actions de formation continue déconcentrée peuvent être organisées à l'intention des magistrats d'une ou plusieurs juridictions d'un ressort de cour d'appel et des magistrats de la Cour de cassation. Ces

actions de formation sont organisées dans la limite des crédits prévus chaque année à cette fin par l'École nationale de la magistrature, et selon les conditions fixées à l'article 51-2.

Chaque année, le directeur présente un rapport sur l'exécution du programme national de formation, ainsi que sur celle des actions de formation continue déconcentrée.

Article 51-1
Les magistrats adressent chaque demande de participation aux actions nationales de formation à l'École nationale de la magistrature ainsi qu'une copie à l'autorité chargée de l'évaluation de l'activité professionnelle, qui peut faire connaître, dans le délai de quinze jours, son avis à l'école sur les besoins de formation du magistrat tels qu'ils ont été éventuellement définis dans le cadre de la procédure d'évaluation dont celui-ci a fait l'objet. Les magistrats sont appelés à participer à ces actions par décision du directeur de l'école. La désignation des participants à chaque action est effectuée en tenant compte des vœux exprimés par les magistrats, des formations antérieurement suivies ainsi que des fonctions exercées.
L'École nationale de la magistrature informe de sa décision les intéressés et les chefs de cour ou les chefs de service.
La formation continue des magistrats exerçant des fonctions dans les DOM et les TOM est assurée prioritairement à l'occasion de leurs congés en métropole, la durée de la formation s'ajoutant à celle des congés.

Article 51-2
Il est institué à la Cour de cassation ainsi que dans chaque cour d'appel un conseil de la formation continue déconcentrée des magistrats, présidé conjointement par le premier président de la Cour de cassation et le procureur général près ladite cour ou par les chefs de la cour d'appel et dont le secrétariat est assuré par le ou les magistrats délégués à la formation ou par le coordonnateur régional de formation. Un arrêté du garde des Sceaux, ministre de la Justice, définit la composition et les modalités de fonctionnement de ce conseil.

Sur proposition du ou des magistrats délégués à la formation ou du coordonnateur régional de formation et après approbation par le conseil de la formation continue déconcentrée, le premier président de la Cour de cassation et le procureur général près ladite cour arrêtent l'état prévisionnel, établi suivant un ordre de priorité, des besoins et des actions de formation continue déconcentrée des magistrats et l'adressent à l'école. Les chefs de cour d'appel établissent et adressent à l'école dans les mêmes conditions l'état prévisionnel relatif aux magistrats de leur ressort.

Au vu des états prévisionnels et de l'évaluation faite par l'école des actions de formation continue réalisées au cours des années précédentes, le conseil d'administration arrête, sur proposition du directeur, la répartition des crédits qui sont réservés au titre d'une année à la Cour de cassation et à chaque cour d'appel pour les besoins de la formation continue déconcentrée.
Le ou les magistrats délégués à la formation ou le coordonnateur régional de formation organisent les actions de formation continue déconcentrée en tenant compte des priorités fixées par le conseil de la formation continue déconcentrée.

Article 51-3
L'accès à des actions organisées dans le cadre de la formation continue des magistrats peut être ouvert à d'autres personnes intéressées par décision du directeur de l'école.

La direction et l'animation des actions de formation continue sont confiées à des personnes ou organismes qualifiés, par décision du directeur de l'école.

Ces actions peuvent être organisées, le cas échéant, sous la forme du partenariat.

Titre IV : Des auditeurs de justice

Chapitre Ier : Dispositions générales

Article 52
Les auditeurs de justice sont assimilés aux magistrats pour l'application des articles 8, 9, 10 et 11 de l'ordonnance du 22 décembre 1958 susvisée. Les dérogations prévues au deuxième alinéa de l'article 8 sont accordées par le directeur de l'école.

Les auditeurs de justice sont également assimilés aux magistrats, sous réserve des dispositions de l'article suivant, pour l'application de l'article 34 de la loi n° 84-16 du 11 janvier 1984 relative au statut général des fonctionnaires.

Article 52-1
Quand, pour un motif légitime, la scolarité d'un auditeur de justice a été ou doit être interrompue pendant au moins trois mois, le directeur de l'école peut l'autoriser à poursuivre ou renouveler tout ou partie de sa scolarité en même temps que les auditeurs de la promotion suivante. Lorsque le motif de l'interruption est tiré de l'état de santé du candidat, le médecin de prévention est consulté.

À compter de la date à laquelle ses droits statutaires à congés sont épuisés, l'auditeur est placé en position de congé sans traitement jusqu'à la reprise de sa scolarité.

Les notes obtenues par l'auditeur pendant la période de renouvellement se substituent aux notes initialement obtenues pendant la période correspondante.

Article 53
Les dispositions des articles 6, 19, 21, 22, 23, 24 et 25 du décret du 7 octobre 1994 susvisé fixant les dispositions communes aux stagiaires de l'État et de ses établissements publics sont applicables aux auditeurs de justice.
Les mesures prévues par les articles 19, alinéa 2, et 24, alinéa 2, du décret du 7 octobre 1994 précité susvisé sont prises à l'égard des auditeurs de justice après consultation du comité ou de la commission prévus à l'alinéa suivant.
Pendant la durée de leur scolarité fixée par l'article 40, sont compétents à l'égard des auditeurs de justice :
1° Le comité médical de l'école, composé des membres du comité médical du département de la Gironde institué par l'article 6 du décret du 14 mars 1986 susvisé ;
2° La commission de réforme de l'école, composée comme suit :
a) Le directeur de l'école ou son représentant, président ;
b) Le membre du corps du contrôle général économique et financier ou son représentant ;
c) Deux représentants titulaires des auditeurs de justice, ou leurs suppléants, élus dans les conditions prévues par le règlement intérieur ;
d) Les membres du comité médical prévu ci-dessus.
Le secrétariat du comité médical et de la commission de réforme est assuré par un médecin inspecteur de la santé désigné à cet effet.

Article 54
L'emploi d'auditeur de justice ne comporte qu'un échelon.

Article 55
Les auditeurs ayant la qualité de fonctionnaire à la date de leur entrée à l'école sont détachés par leur administration durant tout le temps de leur scolarité.

Si la rémunération perçue par ces agents par application de l'article 18 de l'ordonnance du 22 décembre 1958 susvisée est inférieure au montant du traitement dont ils auraient bénéficié dans leur administration d'origine, soit au moment de leur entrée à l'école, soit par suite des avancements dont ils font postérieurement l'objet dans cette administration, ils perçoivent une indemnité compensatrice d'un montant égal à la différence des rémunérations afférentes, d'une part, à leur grade et échelon dans leur corps d'origine et, d'autre part, à l'échelon correspondant à l'emploi l'auditeur de justice.

La rémunération perçue dans le corps d'origine et prise en compte pour le calcul de cette indemnité est uniquement le traitement budgétaire soumis à retenue pour pension.

Article 56
Préalablement aux épreuves prévues à l'article 47 ci-dessus, les auditeurs de justice doivent signer l'engagement d'accomplir au moins dix années de fonctions en qualité de magistrat.

L'auditeur qui n'accomplit pas ces dix années de fonctions est tenu au remboursement des rémunérations qu'il a perçues au cours de sa scolarité au prorata de la durée des services dont il devrait justifier pour achever la période de dix ans. Il peut être dispensé de cette obligation par arrêté du garde des Sceaux, ministre de la Justice.

Article 57
L'auditeur qui, pour quelques motifs que ce soit, ne termine pas sa scolarité, ne peut se prévaloir de la qualité d'ancien auditeur de justice.

Il doit rembourser le montant des rémunérations qu'il a perçues au cours de sa scolarité ; il peut être dispensé de cette obligation par arrêté du garde des Sceaux, ministre de la Justice, pris sur proposition du directeur de l'école et après avis du conseil d'administration.

Toutefois, l'auditeur à la scolarité duquel il est mis fin pour cause d'inaptitude physique dans les conditions prévues à l'article 53 est dispensé de rembourser le montant des rémunérations qu'il a perçues ; la qualité d'ancien auditeur de justice peut lui être attribuée par décision du directeur de l'école après avis favorable du conseil d'administration.

L'auditeur qui ne figure pas sur la liste de classement n'est soumis à l'obligation de rembourser que sur décision du garde des Sceaux, ministre de la Justice, prise sur proposition du directeur de l'école et après avis du conseil d'administration.

Article 58
Le bénéfice de l'article 2 de la loi de finances du 26 février 1887, de l'article 12 de la loi de finances du 30 mars 1888 et de l'article 150 de la loi de finances du 29 avril 1926 est étendu aux auditeurs de justice.

Chapitre II : Discipline des auditeurs de justice

Article 59
Tout manquement d'un auditeur de justice aux devoirs de son état et, notamment, aux obligations qui résultent de son serment, du présent décret et du règlement intérieur de l'École nationale de la magistrature , peut donner lieu à une sanction disciplinaire.

Article 60
Les sanctions disciplinaires applicables aux auditeurs sont :

1° L'avertissement ou le blâme ;
2° L'exclusion temporaire pour une durée d'un mois au plus, avec ou sans retenue de tout ou partie du traitement ;
3° L'exclusion définitive.

Le blâme et l'exclusion temporaire intervenant au cours des stages dans les juridictions peuvent en outre motiver le changement d'affectation de l'auditeur intéressé.

Article 61
Les sanctions disciplinaires sont prononcées par arrêté du garde des Sceaux, ministre de la Justice, après avis du conseil de discipline.

Toutefois, l'avertissement et le blâme peuvent être prononcés par le directeur de l'école et sans l'avis du conseil de discipline.

Article 62
Aucune des sanctions disciplinaires ne peut être prononcée sans que l'auditeur de justice n'ait été convoqué, mis en mesure de prendre connaissance de son dossier et d'être personnellement entendu en ses explications.

L'auditeur de justice poursuivi peut se faire assister par un membre du corps judiciaire ou un avocat.

Article 63
Le conseil de discipline est composé :

1° Du président ou, en cas d'empêchement, du vice-président du conseil d'administration, président ;
2° Du directeur des services judiciaires au ministère de la Justice ou de son représentant :
3° Du directeur de l'École nationale de la magistrature ;

4° D'un directeur de centre de stage et d'un magistrat enseignant à l'école, désignés pour un an ;
5° De deux auditeurs de justice, désignés dans les conditions prévues par le règlement intérieur, pour la durée de leur délégation parmi les délégués de la promotion à laquelle appartient l'auditeur intéressé.

Les membres visés aux 4° et 5°, ci-dessus sont choisis chaque année par le conseil d'administration au cours de sa première réunion suivant l'élection des délégués de promotion. Ils sont remplacés, en cas de vacance, par décision spéciale du conseil d'administration.

Article 64
Le conseil de discipline ne peut valablement délibérer que s'il réunit au moins cinq de ses membres. Il statue à la majorité ; en cas de partage égal des voix, celle du président est prépondérante.

Article 65
En cas de faute grave de nature à entraîner des poursuites disciplinaires, le directeur de l'école peut immédiatement suspendre un auditeur et lui interdire l'accès de l'école jusqu'à la décision définitive.

Titre V : Dispositions diverses

Article 67
Le premier conseil d'administration et la première commission pédagogique instituée en application du présent décret entreront en fonction au cours du deuxième mois qui suivra la publication du présent décret.

Les élections des auditeurs de justice à ce conseil d'administration auront lieu au cours du mois qui suivra la publication du présent décret. Deux auditeurs seront élus en son sein par la promotion entrée à l'école en janvier 1972 et les deux autres auditeurs par les autres promotions, parmi ceux achevant leur scolarité en mai 1973.

Article 68
Les limites d'âge supérieures prévues aux articles 21 et 23 sont reculées de trois ans pour les concours qui seront ouverts en 1972, 1973 et 1974.
Article 68-1
La limite d'âge supérieure prévue à l'article 21 est reculée de trois ans pour les concours qui seront ouverts en 1975 et 1976.

Article 69
Le décret n° 59-83 du 7 janvier 1959 et le décret n° 59-653 du 16 mai 1959 sont abrogés.

Toutefois, les épreuves du premier et du second concours qui seront organisés en 1972 seront celles qui sont prévues par le décret n° 59-83 du 7 janvier 1959, précité.

Article 70
Le garde des Sceaux, ministre de la Justice, le ministre de l'Économie et des Finances, le secrétaire d'État auprès du Premier ministre, chargé de la fonction publique, et le secrétaire d'État auprès du ministre de l'Économie et des Finances, chargé du Budget, sont chargés, chacun en ce qui le concerne, de l'exécution du présent décret, qui sera publié au *Journal officiel de la République française.*

Annexe III
Réglement intérieur de l'École nationale de la magistrature

Application des dispositions du décret n° 72-355 du 4 mai 1972 relatif à l'École nationale de la magistrature

TITRE I : ORGANISATION GÉNÉRALE

Chapitre 1 - Le conseil d'administration

Article 1
L'École adresse, par tous moyens, aux membres du conseil d'administration les documents nécessaires à l'étude des points mis à l'ordre du jour quinze jours ouvrables, sauf circonstances particulières, avant la date de la réunion.

Les documents remis à l'occasion du conseil d'administration sont confidentiels.

Article 2
Le coordonnateur de formation ou le coordonnateurs régional de formation mentionné au d) de l'article 4 du décret n° 72-355 du 4 mai 1972 et son suppléant sont élus pour quatre ans au scrutin uninominal majoritaire à un tour et à bulletin secret par l'ensemble des coordonnateurs de formation, des coordonnateurs régionaux de formation et des enseignants associés réunis en collège par le directeur.

Article 3
Le magistrat délégué à la formation et le directeur de centre de stage mentionnés au e) de l'article 4 du décret n° 72-355 du 4 mai 1972 et leurs suppléants sont élus pour quatre ans au scrutin uninominal majoritaire à un tour et à bulletin secret par l'ensemble des directeurs de centre de stage et des magistrats délégués à la formation réunis en collège par le directeur.

Article 4
Le représentant du personnel au conseil d'administration mentionné au f) de l'article 4 du décret n° 72-355 du 4 mai 1972 et son suppléant sont élus pour quatre ans au scrutin uninominal majoritaire à un tour et à bulletin secret par l'ensemble des membres du personnel administratif et technique réunis en collège par le directeur.

Article 5
Les auditeurs de justice mentionnés au g), ainsi que ceux mentionnés au dernier alinéa de l'article 4 du décret n° 72-355 du 4 mai 1972 sont élus au scrutin uninominal majoritaire à un tour et à bulletin secret par l'ensemble des auditeurs de justice d'une même promotion réunis en collège par le directeur durant le premier mois de la scolarité de la promotion.

Article 6
Ces collèges sont convoqués par le directeur en vue de ces élections, trois semaines au moins avant le scrutin. Pour les représentants des auditeurs de justice ce délai est de trois jours.

Les candidatures doivent être déposées auprès du directeur huit jours au moins avant le scrutin. Pour les représentants des auditeurs de justice ce délai est de trois jours. Le bureau de vote est composé du directeur ou son représentant, président, ainsi que du plus jeune et du plus âgé des membres de chaque collège.

Le vote par procuration est admis. Nul ne peut recevoir plus de deux procurations. Il est dressé un procès-verbal de chaque élection.

Sont déclarés élus les deux candidats ayant obtenu le plus grand nombre de voix. Sauf pour les auditeurs de justice, le candidat ayant obtenu le plus grand nombre de voix est élu titulaire.
En cas d'égalité de voix, il est procédé à un tirage au sort.

Les membres visés aux d), f) et g) de l'article 4 du décret du 4 mai 1972 précité, élus dans les conditions ainsi définies, représentent le collège dont ils sont issus auprès de la direction de l'École.

Toutefois, en cas de vacance des deux membres visés au d) de l'article 4 du décret du 4 mai 1972, la représentation des coordonnateurs de formation, coordonnateurs régionaux de formation et enseignants associés est assurée par le plus âgé des coordonnateurs de formation et des coordonnateurs régionaux de formation.

Article 7
Les procès-verbaux rendent compte des avis et délibérations du conseil d'administration prévus aux articles 7 et 8 du décret n° 72-355 du 4 mai 1972. Un relevé de décisions est établi pour être porté à la connaissance des personnels de l'École et des membres du corps judiciaire par une diffusion sur le site intranet de l'École.

Article 8
En application de l'article 7 du décret n° 72-355 du 4 mai 1972, les membres du conseil et les personnes appelées à y siéger à titre consultatif sont tenus au secret des délibérations. Cependant, les membres du conseil d'administration qui le souhaitent peuvent demander à faire annexer au relevé de décisions des observations écrites.

Chapitre 2 : La direction

Article 9
Le directeur assure, dans les conditions prévues aux articles 2 et 3 du décret du 4 mai 1972 susvisé, le fonctionnement des différents services de l'École, la discipline intérieure, l'organisation matérielle et l'affectation des locaux. Il prend toutes mesures nécessaires à la sécurité et à la sûreté de l'École.

Article 10
Afin de répondre aux missions définies à l'article 1-1 du décret n° 72-355 du 4 mai 1972, il définit l'organisation des services en fixant notamment les périmètres de compétences des sous directions et des départements.

Les sous-directions développent l'essentiel de leur activité sur l'un des deux sites de l'École. L'activité des départements est répartie sur les deux sites.

Article 11
Le directeur désigne les membres du corps enseignant en charge de l'animation des pôles de formation ainsi que les membres du corps enseignant chargés au sein des pôles de formation de servir de référents thématiques ou fonctionnels.

Article 12
Le directeur réunit régulièrement les représentants des différentes catégories de personnels de l'École.

Le directeur réunit au moins deux fois par an l'assemblée générale plénière des personnels de l'École. Il en fixe l'ordre du jour.

Chapitre 3 : Le conseil pédagogique

Article 13
La personnalité qualifiée mentionnée au 4° de l'article 43 du décret n° 72-355 du 4 mai 1972 est nommée par arrêté du garde des sceaux pour une durée de trois ans.

Article 14
Les deux doyens des enseignements mentionnés au 5° de l'article 43 du décret n° 72-355 du 4 mai 1972

sont désignés pour une année renouvelable par le directeur de l'École après avis de l'ensemble des doyens des enseignements.

Article 15
Les deux coordonnateurs de formations mentionnés au 6° de l'article 43 du décret n° 72-355 du 4 mai 1972, l'un exerçant en formation initiale et l'autre en formation continue, sont élus au scrutin uninominal majoritaire à un tour et à bulletin secret pour trois ans par l'ensemble des coordonnateurs de formation exerçant en formation initiale et en formation continue réunis en collèges distincts par le directeur.

Article 16
L'enseignant associé mentionné au 7° de l'article 43 du décret n° 72-355 du 4 mai 1972 est élu au scrutin uninominal majoritaire à un tour et à bulletin secret pour trois ans par l'ensemble des enseignants associés - exceptés les doyens des enseignements - réunis en collège par le directeur.

Article 17
Le coordonnateur régional de formation mentionné au 8° de l'article 43 du décret n° 72-355 du 4 mai 1972 est élu au scrutin uninominal majoritaire à un tour et à bulletin secret pour trois ans par l'ensemble des coordonnateurs régionaux de formation réunis en collège par le directeur.

Article 18
Ces collèges sont convoqués par le directeur en vue de ces élections, quinze jours au moins avant le scrutin.

Les candidatures doivent être déposées auprès du directeur huit jours au moins avant le scrutin. Le bureau de vote est composé du directeur ou de son représentant, président, ainsi que du plus jeune et du plus âgé des membres de chaque collège.

Sont déclarés élus les candidats ayant obtenu le plus grand nombre de voix. En cas de partage égal des voix, il est procédé à un tirage au sort.

En cas de vacance d'un siège par décès, démission ou toute autre cause, il est procédé à une désignation complémentaire. Le nouveau membre achève le mandat de son prédécesseur.

Le vote par procuration est admis. Nul ne peut recevoir plus de deux procurations. Il est dressé un procès-verbal de chaque élection.

Le mandat des membres de droit et des membres désignés en raison de leurs fonctions cesse avec leurs fonctions.

Article 19
Les deux auditeurs de justice mentionnés au 9° de l'article 43 du décret n° 72-355 du 4 mai 1972 sont l'un des deux délégués de promotion des deux plus anciennes promotions en cours de formation à l'École. En cas de désaccord le plus âgé est désigné

Chapitre 4 : Dispositions générales

Article 20
Toute manifestation à l'intérieur de l'École est interdite.

Article 21
Tout affichage dans l'enceinte de l'École nationale de la magistrature, hors publications syndicales, doit être préalablement autorisé par le directeur ou son représentant.

Un emplacement spécial, facilement accessible aux auditeurs, est réservé aux organisations professionnelles pour l'affichage des informations de nature professionnelle ou syndicale. Ces affichages sont transmis simultanément pour information au directeur.

Un emplacement est également réservé aux délégués de promotion pour toute communication utile.

Article 22
Les organisations professionnelles sont autorisées à tenir des réunions à l'intérieur des bâtiments administratifs. Des locaux sont mis à leur disposition en fonction des nécessités d'organisation matérielle de l'École.

Article 23
L'accès de l'École est interdit, sauf autorisation expresse du directeur, à toutes personnes étrangères à l'établissement, à l'exception de celles devant se rendre auprès des services administratifs ou de celles chargées d'une activité d'enseignement

TITRE II - LES CLASSES PRÉPARATOIRES AU PREMIER CONCOURS D'ACCÈS À L'ÉCOLE NATIONALE DE LA MAGISTRATURE

Article 24
Chaque classe préparatoire est animée par un coordonnateur qui dispose du statut d'enseigant associé de l'École.

Il met en œuvre, sous le contrôle du directeur ou de son représentant, le programme pédagogique approuvé par le conseil d'administration.

Il coordonne l'équipe enseignante de la classe préparatoire, élabore le planning des cours, des galops d'essais et des activités culturelles.

Il assure le suivi pédagogique individualisé de chaque élève de la classe préparatoire.

Article 25
Il est délivré aux élèves une carte d'étudiant.

Article 26
Le directeur de l'École fixe la date des congés des élèves

Article 27
Le coordonnateur de la classe préparatoire accorde les autorisations d'absence.

TITRE III - LES CONCOURS D'ACCÈS À L'ÉCOLE NATIONALE DE LA MAGISTRATURE

Article 28
Le jury, composé et nommé ainsi qu'il est prévu à l'article 19 du décret n° 72-355 du 4 mai 1972, se réunit avant le début des épreuves d'admissibilité afin de choisir les sujets des épreuves, ainsi que les sujets de remplacement. Il bénéficie à cette occasion d'un séminaire de préparation se déroulant à l'École.

Cette préparation a pour objectifs de permettre au jury de :
- identifier les objectifs assignés à chaque épreuve
- connaître les impératifs juridiques de la régularité des opérations
- choisir les sujets en lien avec les objectifs
- déterminer des critères d'évaluation communs tant pour les épreuves écrites qu'orales
- identifier précisément le rôle de chaque membre du jury
- construire une grille de correction et d'entretien
- conduire un entretien et évaluer une prestation orale
- gérer les délibérations

Des personnes extérieures à l'École peuvent concourir à cette préparation.

L'arrêté de nomination du jury fait l'objet d'un affichage avant le premier jour des épreuves.

Article 29
Les modalités pratiques de déroulement des épreuves des concours d'accès sont fixées pour chaque session par le directeur de l'École.

TITRE IV - LES AUDITEURS DE JUSTICE

Chapitre 1 : Statut des auditeurs de justice

Article 30
Les candidats déclarés reçus aux concours institués par l'article 17 de l'ordonnance n° 58-1270 du 22 décembre 1958 modifiée portant loi organique relative au statut de la magistrature, ou recrutés au titre de l'article 18-1 de cette ordonnance, sont nommés auditeurs de justice par arrêté du garde des sceaux, ministre de la justice (article 18 de l'ordonnance du 22 décembre 1958). Cet arrêté mentionne, le cas échéant, le report de scolarité de l'auditeur de justice jusqu'à la rentrée de la promotion suivante, en application de l'article 40, alinéa 2, du décret du 4 mai 1972.

Article 31
Les auditeurs sont avisés individuellement par l'École nationale de la magistrature du jour auquel ils doivent se présenter dans l'établissement.

Ils sont soumis à partir de cette date à toutes les dispositions du présent règlement.

Article 32
L'admission à l'École n'est considérée comme définitive qu'après constatation de l'aptitude physique de l'auditeur dans les conditions fixées par les articles 20 et 21 du décret n° 86-442 du 14 mars 1986 relatif à la désignation des médecins agréés, à l'organisation des comités médicaux et des commissions de réforme, aux conditions d'aptitude physique pour l'admission aux emplois publics et au régime de congé de maladie des fonctionnaires. En aucun cas le délai accordé pour procéder à l'examen complémentaire prévu par l'article 20, alinéa 2, du décret précité ne pourra excéder un an.

Article 33
Lors de leur arrivée à l'École, les auditeurs de justice remplissent une fiche de renseignement informatisée. Les informations recueillies et saisies font l'objet d'un traitement informatique destiné à permettre le suivi administratif et l'organisation pédagogique de la scolarité.

Ces informations sont consultables par l'ensemble des services pédagogiques et administratifs de l'École.

Conformément à la loi « informatique et libertés » du 6 janvier 1978, l'auditeur bénéficie d'un droit d'accès et de rectification aux informations qui le concernent.

Article 34
Les auditeurs perçoivent un traitement soumis à retenue pour pension.

Article 35
Préalablement à toute activité, les auditeurs prêtent devant la cour d'appel de leur domicile ou de leur lieu de stage le serment prévu par l'article 20 de l'ordonnance du 22 décembre 1958 précitée.

Article 36
Il est délivré aux auditeurs de justice une carte professionnelle ; cette carte doit être restituée au terme de la scolarité et en cas de démission ou d'exclusion définitive. Le directeur de l'École doit être immédiatement informé en cas de perte, vol ou destruction.

Article 37
En application de l'article 52 du décret du 4 mai 1972 précité, l'exercice des fonctions d'auditeur de justice est incompatible avec l'exercice de toutes fonctions publiques et de toute autre activité professionnelle ou salariée.

Des dérogations individuelles peuvent toutefois être accordées aux auditeurs, par décision du directeur de l'École, pour donner des enseignements ressortissant de leur compétence ou pour exercer des fonctions ou activités qui ne seraient pas de nature à porter atteinte à la dignité de l'auditeur, à son statut et au déroulement de sa formation.

Les auditeurs de justice peuvent, sans autorisation préalable, se livrer à des travaux scientifiques, littéraires ou artistiques.

Article 38
Le directeur de l'École fixe la date des congés des auditeurs et accorde les autorisations d'absence.

Chapitre 2 : Discipline des auditeurs de justice

Article 39
Les auditeurs sont responsables disciplinairement et pécuniairement des dégâts commis par eux dans l'École, ainsi que des dégradations faites aux objets qui leur sont confiés.

Article 40
Les auditeurs sont tenus de suivre avec assiduité et ponctualité les divers enseignements ou de fournir toutes justifications utiles de leurs absences et de leurs retards.

Article 41
Une tenue correcte est exigée dans les locaux de l'École et sur les lieux de stage

Article 42
Au cours de l'enseignement au siège de l'École, les absences peuvent être constatées au moyen de feuilles de contrôle.

Article 43
Les absences des auditeurs sont relevées au cours des stages par le directeur du centre de stage ou les maîtres de stage auprès duquel ils sont placés. Ceux-ci les portent à la connaissance du directeur.

Article 44 : Le défaut de présentation de l'auditeur à la date qui lui a été notifiée en application de l'article 31 ci-dessus, ainsi que tout retard non justifié, sont considérés comme une absence. Toute absence est portée sur un état qui figure au dossier personnel de l'intéressé.

Article 45 : Les absences trop fréquentes ou prolongées, qui n'auraient pas été justifiées, peuvent motiver des poursuites disciplinaires.

Article 46
Toute infraction au présent règlement peut entraîner les sanctions disciplinaires prévues par l'article 60 du décret du 4 mai 1972.

L'auditeur qui fait l'objet d'une procédure disciplinaire peut à tout moment se faire assister d'un conseil librement choisi parmi les avocats ou les membres du corps judiciaire.

Article 47
Le conseil de discipline est composé conformément aux dispositions de l'article 63 du décret du 4 mai 1972.

Article 48
Les deux auditeurs de justice, membres du conseil de discipline pour leur promotion sont les deux représentants de cette promotion au conseil d'administration.

Article 49
Le conseil de discipline est saisi par le directeur de l'École.

Article 50
La mesure prévue à l'article 65 du décret du 4 mai 1972 est prise après audition de l'intéressé ; elle doit être motivée ; elle lui est notifiée par écrit et débute le jour de cette notification ; elle devient caduque faute pour le conseil de discipline d'avoir été saisi au fond de la poursuite dans le délai d'un mois.

Article 51
Toute sanction disciplinaire prononcée à l'encontre d'un auditeur doit être motivée et notifiée par écrit. Elle fait l'objet d'une mention à son dossier.

Chapitre 3 : Le dossier de l'auditeur

Article 52
Le dossier de l'auditeur de justice est tenu par la direction de l'École. Ce dossier comprend l'ensemble des pièces intéressant sa situation administrative, notamment :
- le curriculum vitae renseigné par l'auditeur de justice au moment de son entrée à l'École,
- le résultat des tests en langue anglaise effectués en début de scolarité,
- la liste des activités pédagogiques suivies par l'auditeur de justice ainsi que les dates et lieux des différents stages accomplis,
- le relevé des absences éventuelles,
- les sanctions disciplinaires éventuelles prises en application des articles 59 et suivants du décret n° 72-355 du 4 mai 1972,
- les notes obtenues à l'occasion des épreuves prévues aux articles 46 et 47 du décret n° 72-355 du 4 mai 1972,
- les rapports rédigés par le directeur de centre de stage et le coordonnateur régional de formation en application de l'article 48 du décret n° 72-355 du 4 mai 1972 accompagné des observations éventuelles de l'auditeur de justice,
- l'avis du directeur de l'école prévu à l'article 48 du décret n° 72-355 du 4 mai 1972 accompagné des observations éventuelles de l'auditeur de justice,
- les documents versés à la demande écrite de l'auditeur de justice,
- la décision du jury prévue à l'article 21 de l'ordonnance n° 58-1270 du 22 décembre 1958.

Dans le dossier de l'auditeur de justice, il ne peut être fait état ni de ses opinions ou activités politiques, syndicales, religieuses ou philosophiques, ni d'éléments relevant strictement de sa vie privée.

Article 53
L'auditeur de justice peut avoir accès à son dossier dans les conditions définies par la loi.

Article 54
Le dossier de l'auditeur de justice est communiqué au jury prévu à l'article 21 de l'ordonnance du 22 décembre 1958 et au conseil supérieur de la magistrature appelé à former un avis sur la nomination aux premières fonctions.

Article 55
Le dossier de l'auditeur de justice est archivé au siège de l'École au terme de sa scolarité.

Chapitre 4 : Les relations avec la direction et la participation aux différentes instances de l'École

Article 56
Les auditeurs de justice de chaque promotion sont représentés auprès du directeur pour l'examen et la discussion de toutes les questions générales les concernant par les deux délégués de promotion qui sont les représentants des auditeurs de justice de cette promotion au conseil d'administration.

À chaque stade de la formation, les auditeurs de justice sont également représentés auprès du directeur pour l'examen des questions particulières les concernant par :
- des délégués de groupe durant la période de scolarité commune
- des délégués de région distincts durant le stage avocat et le stage juridictionnel

Article 57
Les délégués de groupe sont élus au cours du premier mois de scolarité accompli au siège de l'École à raison d'un délégué par groupe de direction d'études.

Article 58
À cet effet, la promotion constitue un collège électoral divisé en autant de sections qu'il existe de groupes de direction d'études. Chaque groupe procède, au scrutin uninominal majoritaire à un tour et à bulletin secret, à l'élection d'un de ses membres en qualité de délégué de groupe.
Le vote par procuration est admis. Nul ne peut recevoir plus de deux procurations. Il est dressé un procès-verbal de chaque élection.

Sont déclarés élus les candidats ayant obtenu le plus grand nombre de voix. En cas d'égalité de voix, il est procédé à un tirage au sort.

Le bureau de vote est composé du directeur ou son représentant, président, ainsi que du plus jeune et du plus âgé des auditeurs de justice.

Article 59
Les fonctions des délégués de groupe se poursuivent jusqu'à la fin de la scolarité commune au siège de l'École et cessent de plein droit à cette date

Article 60
Les délégués de région sont élus selon le même mode de scrutin que les délégués de groupe avant le départ des auditeurs de justice vers leur lieu de stage.

Article 61
Les fonctions de délégué de région prennent effet au début du stage avocat ou juridictionnel et ne cessent qu'au terme de la scolarité à l'École.

Article 62
Les fonctions des délégués de promotion, de groupe ou de région cessent de plein droit s'ils font l'objet de l'une des sanctions d'exclusion prévues à l'article 60 2° et 3° du décret du 4 mai 1972.

Les auditeurs de justice ayant fait l'objet d'une sanction d'exclusion temporaire ne peuvent être élus ou réélus délégués.

Tout délégué élu est remplacé en cas d'absence ou d'empêchement par l'auditeur successivement le plus âgé de sa promotion, de son groupe en période de scolarité à Bordeaux ou de sa région en période de stage.

En cas de vacance d'un délégué pour cause de démission ou à la suite du prononcé d'une sanction d'exclusion, il est procédé à des élections complémentaires dans les conditions prévues aux articles précédents.

Article 63
L'ensemble des délégués est reçu périodiquement par la direction de l'École et toutes les fois qu'une question de la compétence de ces délégués nécessite un examen urgent, soit à l'initiative de la direction, soit à leur demande.

Article 64
Toute association professionnelle ou organisation syndicale groupant des membres du corps judiciaire peut se faire représenter auprès du directeur par un ou plusieurs auditeurs qui sont régulièrement tenus au courant des questions intéressant les auditeurs de justice.

Article 65
Les auditeurs de justice visés à l'article 53 du décret du 4 mai 1972 et composant la commission de réforme sont les délégués de la promotion la plus ancienne en cours de formation.

TITRE V : LA FORMATION INITIALE DISPENSÉE AUX AUDITEURS DE JUSTICE

Chapitre 1 : Organisation générale

Article 66
La formation dispensée aux auditeurs de justice comporte des périodes d'études théoriques et des stages professionnels.

Article 67
Les auditeurs de justice participent à la mise en œuvre des activités pédagogiques. Ils peuvent notamment

proposer à la direction de faire appel à des personnalités extérieures susceptibles de concourir à leur formation.

Dans le cadre du processus d'évaluation des actions de formation mené par le conseil pédagogique, l'auditeur doit remplir les fiches d'évaluation fournies par l'École.

Article 68
Pour l'exercice des fonctions prévues à l'article 41 du décret du 4 mai 1972 précité, le collège des coordonnateurs de formation, des coordonnateurs régionaux de formation et des enseignants associés se réunit à l'initiative du directeur, à la demande du tiers de ses membres ou à celle de ses représentants.

Chapitre 2 : Les auditeurs de justice recrutés sur titre

Article 69
Le programme de la scolarité des auditeurs de justice admis directement à l'École nationale de la magistrature au titre de l'article 18-1 de l'ordonnance n° 58-1270 du 22 décembre 1958 est identique à celui destiné aux autres auditeurs de justice sous réserve de la réduction éventuelle du temps de leur scolarité prévue par l'article 42 du décret n° 72-355 du 5 mai 1972. Le régime de leur évaluation est identique.

Article 70
Toutes les dispositions du présent règlement leur sont applicables.

Chapitre 3 : Le contenu de la formation

Article 71
La formation initiale des auditeurs de justice a pour objectif de les former au métier de magistrat dans ses différentes fonctions par l'acquisition des compétences fondamentales permettant une prise de décision conforme à la loi et adaptée à son contexte, respectueuse de l'individu et des règles déontologiques, s 'inscrivant dans son environnement institutionnel national et international.

Les compétences fondamentales du magistrat qui devront être déclinées dans les fonctions de base pouvant être choisies par l'auditeur de justice à la sortie de l'École, résulteront de la maitrise des capacités suivantes
- Capacité à identifier, s'approprier et mettre en œuvre les règles déontologiques.
- Capacité à analyser et synthétiser une situation ou un dossier.
- Capacité à identifier, respecter et garantir un cadre procédural.
- Capacité d'adaptation.
- Capacité à adopter une position d'autorité ou d'humilité adaptée aux circonstances.
- Capacité à la relation, à l'écoute et à l'échange.
- Capacité à préparer et conduire une audience ou un entretien judiciaire dans le respect du contradictoire.
- Capacité à susciter un accord et à concilier.
- Capacité à prendre une décision, fondée en droit et en fait, inscrite dans son contexte, empreinte de bon sens, et exécutable.
- Capacité à motiver, formaliser et expliquer une décision.
- Capacité à prendre en compte l'environnement institutionnel national et international.
- Capacité à travailler en équipe.
- Capacité à organiser, gérer et innover.

Article 72
Un programme pédagogique précisant les formats et les contenus pédagogiques permettant d'atteindre ces objectifs de formation est établi par le directeur de l'École pour chaque promotion, après avis du conseil pédagogique, et approuvé par le conseil d'administration avant le début de la scolarité de cette promotion.

Article 73
Les modifications qui pourraient s'avérer nécessaires en cours de scolarité interviennent dans les mêmes conditions ou, en cas d'urgence, après approbation du président du conseil d'administration.

Article 74
La formation est dispensée majoritairement durant des stages individuels auprès des juridictions, des barreaux ou de cabinets d'avocats, de partenaires de l'institution judiciaire et des administrations, d'organismes publics ou privés extérieurs à celle-ci ou de juridictions et organisations étrangères ou internationales.

Elle est dispensée également durant des périodes de formation en commun au siège de l'École. Les auditeurs de justice sont alors répartis en groupes de direction d'études ou par fonctions choisies après l'examen d'aptitude et de classement.

Ils bénéficient durant toute la durée de leur formation d'un suivi pédagogique individualisé.

Leur scolarité peut être adaptée afin de palier les éventuelles difficultés qui auront pu être observées et consignées dans leur livret pédagogique. Elle peut l'être également après le choix des premières fonctions afin de tenir compte de leurs spécificités.

Chapitre 4 : Les stages

Article 75
Les auditeurs effectuent durant leur scolarité des stages en juridiction dont la durée et le contenu pédagogique est fixé par le conseil d'administration sur proposition du directeur.

Ces stages en juridiction sont accomplis dans des centres institués auprès des juridictions désignées à cet effet par le directeur de l'École nationale de la magistrature.

Article 76
Les auditeurs sont affectés successivement dans les différents services des juridictions suivant le programme établi par le directeur de l'École et mis en œuvre par le directeur de centre de stage.

Article 77
Les stages en juridiction sont organisés par des magistrats nommés conformément aux dispositions de l'article 41-1 du décret n° 72-355 du 4 mai 1972.

Ces magistrats reçoivent de l'École nationale de la magistrature les instructions nécessaires pour l'organisation et le fonctionnement des stages.

À cette fin, l'École nationale de la magistrature organise des réunions périodiques des magistrats chargés de la formation des auditeurs.

Article 78
Les directeurs de centre de stage informent régulièrement de leur activité les chefs des juridictions auxquelles ils appartiennent.

Article 79
Les auditeurs effectuent durant leur scolarité un stage auprès d'un barreau ou comme collaborateur d'un avocat inscrit au barreau prévu par l'article 19 de l'ordonnance n° 58-1270 du 22 décembre 1958, dont le contenu pédagogique est fixé par une convention cadre établie avec les instances représentatives de la profession et validée par le conseil d'administration sur proposition du directeur.

Article 80
En vue de l'affectation des auditeurs de justice dans les centres et lieux de stage, la liste des postes offerts, notamment dans les différentes juridictions et lieux d'exercice du stage auprès d'un barreau ou comme collaborateur d'un avocat inscrit au barreau leur est communiquée.

Afin d'assurer le bon déroulement des stages, des incompatibilités absolues ou relatives peuvent être instituées par le directeur. Elles sont mentionnées dans le programme pédagogique.

Les incompatibilités relatives peuvent être levées par le directeur ou son représentant, après avis des délégués des deux auditeurs de justice désignés par leurs pairs, en regard des situations particulières sur demande motivée des auditeurs de justice concernés.

Les auditeurs font connaître leurs desiderata d'affectation dans le délai fixé par le directeur de l'École.

Sauf si le stage concerné est programmé en début de scolarité, une répartition amiable des lieux de stage entre les auditeurs de justice est privilégiée.

L'affectation des auditeurs de justice dans les centres et lieux de stage est prononcée par décision du directeur de l'École en tenant compte, dans la mesure du possible, des situations familiales.

Le directeur de l'École peut au cours du stage modifier l'affectation d'un auditeur, soit à sa demande, soit d'office dans un intérêt pédagogique après audition de l'intéressé, ou en cas de manquement aux conditions d'affectation.

Article 81
Les auditeurs de justice ne peuvent effectuer le stage juridictionel et le stage auprès d'un barreau ou comme collaborateur d'un avocat inscrit au barreau au sein du ressort d'un même tribunal de grande instance si les deux stages s'inscrivent dans la continuité l'un de l'autre ou sont séparés d'une période de moins de six mois. En tout état de cause, ils ne peuvent connaître des mêmes dossiers à l'occasion de ces deux stages.

Article 82
Les auditeurs recrutés sur le fondement de l'article 18-1 de l'ordonnance du 22 décembre 1958 précitée et ayant été, précédemment à leur scolarité à l'École nationale de la magistrature, avocat inscrit au barreau pendant au moins deux années peuvent être dispensés par le directeur de l'École de l'accomplissement du stage avocat prévu par l'article 19 de l'ordonnance n° 58-1270 du 22 décembre 1958. Dans ce cas ils bénéficient d'une réduction de scolarité si ce stage est prévu en début de scolarité ou effectuent en lieu et place un ou plusieurs stages complémentaires en lien avec les objectifs de formation.

Article 83
Les auditeurs effectuent durant leur scolarité un stage à l'étranger dont la durée et le contenu pédagogique sont fixés par le conseil d'administration sur proposition du directeur. Ce stage peut se dérouler auprès d'une juridiction étrangère, d'une juridiction ou d'une institution communautaire ou internationale, d'un organisme de coopération ou d'entraide internationale d'une ambassade ou d'un magistrat de liaison.

Article 84
Les auditeurs effectuent également durant leur scolarité des stages auprès des principaux partenaires de l'institution dont la durée et le contenu pédagogique sont fixés par le conseil d'administration sur proposition du directeur. Ces stages peuvent également revêtir un caractère d'ouverture et se dérouler auprès d'entreprises ou d'organismes n'ayant pas de relations habituelles avec l'institution judiciaire.

Chapitre 5 : Le livret pédagogique

Article 85
Les auditeurs de justice sont régulièrement tenus informés des appréciations portées sur le déroulement de leur scolarité dans le cadre du suivi individualisé prévu à l'article 74 du présent règlement intérieur

Article 86
Ces appréciations tendent à définir le degré d'acquisition des compétences attendues, les difficultés éventuelles constatées et les préconisations tendant à favoriser la progression de l'auditeur. Elles ne donnnent pas lieu à une note.

Article 87
Ces appréciations sont consignées dans le livret pédagogique de l'auditeur de justice qui est renseigné régulièrement par les membres du corps enseignant de l'École et les magistrats qui concourent à la formation de l'auditeur en juridiction. Il en est ainsi notamment à la fin de chaque stage fonctionnel.

Article 88
Des échanges qui prennent appui sur les éléments du livret pédagogique sont régulièrement organisés entre l'auditeur de justice et ses formateurs durant la période d'études et le stage juridictionnel. Il est est ainsi notamment à deux reprises durant la période d'études et à la moitié du stage juridictionnel.

En cas de difficultés durant le stage en juridiction, le directeur du centre de stage en informe le directeur de l'École.

Article 89
Le livret pédagogique est un outil de formation. Il est accessible aux membres du corps enseignant de l'École, aux magistrats concourant à la formation de l'auditeur et aux membres de la direction de l'École. A moins que l'auditeur de justice ne le réclame, il n'a pas vocation a être communiqué aux membres du jury de l'examen d'aptitude et de classement ni au conseil supérieur de la magistrature.

Sa trame est établie par le directeur de l'École, après avis du conseil pédagogique et du conseil d'administration.

Article 90
Il est archivé au siège de l'École au terme de la scolarité de l'auditeur.

Chapitre 6 : L'évaluation, la détermination de l'aptitude et le classement des auditeurs de justice

Section I : Modalités d'attribution des notes d'études et de stage

Article 91
En fin de période d'études, trois épreuves écrites permettent d'évaluer les acquisitions propres à cette période de formation :
Une épreuve écrite portant sur les techniques professionnelles des fonctions civiles
Une épreuve écrite portant sur les techniques professionnelles des fonctions pénales
Une épreuve écrite portant sur les enseignements thématiques transversaux

Article 92
Les dates, les sujets (principaux et de remplacement) et les modalités des trois épreuves de fin d'études sont arrêtés par le directeur sur proposition du corps enseignant de l'École.

Le directeur peut autoriser l'auditeur dont l'empêchement de subir les épreuves écrites à la date fixée est justifié, à composer à une autre date. Il peut également adapter les modalités de l'épreuve pour tenir compte d'un handicap.

Ces épreuves écrites se déroulent dans des locaux adaptés où la promotion est regroupée. Les auditeur composent selon les épreuves de manière manuscrite ou sur leur matériel informatique de dotation Ces épreuves écrites sont éditées sur papier spécial fourni par l'École. Les copies sont remises à l'issue des épreuves qui durent six heures. L'anonymat des copies est assuré. La correction est assurée par les membres du corps enseignant de l'École

Le directeur précise la nature de la documentation autorisée en fonction des sujets choisis.

Chaque épreuve est notée de 0 à 20. Les notes sont notifiées individuellement de manière confidentielle.

Article 93
La somme des trois notes, affectées d'un coefficient 1, constitue la note d'études prévue à l'article 46 du décret n° 72-355 du 4 mai 1972

Article 94
Durant la période du stage juridictionnel l'auditeur fait l'objet d'une évaluation notée à trois reprises en situation réelle sur le lieu du stage :

- à l'occasion de la présidence d'une audience correctionnelle.

- à l'occasion des réquisitions orales devant le tribunal correctionnel.
- à l'occasion d'une audience civile de cabinet.

Avant de fixer les notes, le coordonnateur régional de formation recueille l'avis du magistrat maître de stage sous l'autorité duquel l'auditeur est placé durant l'audience. Il peut également s'entretenir avec l'auditeur de justice

Article 95
Le coordonnateur régional de formation arrête sur proposition du directeur du centre de stage, la date des audiences auxquelles il assistera pour procéder à l'évaluation de l'auditeur. Il en informe l'auditeur ainsi que le directeur de centre de stage au moins huit jours à l'avance.

Chaque épreuve est notée de 0 à 20. Les notes sont notifiées individuellement de manière confidentielle.

Article 96
La somme des trois notes, affectées d'un coefficient 1, constitue la note de stage juridictionnel prévue à l'article 46 du décret n° 72-355 du 4 mai 1972

Article 97
Au terme du stage juridictionnel, le directeur de centre de stage rédige le rapport établissant le bilan du déroulement du stage prévu à l'article 48 du décret n° 72-355 du 4 mai 1972.

Article 98
Une réunion de l'ensemble des magistrats maîtres de stages ayant suivi l'auditeur et du directeur de centre de stage permet un échange sur l'aptitude de l'auditeur à exercer les fonctions judiciaires. Présent à cette réunion, le coordonnateur régional de formation en fait une synthèse et émet un avis, sous la forme d'un rapport, sur l'aptitude de l'auditeur, en application de l'article 48 du décret n° 72-355 du 4 mai 1972.

Avant la rédaction de son rapport, le coordonnateur régional de formation s'entretient avec l'auditeur.

Section II : L'examen d'aptitude et de classement

Article 99
Les dates et les modalités d'organisation des épreuves de l'examen d'aptitude et de classement prévu par les articles 47 et suivants du décret du 4 mai 1972 modifié, sont fixées pour chaque promotion par le directeur de l'École.

Néanmoins, le président du jury peut, jusqu'à la proclamation du classement, autoriser le candidat dont l'empêchement de subir les épreuves écrites ou orales à la date fixée est justifié, à composer à une autre date.

Article 100
Chaque épreuve de l'examen d'aptitude et de classement est notée de 0 à 20 et affectée du coefficient fixé par l'article 47 du décret du 4 mai 1972. Les notes sont notifiées individuellement de manière confidentielle.

Article 101
Le jury, composé et nommé ainsi qu'il est prévu à l'article 45 du décret du 4 mai 1972, se réunit avant le début de l'examen afin de choisir les sujets des épreuves, ainsi que les sujets de remplacement. Il bénéficie à cette occasion d'un séminaire de préparation se déroulant à l'École.

Cette préparation a pour objectifs de permettre au jury de :
- identifier les objectifs assignés à chaque épreuve.
- connaître les impératifs juridiques de la régularité des opérations.
- choisir les dossiers en lien avec les objectifs.
- déterminer des critères d'évaluation communs tant pour les épreuves écrites qu'orales.

- identifier précisément le rôle de chaque membre du jury.
- construire une grille de correction et d'entretien.
- conduire un entretien et évaluer une prestation orale.
- gérer les délibérations.

Des personnes extérieures à l'École peuvent concourir à cette préparation.

L'arrêté de nomination du jury fait l'objet d'un affichage avant le premier jour des épreuves.

Article 102
Les épreuves orales se déroulent suivant l'ordre alphabétique de l'initiale des noms des candidats. La lettre par laquelle il est commencé est tirée au sort, en présence des délégués de la promotion ou de leurs représentants, par le président du jury ou son représentant, avant la première épreuve écrite. La convocation pour les épreuves écrites et orales est effectuée par voie d'affichage dans les locaux de l'École.

Article 103
Les compositions afférentes aux épreuves écrites de l'examen d'aptitude et de classement sont rédigées par un moyen informatique.

Les épreuves écrites se déroulent dans des locaux adaptés où la promotion est regroupée. Le matériel informatique est fourni par l'École qui assure la surveillance de l'épreuve et la maintenance des appareils. Les épreuves écrites sont éditées sur papier spécial fourni par l'École. Les copies sont remises à l'issue des épreuves qui durent six heures. L'anonymat des copies est assuré.

Article 104
Les auditeurs ne peuvent introduire dans le lieu des épreuves que les documents autorisés par le jury. La liste de ces documents est portée à la connaissance des auditeurs par voie d'affichage dans les locaux de l'École.

Article 105
Il est interdit aux auditeurs, au cours des épreuves, de communiquer entre eux, de recevoir des renseignements de l'extérieur et de sortir de la salle sans l'autorisation du surveillant. Ils doivent à tout moment se prêter aux surveillances et vérifications nécessaires.

Article 106
Des mesures dérogatoires aux conditions matérielles de déroulement des épreuves de l'examen de classement pourront être prises, par décision motivée du jury, en faveur des auditeurs de justice auxquels la qualité de handicapé a été régulièrement reconnue.

Article 107
Toute fraude, tentative de fraude ou infraction à la discipline des épreuves, peut entraîner, sans préjudice, le cas échéant, des sanctions pénales prévues par la loi du 23 décembre 1901, l'exclusion du candidat, qui ne peut figurer sur la liste de classement. La même mesure peut être prise contre les complices. L'exclusion est prononcée par décision du jury. Le ou les auditeurs qui l'encourent doivent être convoqués et mis en état de présenter leur défense. Mention de l'exclusion est portée sur la liste de classement.

Article 108
Le surveillant qui constate, au cours des épreuves, une fraude, tentative de fraude ou infraction au règlement de l'examen, établit un rapport qu'il transmet au jury. Aucune sanction immédiate n'est prise contre le ou les responsables qui participent à la totalité de l'épreuve.

Les dispositions ci-dessus sont également applicables aux trois épreuves écrites de fin d'études.

Article 109
Les dispositions de l'article 57 du décret n° 72-355 du 4 mai 1972 sont applicables aux auditeurs visés aux articles 107 et 108 ci-dessus.

Article 110
Le test de langue anglaise prévu au 4° de l'article 47 du décret n° 72-355 du 4 mai 1972 permet aux auditeurs d'obtenir des points supplémentaires. Chaque degré de progression dans le cadre commun de référence

européen entre le test effectué en début de scolarité et le test effectué dans le cadre de l'examen d'aptitude et de classement permet l'attribution d'une bonification de points dans la limite de cinq points.

Article 111
Les épreuves écrites sont notées par le jury. Après cette opération et après les épreuves orales, l'anonymat des copies est levé.

Article 112
Au terme des opérations prévues à l'article 48 du décret n° 72-355 du 4 mai 1972 le président du jury signe la liste de classement et en proclame les résultats. La liste est affichée à l'École nationale de la magistrature et communiquée au garde des sceaux. Elle est publiée au Journal officiel de la République française. Le président du jury adresse au directeur de l'École la liste des auditeurs de justice qui ne figurent pas sur la liste de classement mais qui sont autorisés par le jury à accomplir à nouveau une année de scolarité. Ces auditeurs sont rattachés à la promotion suivante ; néanmoins, le directeur de l'École peut adapter pour des motifs pédagogiques les modalités de leur scolarité.

Article 113
L'auditeur qui ne bénéficie pas d'une déclaration d'aptitude est pris en charge par l'École jusqu'au terme du mois durant lequel le jury prend sa décision. Au-delà il peut bénéficier s'il le souhaite d'un accompagnement administratif et psychologique organisé par l'École.

TITRE VI : LA FORMATION INITIALE DISPENSEE AUX CANDIDATS ADMIS AUX CONCOURS DE RECRUTEMENT PREVUS PAR L'ARTICLE 21-1 DE L'ORDONNANCE DU 22 DECEMBRE 1958

Article 114
Les candidats déclarés reçus aux concours institués par l'article 21-1 de l'ordonnance n° 58-1270 du 22 décembre 1958 modifiée portant loi organique relative au statut de la magistrature, sont nommés stagiaires auprès de l'École Nationale de la Magistrature par arrêté du garde des sceaux, ministre de la justice (article 5 du décret n° 2001-1099 du 22 novembre 2001).

Ils reçoivent une formation de six mois comprenant un mois d'études à Bordeaux et cinq mois de stage juridictionnel.

Article 115
Les stagiaires, nommés par arrêté du garde des sceaux, ministre de la justice, sont avisés par l'École nationale de la magistrature du jour auquel ils doivent se présenter dans l'établissement.

Ils sont soumis à partir de cette date à toutes les dispositions du présent titre du règlement intérieur.

Article 116
Les stagiaires prêtent devant la cour d'appel de leur domicile ou de leur lieu de stage le serment prévu par l'article 21-1 de l'ordonnance du 22 décembre 1958 susvisée.

Article 117
Les stagiaires sont représentés auprès du directeur pour l'examen et la discussion de toutes les questions les concernant par deux délégués.

Ces délégués sont élus au scrutin secret uninominal à un tour au cours du mois de scolarité accompli au siège de l'École. A cet effet, les stagiaires constitue un collège électoral.

Le vote par procuration est admis. Nul ne peut recevoir plus de deux procurations. Il est dressé un procès-verbal de l'élection.

Sont déclarés élus les candidats ayant obtenu le plus grand nombre de voix. En cas d'égalité de voix, il est procédé à un tirage au sort.

Le bureau de vote est composé du directeur ou son représentant, président, ainsi que du plus jeune et du plus âgé des auditeurs de justice.

Les fonctions des délégués se poursuivent jusqu'à la fin de la scolarité commune au siège de l'École et pendant l'intégralité du stage juridictionnel.

Article 118
Les fonctions des délégués cessent de plein droit s'ils font l'objet de l'une des sanctions d'exclusion prévues à l'article 60-2° et 3° du décret du 4 mai 1972. Dans ce cas ils ne sont pas rééligibles.

Les stagiaires qui ont fait l'objet de la même sanction ne peuvent être élus délégués.

Article 119
Les délégués sont reçus périodiquement par la direction de l'École et toutes les fois qu'une question de leur compétence nécessite un examen urgent, soit à l'initiative de la direction, soit à leur demande.

Article 120
Les stagiaires délégués de promotion siègent à la commission de réforme visée à l'article 53 du décret du 4 mai 1972

Article 121
En vue de l'affectation des stagiaires dans les centres et lieux de stage, les stagiaires font connaître leurs desiderata d'affectation dans le délai fixé par le directeur de l'École.

Article 122
L'affectation des stagiaires dans les centres de stage est prononcée par décision du directeur de l'École. Il est, dans la mesure du possible, tenu compte des situations familiales.

Le directeur de l'École peut au cours du stage modifier l'affectation d'un stagiaire, soit à sa demande, soit d'office dans un intérêt pédagogique, après audition de l'intéressé.

Article 123
Les dispositions des articles 1 à 12, 20 à 23, 39 à 51, 75 alinéa 2, 77, du présent règlement intérieur sont applicables aux stagiaires.

Pour l'application de l'article 48, les stagiaires membres du conseil de discipline sont les délégués de promotion.

TITRE VII : LA FORMATION CONTINUE

Article 124
L'École nationale de la magistrature est chargée de pourvoir à la formation continue nationale des magistrats dans le cadre de son programme annuel ou en cours d'année à l'occasion d'actions de formation ponctuelle. En outre, elle coordonne les actions de formation continue déconcentrée.

Des actions de formation continue peuvent être organisées en commun ou avec la participation de partenaires extérieurs, qu'ils appartiennent à d'autres Etats, à d'autres administrations, ou au secteur privé, ainsi qu'aux professions juridiques et judiciaires.

Chapitre 1 : La formation continue nationale

Article 125
Tout magistrat doit suivre chaque année cinq jours au moins de formation. Cette formation proposée par l'École prend la forme de sessions, cycles, ateliers, stages, journées, rencontres, colloques ou toute autre forme qui apparaîtra adaptée.

Cette obligation peut être satisfaite par les activités proposées dans le cadre de la formation continue nationale, de la formation continue déconcentrée ou par les offres de formation en ligne. Elle peut l'être également par la production de recherches, de publications ou par l'acquisition d'une qualification sanctionnée par un diplôme. Dans ce cas une demande de validation au titre de la formation continue obligatoire doit être présentée au directeur de l'École.

Article 126
Tout magistrat qui est nommé à des fonctions qu'il n'a jamais exercées auparavant doit suivre une formation spécifique d'une durée de cinq semaines. Deux semaines de formation théorique sont dispensées par l'École puis un stage pratique de trois semaines est effectué dans un tribunal du ressort de la cour d'affectation.

Cette formation est facultative pour les magistrats ayant déjà exercé la fonction. Elle comprend alors uniquement la partie théorique.

Article 127
Les regroupements fonctionnels, y compris ceux concernant les juridictions interégionales, les formations à la prise de fonction ou à l'accompagnement de réformes législatives ou encore la participation à des colloques extérieurs peuvent faire l'objet d'une prise en charge supplémentaire.

Article 128
Les magistrats placés sous le régime de la formation continue conformément au décret n° 2001-1099 du 22 novembre 2001 suivent trois mois de formation obligatoire au cours des six années suivant leur nomination.

Article 129
Les magistrats exercent leurs choix à partir du programme annuel de formation continue qui peut être consulté sur les sites intranet et internet de l'École et à l'occasion des appels spécifiques à candidatures en cours d'année.

Ce programme est mis à jour régulièrement et les magistrats sont régulièrement avisés des nouvelles offres de formation par voie électronique.

Article 130
Les magistrats s'inscrivent en ligne en faisant connaître les formations qui retiennent leur préférence. Par le biais du système automatisé d'inscription, l'autorité chargée de l'évaluation de l'activité professionnelle des magistrats a connaissance de ces demandes afin de faire connaître ses observations.

Article 131
La participation à chaque action de formation continue est arrêtée par le directeur de l'École. Les magistrats sont informés par voie électronique des activités pour lesquelles leur candidature a été retenue. Les magistrats retenus sont invités à confirmer leur participation deux mois environ avant la date fixée pour l'action elle-même. Cette confirmation vaut engagement de participer.

Article 132
Les actions de formation continue sont assurées par les coordonnateurs de formation de l'École, les coordonnateurs régionaux de formation, des enseignants associés ou des intervenants occasionnels. L'École peut désigner un directeur de session qui a la charge de préparer, coordonner et animer l'action.

Le directeur de session propose à l'École un projet de programme et de liste des intervenants. La validation de ce projet est assurée par le directeur ou son représentant.

Le directeur de session est nommé pour un an renouvelable dans la limite, sauf circonstances exceptionnelles, de trois années.

Les actions de formation réalisées avec un organisme extérieur, privé ou public, peuvent également faire l'objet d'une convention.

Article 133
L'École procède à un contrôle de présence tout au long du déroulement de la formation.

Article 134
Tout désistement doit parvenir à l'École dés survenance de la circonstance empêchant la participation et être dûment motivé. En l'absence de motif sérieux, l'École peut en aviser le chef de cour du magistrat concerné.

Article 135
Tout participant doit remplir la fiche d'évaluation fournie par l'École.

Article 136
En application de l'accord sur la formation continue au ministère de la justice, l'École nationale de la magistrature établit une fiche formation pour chaque magistrat. Sur cette fiche figurent les formations nationales demandées, celles acceptées, celles refusées, celles effectivement suivies, ainsi que celles dont le magistrat s'est désisté. Cette fiche est transmise en fin d'année au magistrat concerné, à l'autorité chargée de l'évaluation de son activité professionnelle et à la Chancellerie (direction des services judiciaires).

Chapitre 2 : La formation continue déconcentrée

Article 137
Le magistrat délégué à la formation, ou le coordonnateur régional de formation s'il y a lieu, recueille et analyse les besoins de formation formulés par ses collègues. Il élabore, le cas échéant en collaboration avec des partenaires locaux, le plan annuel de formation continue déconcentrée des magistrats du ressort.

Ce programme, assorti d'un état prévisionnel chiffré, est soumis pour avis au conseil de la formation continue déconcentrée des magistrats, qui propose un ordre de priorité. Il est arrêté par les chefs de cour.

Article 138
Les magistrats délégués à la formation et les coordonnateurs régionaux de formation informent régulièrement de leur activité les chefs des juridictions auxquelles ils appartiennent ou auxquelles ils sont rattachés.

Article 139
L'École procède à l'évaluation pédagogique et financière des propositions qui lui sont transmises par les cours d'appel et arrête, après avis du conseil d'administration, le montant des crédits réservés à chaque cour d'appel. Le programme de formation continue déconcentrée est mis en ligne, pour chaque cour, en même temps que le programme de formation continue nationale.

Le magistrat délégué à la formation, ou le coordonnateur régional de formation s'il y a lieu, réalise le programme en fonction des crédits réservés à la cour. Un tableau de bord budgétaire partagé entre les vices financiers, le service de l'École en charge de la formation continue et le magistrat délégué à la formation ou le coordonnateur régional de formation permet de suivre tout au long de l'année la consommation des crédits.

Article 140
Le magistrat délégué à la formation, ou le coordonnateur régional de formation s'il y a lieu, organise les actions de formation continue déconcentrée et sélectionne les candidats. Il procède à l'évaluation de ces formations.

Le service de l'École en charge de la formation continue peut lui apporter son concours.

Article 141
L'action de formation terminée, le magistrat délégué à la formation, ou le coordonnateur régional de formation s'il y a lieu, envoie au service de l'École en charge de la formation continue le programme, la liste définitive des participants.

Article 142
L'action des magistrat délégués à la formation est coordonnée par les coordonnateurs régionaux de formation. A ce titre ils peuvent notamment organiser des actions de formations réunissant des magistrats de plusieurs cours ou organiser une même formation dans plusieurs cours.

Article 143
Chaque année, le magistrat délégué à la formation ou le coordonnateur régional de formation adresse au directeur de l'École un rapport sur l'exécution du programme de formation déconcentrée de son ressort.

TITRE VIII : LES FORMATIONS PROFESSIONNELLES SPECIALISEES

Article 144
La mission de l'École prévues au b) de l'article 1-1 du décret n° 72-355 du 5 mai 1972, y compris la formation initiale et continue des juges de proximité, est mise en oeuvre suivant des orientations définies par le conseil d'administration sur proposition du directeur.

Article 145
Chaque année, il informe le conseil d'administration de l'activité de l'École à ce titre.

TITRE IX : LES ACTIVITES INTERNATIONALES DE L'ECOLE

Article 146
La mission de l'École prévues aux c) et d) de l'article 1-1 du décret n° 72-355 du 5 mai 1972 est mise en œuvre suivant des orientations définies par le conseil d'administration sur proposition du directeur.

Article 147
D'une manière générale, les activités internationales, auxquelles participent les personnels de l'École, comprennent notamment :
- l'organisation d'actions de formation en France au profit de magistrats ou futurs magistrats étrangers,
- l'organisation d'actions de formation à l'étranger,
- l'organisation de formations destinées aux formateurs étrangers,
- la réalisation de missions d'expertise à l'étranger
- la mise en œuvre de la partie internationale du programme pédagogique de formation initiale des auditeurs de justice.

Article 148
Dans son domaine de compétence, l'École peut répondre, ou prendre part aux réponses, qui sont faites aux appels d'offres de programmes de coopération des organismes internationaux.

Article 149
L'École peut également, si cela paraît nécessaire, établir hors du territoire français des activités de formation professionnelle pour les magistrats étrangers et les autres partenaires de l'institution judiciaire dans les pays considérés.

Article 150
En ce qui concerne les activités de formation au sein de l'Union Européenne, l'École participe, notamment à travers le Réseau Européen de Formation Judiciaire, aux actions et initiatives ayant pour objet la mise en commun de la formation professionnelle des magistrats entre les organismes spécialisés des Etats membres de l'Union. Dans cette optique, l'École soutient les programmes d'échange de magistrats européens et l'association des magistrats étrangers aux actions de formation offertes aux magistrats français.

Article 151
Pour développer son action et sa présence internationale, l'École fait régulièrement appel à des magistrats et à des professionnels reconnus afin de participer à des actions de formation en France, ou à l'étranger. Qu'ils interviennent dans des programmes multilatéraux ou bilatéraux de coopération, ces professionnels experts habilités par l'École interviennent en son nom et exécutent leurs missions sous la coordination et le contrôle des chargés de mission ou des coordonnateurs de formation de l'École.

Article 152
Les magistrats ou futurs magistrats étrangers participent aux actions de formation initiale ou continue de l'École Nationale de la Magistrature dans les conditions fixées par le décret n° 76-310 du 2 avril 1976.

Article 153
La participation des magistrats ou futurs magistrats étrangers à la formation initiale dispensée par l'École Nationale de la Magistrature s'inscrit dans le cadre de la coopération internationale technique française. Outre les conditions décrites dans le décret n° 76-310 du 2 avril 1976, les candidats devront se soumettre

à un examen préalable, visant à évaluer leur niveau de connaissances professionnelles et de français, afin de pouvoir suivre les enseignements et participer au stage en juridiction.

Ces examens de niveau seront composés d'une dissertation écrite en cinq heures et d'un entretien oral visant à évaluer le niveau de français et la motivation du candidat. La dissertation portera sur un sujet relatif au fonctionnement de la justice ou à un point de droit relevant du programme des épreuves de droit civil et procédure civile, droit pénal et procédure pénale des deuxième et troisième concours d'accès. Ils se tiendront sous les instructions de l'École Nationale de la Magistrature, à l'Ambassade de France du pays du candidat. Leur résultat viendra compléter le dossier constitué conformément à l'article 3 du décret susvisé et permettra au directeur de l'École, soit de refuser la participation du candidat à la formation considérée, soit de donner un avis favorable à l'admission, qui sera transmis au Ministre de la Justice.

Article 154
Chaque année, le directeur informe le conseil d'administration de l'École de l'activité de l'École à ce titre.

TITRE X : LA RECHERCHE ET LA DOCUMENTATION

Chapitre 1 : Les missions

Article 155
Les missions de l'École prévues au e) de l'article 1-1 du décret n° 72-355 du 5 mai 1972 sont mises en œuvre suivant des orientations définies par le conseil d'administration sur proposition du directeur.

Ces missions consistent notamment à :
- proposer la documentation sous tous supports nécessaires aux activités pédagogiques de l'École.
- procéder à des études ou recherches sur :
- l'histoire de la justice, des personnels de justice et des pratiques judiciaires.
- les pratiques judiciaires nationales, étrangères ou comparées.
- l'application de la règle de droit.
- participer au recueil des bonnes pratiques et des dossiers judiciaires pouvant présenter un intérêt pédagogique ou historique.
- assurer le recueil des conférences et des documents pédagogiques développés dans le cadre de la formation initiale et de la formation continue.
- développer une politique de diffusion sous tous supports destinées aux auditeurs de justice, aux magistrats de juridiction et aux profesionnels du droit.
- procéder à une étude de dossiers ayant abouti à un engagement de la responsabilité de l'Etat pour fonctionnement défectueux du service de la justice ou à une indemnisation prononcée sur la base de l'article 149-3 du Code de procédure pénale. Les études, qui ne peuvent avoir qu'une finalité pédagogique, ne peuvent porter que sur des dossiers ne faisant l'objet d'aucune procédure en cours quelle qu'en soit la nature.

Article 156
Chaque année, le directeur informe le conseil d'administration de l'École de l'activité de l'École à ce titre.

Chapitre 2 : Le conseil scientifique

Article 157
Un conseil scientifique assiste le directeur de l'École dans le choix des orientations du département de la recherche et de la documentation.

Ce conseil est composé :
- du directeur.
- des directeurs adjoints.
- des doyens des enseignements.
- du responsable de la structure en charge de la recherche et de la documentation.

- de deux coordonnateurs de formation, l'un attaché à la formation initiale et l'autre à la formation continue, désignés par le directeur après avis du conseil d'administration.
- un ou plusieurs personnalités qualifiées désignées par le directeur après avis du conseil d'administration.
- un représentant des auditeurs de justice appartenant à la promotion effectuant sa dernière année de formation à l'École.

Le directeur peut inviter toute personne de son choix à assister aux réunions.

Le conseil se réunit sur la convocation du directeur au moins deux fois par an.

Chapitre 3 - Les publications

Article 158

Le contenu des publications faites au nom de l'École nationale de la magistrature doit être préalablement validé par le directeur ou son représentant

Les publications faites par les personnels de l'École au titre des fonctions exercées dans cet établissement doivent être préalablement autorisées par le directeur.

Annexe IV
Programme des épreuves des trois concours d'accès a l'École nationale de la magistrature

Admissibilité

Nature de l'épreuve	Durée de l'épreuve	Coefficient
1 Une composition portant sur une question posée aujourd'hui à la société française dans ses dimensions judiciaires, juridiques, sociales, politiques, historiques, économiques, philosophiques et culturelles.	5 heures	5
2 Une composition sur un sujet de droit civil ou de procédure civile.	5 heures	3
3 Un cas pratique sur un sujet de droit civil ou de procédure civile.	2 heures	1
4 Une composition sur un sujet de droit pénal ou de procédure pénale.	5 heures	3
5 Un cas pratique sur un sujet de droit civil ou de procédure civile.	2 heures	1
6 Une épreuve constituée de questions appelant une réponse courte, destinée à évaluer les connaissances des candidats relatives à l'organisation de l'État et de la justice, aux libertés publiques et au droit public.	2 heures	2

Admission

Nature de l'épreuve	Durée de l'épreuve	Coefficient
1 Une note de synthèse à partir de documents se rapportant à des problèmes judiciaires, juridiques ou administratifs.	5 heures	4
2 Une épreuve orale de langue vivante comportant le compte rendu d'un texte, suivi d'une conversation.	30 minutes	3
3 Une épreuve orale se rapportant au droit européen et au droit international privé.	25 minutes	4
4 Une épreuve orale se rapportant au droit social et au droit commercial.	25 minutes	4
5 Une épreuve de mise en situation et d'entretien avec le jury. Cette épreuve comporte successivement : a) une mise en situation, d'une durée de 30 minutes sans préparation, au cours de laquelle un groupe de candidats analyse un cas concret devant le jury. b) un entretien avec le jury, d'une durée de 40 minutes, comprenant un exposé du candidat sur une question d'actualité posée à la société française ou sur une question de culture générale ou judiciaire, suivi d'une conversation avec le jury portant sur le parcours et la motivation du candidat et sur sa participation à la mise en situation.	70 minutes	6 (note inférieure à 5/20 éliminatoire)

Épreuve facultative :

Épreuve orale de langue vivante de trente minutes autre que celle qui a fait l'objet de l'épreuve obligatoire de langue vivante. Cette épreuve permet d'obtenir des points supplémentaires lorsque la note attribuée est supérieure à la moyenne ; le nombre de points supplémentaires est limité à cinq (coefficient 2).Les langues qui peuvent être choisies sont : allemand, espagnol, italien, arabe littéral.

Les spécificités des 2e et 3e concours d'accès :
Admissibilité

Les épreuves sont les mêmes qu'au premier concours *à une exception près* la composition sur un sujet de droit civil et procédure civile et la composition de droit pénal et procédure pénale sont accompagnées d'un dossier documentaire se rapportant au sujet.

Admission

Les épreuves sont les mêmes qu'au premier concours *à une exception près* l'entretien avec le jury, d'une durée de quarante minutes, comprend un exposé du candidat *portant sur son expérience professionnelle*, suivi d'une conversation avec le jury portant sur le parcours et la motivation du candidat et sur sa participation à la mise en situation

LE PROGRAMME DES ÉPREUVES DES TROIS CONCOURS D'ACCÈS

Admissibilité

1- Connaissance et compréhension du monde contemporain

Durée : 5 heures
Modalités : Dissertation

Rédiger une dissertation portant sur une question posée aujourd'hui à la société française dans ses dimensions judiciaires, juridiques, sociales, politiques, historiques, économiques, philosophiques et culturelles.

2- Droit civil ou procédure civile

Modalités :
Une dissertation de 5 heures
Un cas pratique de 2 heures

Programme (commun aux deux épreuves) :

Droit civil

A. - Les sources du droit

B. - Les personnes physiques :
- l'existence ;
- l'identification ;
- les droits de la personnalité ;
- la protection des personnes (majeures et mineures).

C. - Le couple :
- le mariage ;
- la rupture et le relâchement du lien matrimonial : le divorce, la séparation de corps, la séparation de fait ;
- le pacte civil de solidarité ;
- le concubinage.

D. - La filiation

E. - L'autorité parentale

F. - Les biens :
- la propriété : la propriété individuelle, la propriété collective (l'indivision, la copropriété), la propriété démembrée (l'usufruit, la nue-propriété, les droits d'usage et d'habitation, les servitudes) ;
- la possession.

G. - Les obligations :
- le contrat : la formation du contrat, les effets du contrat, l'exécution et les remèdes à l'inexécution du contrat ;
- la responsabilité civile : la responsabilité délictuelle et la responsabilité contractuelle ;
- les quasi-contrats.

H. - Les régimes matrimoniaux :
- régime matrimonial primaire ;
- choix du régime matrimonial ;
- changement de régime matrimonial.

I. - Les successions :
- la succession *ab intestat* : la dévolution

J.- Les preuves

K.- Les prescriptions

Procédure civile et procédures civiles d'exécution

A. - L'action en justice
B. - Les actes de procédure
C. - Les délais
D. - Les principes directeurs du procès civil
E. - L'administration de la preuve
F. - La procédure contentieuse
G. - La procédure gracieuse
H. - Les effets du jugement
I. - Les voies de recours
J. - Les procédures civiles d'exécution

3- Droit pénal (général et spécial) ou procédure pénale

Modalités :
Une dissertation de 5 heures ; *pour les candidats des 2e et 3e ils disposent d'un dossier documentaire se rapportant au sujet.*
Un cas pratique de 2 heures

Programme (commun aux deux épreuves) :

Droit pénal général

A. - Notions générales d'histoire du droit pénal et de criminologie

B. - La loi pénale :
- classifications des infractions ;
- sources du droit pénal ;
- interprétation de la loi pénale, qualification des faits ;
- contrôle de légalité ;

- application de la loi pénale dans le temps ;
- application de la loi pénale dans l'espace.

C. - La responsabilité pénale :
- responsabilité pénale des personnes physiques ;
- responsabilité pénale des personnes morales ;
- élément moral de l'infraction, infractions intentionnelles et non intentionnelles ;
- élément matériel de l'infraction, catégories d'infractions, tentative ;
- coaction, complicité ;
- causes d'irresponsabilité pénale.

D. - Les peines et les mesures de sûreté :
- les peines et mesures de sûreté encourues (délimitation et contenu) ;
- les peines et mesures de sûreté prononcées : la personnalisation des peines (principe, modalités et limites) ;
- les peines et mesures de sûreté exécutées : aménagement, extinction et effacement des condamnations pénales.

E. - Le régime de l'enfance délinquante :
- la responsabilité pénale du mineur ;
- le régime des mesures éducatives, des sanctions éducatives et des peines qui leur sont applicables.

Droit pénal spécial

A. - Les atteintes à la vie et à l'intégrité de la personne :
- les atteintes volontaires ;
- les atteintes involontaires ;
- la mise en danger ;
- le harcèlement moral.

B. - Les infractions contre les mœurs :
- le viol ;
- autres agressions sexuelles.

C. - Les atteintes à la dignité et à la personnalité :
- la discrimination ;
- la diffamation et l'injure ;
- la dénonciation calomnieuse ;
- la violation du secret professionnel.
- D.- Les infractions contre la famille :
- abandon de famille ;
- délaissement de mineur ;
- non représentation d'enfant.

E. - Les atteintes aux biens :
- le vol ;
- l'escroquerie ;
- l'abus de confiance.

F. - Autres infractions :
- le recel ;
- le blanchiment ;
- l'extorsion ;
- la corruption ;
- le faux et l'usage de faux ;
- l'abus de biens sociaux.

Procédure pénale

A. - Principes directeurs de la procédure pénale
B. - Action publique, mise en mouvement, alternatives aux poursuites
C. - Action civile, la victime dans le procès pénal
D. - Les principaux acteurs de la procédure pénale
E. - Police judiciaire, parquet, juridictions répressives
F. - La phase de mise en état :
- différentes formes d'enquêtes de police judiciaire ;
- instruction préparatoire.

G. - Jugement (contraventions, délits et crimes) et voies de recours

4- Organisation de l'État, organisation de la justice, libertés publiques et droit public

Durée : 2 heures
Modalités : Questions appelant des réponses courtes - Il ne s'agit donc pas d'une épreuve de QCM -

Programme :

Organisation des autorités publiques sous la V° République

A. - Le Président de la République
B. - Le Premier ministre
C. - Le Gouvernement
D.- Le Parlement
E. - Les personnes morales de droit public :
- l'État ;
- les collectivités territoriales ;
- les établissements publics.
F. - Les autorités administratives indépendantes
G. - Décentralisation et déconcentration

Organisation de la justice

A. - Histoire et statut de la magistrature
B. - Les auxiliaires de justice

Droit public

A. - Les sources du droit administratif
B. - La police administrative
C. - Les actes de l'administration :
- l'acte unilatéral ;
- les contrats administratifs.

D. - La responsabilité administrative
E. - Le contrôle juridictionnel de l'administration :
- les juridictions administratives ;
- les recours contentieux.
F. - Le Tribunal des conflits
G. - La hiérarchie des normes :
- la Constitution ;
- la loi ;
- les ordonnances ;
- le règlement
H. - Le Conseil Constitutionnel et le contrôle de constitutionnalité

Le régime juridique des libertés publiques

- la liberté d'aller et de venir ;
- la sûreté ;
- la liberté de se grouper ;
- la liberté de communication ;
- la liberté de l'enseignement ;
- la liberté religieuse ;
- la libre expression du suffrage.

Admission

1- Note de synthèse

Durée : 5 heures

Modalités : Sur la base d'un dossier documentaire, rédigez une note portant sur une problématique judiciaire, juridique ou administrative.

2 - Langue vivante obligatoire

Durée : 30 minutes
Modalités : entretien avec deux examinateurs

Le candidat dispose de 15 minutes pour étudier un texte (de quatre cents mots environ). Pendant un entretien de quinze minutes il sera ensuite invité à faire un compte rendu oral du contenu du texte (sans traduction) et à développer un thème (point de l'article, autre thème en lien avec l'article ou thème général)

Programme : Anglais

2 bis - Epreuve de langue facultative :

Durée : 30 minutes
Modalités : entretien avec deux examinateurs

Le candidat dispose de quinze minutes pour étudier un texte (de quatre cents mots environ). Pendant un entretien de quinze minutes il sera ensuite invité à faire un compte rendu oral du contenu du texte (sans traduction) et à développer un thème (point de l'article, autre thème en lien avec l'article ou thème général)

Programme de l'épreuve de langue facultative : Allemand, Espagnol, Italien, Arabe littéral.

3- Droit européen et droit international privé

Durée : 25 minutes
Modalités : entretien avec deux examinateurs

Programme :

Droit européen

A. - Les grandes étapes de la construction européenne
B. - Les sources du droit communautaire et de l'Union européenne
C. - Les caractères du droit communautaire :
  - l'intégration immédiate du droit communautaire ;
  - l'applicabilité directe du droit communautaire ;
  - la primauté du droit communautaire ;
D. - La mise en œuvre du droit communautaire :
  - l'exécution normative du droit communautaire ;
  - l'exécution administrative du droit communautaire ;

la sanction du droit communautaire ;

E. - Le système juridictionnel de l'Union européenne :
- répartition des compétences entre juridictions communautaires et nationales ;
- la Cour de justice des Communautés européennes ;
- les recours directs ;

F. - L'espace judiciaire européen :
- le rapprochement des législations ;
- coopération et entraide civile et pénale ;

G. - L'individu dans le cadre de la protection internationale des droits de l'Homme
H. - Le Conseil de l'Europe
I. - La Convention de sauvegarde des droits de l'Homme et des libertés fondamentales
J. - La Cour européenne des droits de l'Homme

Droit international privé :

A. - L'application du droit international dans l'ordre juridique interne
B. - Les conflits de lois (droit international privé)
C. - Les conflits de juridictions
D. - L'effet des jugements étrangers
E. - Le droit français de la nationalité
F. - La condition des personnes physiques étrangères

4 - Droit social et droit commercial

Durée : 25 minutes
Modalités : entretien avec deux examinateurs

Programme :

A. - Le contrat de travail
B. - Les conventions collectives
C. - Le licenciement
D. - Les syndicats, les institutions représentatives du personnel
E. - Les conflits collectifs du travail
F. - Le contentieux de la sécurité sociale
G. - Le travail dissimulé
H. - Le commerçant
I. - Le fonds de commerce
J. - Les sociétés commerciales :
- l'acquisition et les conséquences de la personnalité morale ;
- les sociétés à risque limité ;
- les sociétés à risque illimité ;

K. - Les acteurs de la vie des sociétés :
- les dirigeants (pouvoirs et responsabilité) ;
- les associés et actionnaires (droits et obligations, appel public à l'épargne) ;
- les commissaires aux comptes ;

L. - Les entreprises en difficulté :
- la prévention des difficultés des entreprises ;
- les intervenants à la procédure collective ;
- la sauvegarde ;
- le redressement judiciaire ;
- la liquidation judiciaire.

5 - Épreuve de mise en situation et d'entretien avec le jury

Cette épreuve comporte successivement :

Une épreuve de mise en situation :

D'une durée de trente minutes sans préparation, au cours de laquelle u groupe de candidats analyse un cas concret devant le jury. Les candidats admis sont répartis en groupes d'importance égale, comportant au moins trois membres. Le président du jury veille à ce que chaque candidat dispose d'un temps de parole minimum fixé en fonction de la taille du groupe d'au moins cinq minutes.

Un entretien :
D'une durée de quarante minutes, comprenant un exposé du candidat sur une question d'actualité posée à la société française ou sur une question de culture générale ou judiciaire, suivi d'une conversation avec le jury portant sur le parcours et la motivation du candidat et sur sa participation à la mise en situation. La conversation s'appuie sur une fiche individuelle de renseignements remplie par le candidat admissible.

Les membres du jury de l'épreuve de mise en situation et d'entretien disposent également de l'avis d'un psychologue.

Annexe V
Annales des épreuves d'admissibilité des trois concours d'accès à l'École nationale de la magistrature, session 2009

Épreuve de connaissance et compréhension du monde contemporain (3 concours)

Dissertation : « *Les chances de réussite dans la société contemporaine* »

Épreuve de droit civil ou procédure civile : (1er concours)

Cas pratique :
« Lors d'une passionnante conférence sur *L'influence de la pensée pré-socratique sur le droit de la responsabilité du Guatemala*, organisée le 20 juin 2005 par l'université où ils sont tous les deux étudiants, Louis Ripert rencontre Georgette Josserand. C'est le coup de foudre immédiat et réciproque et les deux amoureux décident de se marier au plus vite, ce qu'ils font le 30 septembre 2005, sans contrat de mariage.
Le bonheur leur sourit dans un premier temps puisque Louis Ripert est peu après embauché au contentieux de la banque CLL et que le couple met au monde une petite Hélène, née le 23 août 2006, et un petit Hector, né le 24 octobre 2007. Georgette Josserand renonce alors à chercher un travail pour se consacrer à sa progéniture. Le couple s'installe dans une villa que Louis Ripert a héritée de sa tante, située à Montpellier.
Mais leur vie de couple bascule lorsqu'en juin 2008 Louis Ripert rencontre une jeune stagiaire de la banque avec laquelle il entretient immédiatement une liaison. Louis Ripert lui transfère chaque mois une part importante de son salaire. Il décide également de lui céder la maison de Montpellier, avec toutefois une réserve d'usufruit au profit de Georgette.
Georgette Josserand, lassée du comportement de son mari, qui refuse désormais de lui adresser la parole, décide de demander le divorce.
Elle vient vous demander conseil et souhaiterait notamment savoir :
si elle peut revenir sur les actes passés par son mari au profit de sa maîtresse (4 points) ;
quel type de divorce serait le plus adapté à sa situation et quel tribunal saisir (6 points) ;
n'ayant pas de ressources financières, elle se demande comment elle va pouvoir subvenir à ses besoins et comment ses enfants Hélène et Hector, sur lesquels elle souhaite continuer à exercer l'autorité parentale avec Louis, vont subvenir aux leurs (5 points) ;
elle doit faire face à la demande d'une galerie de peinture de Sète, dans laquelle Louis Ripert a acheté en 2007 un tableau du célèbre peintre Bombas *Coucher de soleil sur la Méditerranée* pour 50 000 euros. La galerie lui réclame les 30 000 euros restant à payer (5 points). »

Dissertation : « *Le rôle de la bonne foi en droit des contrats* »

Épreuve de droit civil ou procédure civile : (2e et 3e concours)

Cas pratique : même sujet que pour le 1er concours

Dissertation : même sujet que pour le 1er concours, accompagné du dossier documentaire suivant :

DOSSIER DOCUMENTAIRE

Document n° 1 : Cass. 3e civ. 14 septembre 2005
Document n° 2 : Cass. com. 10 juillet 2007
Document n° 3 : Avant-projet de réforme du droit des obligations et de la prescription (dir. P. Catala), La Doc. fr., 2005, *Introduction relative aux contrats* par G. Cornu (extraits).
Document n° 4 : Projet de réforme du droit des contrats ministère de la Justice, août 2008 (extraits)
Documents n° 5 : « Les principes généraux relatifs au droit des contrats » par C. Aubert de Vincelles, *in Pour une réforme du droit des contrats* (dir. F. Terre), Dalloz, 2009, p 113 et s. (extraits)

Document n° 1 : Cass. 3e civ. 14 septembre 2005

Cour de cassation 3e civ. 14 sept. 2005

LA COUR : - *Sur le premier moyen du pourvoi incident* : - Vu l'article 1134, alinéa 3, du code civil ; - Attendu que les conventions doivent être exécutées de bonne foi ;
Attendu, selon l'arrêt attaqué (CA Angers, 5 mai 2003), que par acte sous seing privé du 22 avril 1997 les époux Y... ont promis de vendre aux époux Z... un immeuble donné à ail aux époux A..., auxquels ils avaient délivré congé pour le 28 février 1997, sous la condition suspensive que la maison soit libérée de toute location ou occupation au jour de la vente par acte authentique ; que la condition ne s'étant pas réalisée dans le délai convenu de trois mois, les époux Y... ont vendu l'immeuble le 30 octobre 1997, avec d'autres parcelles, et moyennant un prix supérieur, aux époux X... ; que les époux Z... les ont assignés le 27 juillet 1998 en nullité de la vente du 30 octobre 1997 pour que soit déclarée parfaite la promesse intervenue le 22 avril 1997 et en dommages-intérêts ;
Attendu que pour condamner in solidum les époux Y... et les époux A... à payer aux époux Z... des dommages-intérêts, l'arrêt retient que la loyauté devant présider aux relations entre les parties et consacrée par l'article 1134 in fine du code civil, devait conduire les époux Y... à soumettre leurs nouvelles propositions à ceux auxquels ils avaient initialement promis de vendre et qui avaient été évincés par l'attitude inconséquente des locataires laissés en place ; qu'en statuant ainsi, alors que l'obligation de bonne foi suppose l'existence de liens contractuels et que ceux-ci cessent lorsque la condition suspensive auxquels ils étaient soumis a défailli, la cour d'appel a violé le texte susvisé ;
Par ces motifs, (...) casse (...), renvoie devant la Cour d'appel de Rennes (...).
04-10.856 (n° 904 FS-P+B) – Demandeur : Aranha (Épx) – Défendeur : Auffray (Épx) – Composition de la juridiction : MM. Weber, prés. – Rouzet, rapp. – Gariazzo, av. Gén. – Me Ricard, Me Fossard, Me Jacoupy, Me Jacoupy, Me Hémery, av. – Décision attaquée : Cour d'appel d'Angers (1re ch. Civ. A), 5 mai 2003 (Cassation)
*Mots-clés : Contrat et obligations * Obligation *Bonne foi *Condition suspensive *Défaillance *Disparition du contrat *Lien contractuel *nécessité*

Document n° 2 : Cass. com. 10 juillet 2007

Sommaire de la décision : Si la règle selon laquelle les conventions doivent être exécutées de bonne foi permet au juge de sanctionner l'usage déloyal d'une prérogative contractuelle, elle ne l'autorise pas à porter atteinte à la substance même des droits et obligations légalement convenus entre les parties.

Cour de cassation, com. 10 juill. 2007

LA COUR : - Sur le moyen unique, pris en sa première branche : - Vu l'article 1134, alinéa 1er et 3, du code civil ; - Attendu, selon l'arrêté attaqué, que par acte du 18 décembre 2000, MM. X..., Y... et Z..., actionnaires de la société. Les Maréchaux, qui exploite notamment une discothèque, ont cédé leur participation à M. A..., déjà titulaire d'un certain nombre de titres et qui exerçait les fonctions de président du conseil d'administration de cette société ; qu'il était stipulé qu'un complément de prix serait dû sous certaines conditions qui se sont réalisées ; qu'il était encore stipulé que chacun des cédants garantissait le cessionnaire, au prorata de la participation cédée, notamment contre toute augmentation du passif résultant d'événements à caractère fiscal dont le fait générateur serait antérieur à la cession ; que la société ayant fait l'objet d'un redressement fiscal au titre de l'exercice 2000 et MM. X..., Y... et Z... ayant demandé que M. A... soit condamné à leur payer le complément de prix, ce dernier a reconventionnellement demandé que les cédants soient condamnés à lui payer une certaine somme au titre de la garantie de passif ; - Attendu que pour rejeter la demande de M. A..., l'arrêt retient que celui-ci ne peut, sans manquer à la bonne foi, se prétendre créancier à l'égard des cédants dès lors que, dirigeant et principal actionnaire de la société, Les Maréchaux, il aurait dû se montrer particulièrement attentif à la mise en place d'un contrôle des comptes présentant toutes les garanties de fiabilité, qu'il ne pouvait ignorer que des irrégularités comptables sont pratiquées de façon courante dans les établissements exploitant une discothèque et qu'il a ainsi délibérément exposé la société aux risques, qui se sont réalisés, de mise en œuvre des pratiques irrégulières à l'origine du redressement fiscal invoqué au titre de la garantie de passif ; - Attendu qu'en statuant ainsi, alors que si la règle selon laquelle les conventions doivent être exécutées de bonne foi permet au juge de sanctionner l'usage déloyal d'une prérogative contractuelle, elle ne l'autorise pas à porter atteinte à la substance même des droits et obligations légalement convenus entre les parties, la cour d'appel a violé, par fausse application, le second des textes susvisés et, par refus d'application, le premier de ces textes ;

Par ces motifs (...), casse (...), renvoie devant la Cour d'appel de Paris, autrement composée (...).
06-14.768 (n° 966 FS-P+B+1) – Composition de la juridiction : MM. Tricot, prés. – Petit, rapp. – Casoria, av. gén. –SCP Célice, Blancpain et Soltner. Me Spinosi, av. – Décision attaquée : Cour d'appel de Paris, 14 mars 2006 (Cassation)
*Mots-clés : Contrat et obligations *Obligation *Bonne foi *Office du juge *Usage déloyale d'une prérogative contractuelle * Atteinte à la substance du contrat*

Document n° 3 : Avant-projet de réforme du droit des obligations et de la prescription (dir. P. Catala), La Doc. fr., 2005, *Introduction relative aux contrats* par G. Cornu (extraits)

Orientations de fond

Au fond, l'ouverture à la modernité ne passe pas par le rejet des maximes qui font encore la force vive du contrat. L'article 1134 est toujours le même pilier. Il appartient aux citoyens.
Cependant, la liberté contractuelle et la force obligatoire du contrat doivent compter avec les **aspirations de la justice contractuelle**. La conscience contemporaine attend des progrès en ce sens. Telle est, primordialement, l'une des idées directrices de la révision. Le projet imprime à la justice dans le contrat tout l'élan compatible avec la sécurité juridique. Pour les majeurs pleinement capables, la rescision pour cause de lésion demeure encadrée, de même que l'erreur sur la valeur. Mais la violence n'a plus le seul visage de la contrainte physique ou morale, elle peut aussi résulter de la menace abusive d'une voie de droit ou de l'état d'extrême précarité dans lequel se trouve l'un des contractants, quand l'autre l'exploite pour en tirer un avantage manifestement excessif. Le dol est pris en considération non seulement s'il émane du cocontractant mais s'il est le fait du représentant de celui-ci ou même, en certaines circonstances, d'u tiers (art. 1113-2). Surtout, en renvoyant aux cas spécifiés dans lesquels une loi de protection autorise la révision judiciaire des clauses qui créent un déséquilibre excessif au détriment d'un contractant, le projet ouvre carrière à la théorie de l'imprévision en matière civile, pour le cas où l'équilibre initial des prestations serait gravement perturbé dans les contrats à exécution successive ou échelonnée. Quand les parties n'en conviennent pas à l'avance, une nouvelle négociation peut être ordonnée par le juge et déboucher sur une résiliation unilatérale (art. 1156 s.). Le même souci d'équilibre explique que, lorsqu'une convention a été établie sous l'influence dominante d'une partie, elle doit être interprétée en faveur de l'autre (art. 1140-1).

Toutes ces avancées de la justice contractuelle s'accompagnent – c'est une corrélation active – **du plus grand rayonnement donné à la bonne foi**. Etabli pour gouverner l'exécution du contrat (art. 1134, al. 3), le principe de bonne foi étend sa loi sur sa formation même (négociation, pourparlers, 1104, al. 1, convention sur la durée de la prescription 1162). L'obligation de renseignement fait une entrée raisonnable dans le Code, et, au rang des modalités de l'obligation, l'accomplissement de la condition est sous l'égide de la loyauté (art. 1176). La faveur à la bonne foi circule dans tout le texte (v. encore art. 1120). Liberté dans la probité, la devise est de haute tradition.

Document n° 4 : Projet de réforme du droit des contrats ministère de la Justice, août 2008 (extraits)

Projet de reforme du droit des contrats (février 2009)

Livre III
Titre III – Les obligations
Sous-titre I – Le contrat
(...)

Article 5
Le contrat est un accord de volontés par lequel deux ou plusieurs personnes établissent, modifient ou suppriment entre elles un rapport de droit.

Article 15
Chacun est libre de contracter ou de ne pas contracter.
La liberté contractuelle emporte celle de choisir son cocontractant, ainsi que celle de déterminer le contenu et la forme du contrat. (...)

Article 18
Les contrats doivent être formés et exécutés de bonne foi.

Document n° 5 : « Les principes généraux relatifs au droit des contrats » par C. Aubert de Vincelles, professeur à l'Université Lyon 3, *in Pour une réforme du droit des contrats* (dir. F. Terre), Dalloz, 2009, p. 113 et s. (extraits),

1. Les dispositions préliminaires, ayant valeur de principes généraux ou directeurs, sont présentes dans de nombreuses codifications nationales et internationales. Leurs fonctions peuvent ne pas toujours être identiques, ayant parfois davantage une valeur de symbole, comme l'article préliminaire du Code de procédure pénale[19], ou, de façon plus normative, fixer, en les résumant, les règles essentielles à la matière, comme les principes directeurs du procès civil[20]. Que ces dispositions soient en tête d'un code ou de l'une de ses subdivisions, la première fonction est symbolique[21]. Elles permettent de diffuser, dans la clarté et la transparence, l'essence de la matière et l'esprit qui l'anime. La pédagogie accompagne le symbole. Et dans la tradition d'un droit codifié, l'affichage des valeurs essentielles dictant le domaine du contrat n'est pas à négliger. Ce sont certainement ces raisons qui ont conduit le projet de la Chancellerie à adopter des « principes directeurs » au sein d'un chapitre dédié[22].

2. Les codifications doctrinales européennes et internationales comportent toutes des principes généraux, généralement présentés comme des « dispositions préliminaires » (Codes Gandolfi), ou des « dispositions générales » (Principes Unidroit et Lando). De tels principes peuvent particulièrement se justifier pour de telles codifications ; leur fonction unificatrice justifie que soient présentés les fondements présidant aux règles particulières exposées. Telle a été également l'une des missions dévolue à l'Association Henri Capitant et à la Société de législation comparée dans le cadre commun de référence. En effet, si le premier projet de cadre commun (DCFR) ne comporte que quels principes généraux s'apparentant davantage à des définitions (à l'exception de la liberté contractuelle, art. UU-I:102), les principes contractuels communs que le groupe AHC-SLC a élaboré auraient vocation à intégrer, à titre de préliminaire, le cadre commun de référence[23]. Le projet Catala, quant à lui, ne contient pas, à l'image du Code civil actuel, de principes généraux, ce que la chambre de commerce et d'industrie de Paris lui a reproché en proposant six principes directeurs[24], ou encore M. Rouhette proposant l'introduction de « principes directeurs des relations contractuelles » après les définitions générales[25].

3. Les principes généraux proposés ici seraient placés en tête du Titre I consacré au contrat, et ont une valeur normative. Ils ne regroupent pas tous les principes essentiels au droit français des contrats[26]. Ont été choisis, parmi l'ensemble des principes dirigeant notre droit des contrats, les seuls transversaux, c'est-à-dire ceux ayant vocation à régir toutes les phases du contrat, des négociations au règlement de sa rupture. Dès lors, il n'a pas paru nécessaire d'affirmer ici la force obligatoire du contrat qui trouvait plus logiquement sa place au sein des effets du contrat. C'est la raison pour laquelle les quatre principes ici affirmés ne sont pas repris par la suite dans le corps de règles particulières, sauf cas particulier. Il reviendra au juge, en cas de conflit, de s'inspirer de ces principes généraux pour les appliquer, en tant que de raison, aux différentes étapes contractuelles. (...)

7. *La bonne foi*. - Le droit commun actuel ne comporte que l'article 1134 alinéa 3 du code civil, textuellement limité à l'exécution du contrat. Le juge ayant, à raison, étendu le champ d'application de ce devoir, il serait plus cohérent de le reconnaître au sein de ces principes généraux. Les principes Lando (art. 1:201), comme les Principes Unidroit (1.7) ou les Principes AHC-SLC (art. 0:301 et 0:302), reconnaissent la généralité d'un

19 Réforme du 15 juin 2000.

20 V. « Les principes directeurs du procès », art. 1 à 24 C. pr. civ.

21 R. Cabrillac, Les codifications, PUF, 2002, p. 145 s.

22 S'y retrouvent : la liberté contractuelle dans la limite de l'ordre public et des bonnes mœurs ; la force obligatoire du contrat entre les parties ; la bonne foi ; l'interdiction de se contredire ou principe de cohérence : ce dernier principe a été retiré de la deuxième version de l'avant-projet de la Chancellerie (il n'a donc pas été soumis à la consultation).

23 Onze principes sont regroupés autour de trois thèmes : la liberté, la sécurité et la loyauté. Sur l'historique de ces groupes et le cadre commun de référence, V. not. Le dossier « Droit européen des contrats », in Droit et patrimoine, déc. 2007, n° 135, p. 40 s.

24 La liberté, la fidélité (manifestée essentiellement par la force obligatoire), la loyauté, la cohérence, la faveur au contrat et l'interprétation CCIP, « Pour une réforme du droit des contrats et de la prescription conforme aux besoins de la vie des affaires, Réactions de la CCIP à l'avant-projet Catala et propositions d'amendements », disponible sur le site : http://www.etudes.ccip.fr/archrap/rap06/reforme-droit-des-contrats-kli0610.htm.

25 G. Rouhette, « Regard sur l'avant-projet de réforme du droit des obligations », RDC 4/2007, p. 1371 s., spéc., p. 1393 s. et 1422. Quatre principes directeurs sont proposés : la liberté contractuelle, le respect de l'ordre public, des bonnes mœurs, de la non-discrimination et des libertés et droits fondamentaux ; la bonne foi ; la collaboration.

tel devoir. Le Code Gandolfi est plus réservé et mentionne la bonne foi essentiellement lors de la phase d'exécution du contrat (art. 75), de même que le DCFR, qui ne consacre pas de disposition générale mais plusieurs dispositions particulières (limite à la liberté contractuelle, art. II. 1:102 ; règle d'interprétation, art. I. 1:102 ; exécution du contrat, art III. 1:103). De manière générale, l'exigence de bonne foi dans les relations contractuelles et précontractuelles est transversale aux différents droits européens. Celle-ci se manifeste également dans le droit communautaire matériel à tel point que le *Livre vert sur la révision de l'acquis communautaire en matière de protection des consommateurs*, présenté par la Commission européenne en février 2007[27], s'interroge sur l'introduction d'un principe général de bonne foi, qui serait transversal au droit communautaire[28].
On oppose généralement les droits continentaux et le droit de *common law* qui ne reconnaît pas de tel principe général. Cependant, il s'avère que la différence n'est pas si radicale, le droit de *common law* connaissant, à défaut d'un principe général, de multiples applications particulières de la loyauté en matière contractuelle, grâce, notamment, aux concepts d'estoppel, ou de *reason*.
Il est donc affirmé ici comme étant un devoir général à la formation et à l'exécution du contrat. Puisque transversal, ce devoir n'a pas été rappelé dans les différents textes, à l'exception de ceux concernant le processus de conclusion du contrat. En effet, pour les pourparlers (art. 24), comme les accords de principe (art. 26), le devoir de bonne foi a été précisé, ne s'agissant pas, concernant ces situations, de contrat.

8. Aucune définition de la bonne foi n'a été donnée, préférant laisser le juge apprécier au regard des circonstances. Le devoir de collaboration n'a pas non plus été détaché de la bonne foi, à la différence de certaines propositions (Principes Lando, art. 1:202 ; DCFR pour l'exécution, art. III.-1:104 ; principes AHC-SLC, art. 0:303 ; propositions émanant de G. Rouhette, art. 1.204). Si, lorsqu'elle est reconnue, la collaboration est incluse dans l'approche française de la bonne foi, cette reconnaissance n'est pas générale et dépend des circonstances. En effet, la collaboration oblige le créancier de l'obligation à participer à la bonne exécution du contrat ; si ce devoir se comprend pour l'exécution de certains contrats, au regard, par exemple, de leur durée ou des relations particulières des parties, il n'est ni général à tous les contrats, ni applicable dans les différentes phases contractuelles. Il a donc été jugé préférable de ne pas l'isoler, pour ne pas le généraliser, laissant le juge libre de l'inclure dans la bonne foi lorsque la situation l'exige.

ÉPREUVE D'ORGANISATION DE L'ÉTAT, DE LA JUSTICE, LIBERTÉS PUBLIQUES ET DROIT PUBLIC (3 CONCOURS)

Questions appelant des réponses courtes :

1. Les ordonnances de l'article 38 de la Constitution de 1958
2. Les référés devant le juge administratif
3. L'évolution des saisines du Conseil Constitutionnel
4. En quoi consiste aujourd'hui la liberté de communication ?

Épreuve de droit pénal ou procédure pénale : (1er concours)

Cas pratique :
Une nuit, vers 2 heures du matin, en patrouille dans un quartier de Xville connu comme un lieu de commission de nombreux vols, trois gardiens de la paix décident de procéder au contrôle de l'identité d'un jeune homme porteur d'un sac qu'il dépose aussitôt dans le coffre d'une voiture stationnée à proximité immédiate. Après qu'il a fourni un document justificatif de l'identité demandée et appris à ces policiers que ce véhicule lui appartient, l'un de ceux-ci ouvre le coffre dudit véhicule dont la fouille lui permet de récupérer le sac antérieurement aperçu. Il y découvre divers objets dont certains lui paraissent avoir une origine frauduleuse.
Se saisissant de ce sac, les gardiens de la paix décident d'interpeller celui qu'ils viennent d'identifier comme étant Gilles Dupont. Ce dernier refuse alors de les suivre, puis leur porte des coups de pied,

26 V. not. M. Fabre-Magnan, Les obligations, 1re éd., PUF, coll. « Thémis », 2004, p. 49 s. qui expose les « principes fondateurs du droit des contrats », comprenant la liberté contractuelle, la force obligatoire du contrat et la bonne foi ».
27 COM (2006) 744 final.
28 Pt. 4. 3. V. Livre vert sur la révision de l'acquis communautaire en matière de protection des consommateurs. Réponses françaises, t. 5, Société de législation comparée, coll. « Droit privé comparé et européen », 2007. B. Fauvarque-Cosson et D. Mazeaud (dir.), Projet de cadre commun de référence, Terminologie contractuelle commune, société de législation comparée, vol. 6, 2008, p. 2007 s.

occasionnant des blessures à deux d'entre eux. Employant la force, ils parviennent à le maîtriser pour le conduire devant l'officier de police judiciaire territorialement compétent qui le place en garde à vue.
À l'issue de l'enquête, après que Gilles Dupont lui a été présenté sur ses instructions, ce magistrat saisit de ces faits le tribunal correctionnel par la voie de la comparution immédiate.

Vous répondrez aux questions suivantes par une argumentation juridique précise, en fonction des circonstances de l'espèce ci-dessus exposées :
1- Quelles sont la ou les infractions pénales qui vous paraissent pouvoir être reprochées à Gilles Dupont ? (5 points)
2- Au terme d'un examen de sa légalité, ce contrôle d'identité vous semble-t-il valide ? (4 points)
3- Quel est le cadre d'enquête susceptible d'avoir été mis en œuvre lors de la découverte du sac ? (6 points)
4- Quels sont les droits dont dispose Gilles Dupont devant le tribunal correctionnel saisi par la voie de la comparution immédiate ? Peut-il discuter de la légalité des actes exécutés à son encontre, par quelle voie procédurale ? Quel est l'intérêt d'un tel mode de poursuite par rapport à ceux que peut mettre en œuvre le procureur de la République ? (5 points).

Dissertation : « Le Procureur de la République, clé de voûte de la procédure pénale ? »

Épreuve de droit pénal ou procédure pénale : (2e et 3e concours)

Cas pratique : même sujet que pour le 1er concours

Dissertation : même sujet que pour le 1er concours, accompagné du dossier documentaire suivant

DOSSIER DOCUMENTAIRE

Document n° 1 : Gérard Clément, « Les métamorphoses du ministère public en matière pénale », *in Mélanges J. Pradel*, éd. Cujas, 2006, p 271.
Document n° 2 : Cass. crim. 20 mars 1995, *Bull. crim.* n° 111 ; *JCP* 1995, IV, n° 26.
Document n° 3 : Cons. const. 11 août 1993, n° 93-326 DC, Garde à vue : *JO* 15 août, p. 11599.
Document n° 4 : Cons. const. 2 mars 2004, déc. n° 2004-492 DC, § 98 : *JO* 10 mars, p. 4634.
Document n° 5 : Michèle-Laure Rassat, « Encore et toujours la Cour européenne des droits de l'homme », *JCP* 2009, Actualités, Libres propos, 200.
Document n° 6 : CEDH, 10 juill. 2008, *Medvedyev et autres c. France* : observations de Frédéric Sudre, *JCP* 2009, I, 104, n° 5.

Document n° 1 : Extrait de l'article intitulé « Les métamorphoses du ministère public en matière pénale », par Gérard Clement, professeur à l'université de Reims, doyen de la faculté de droit et de science politique, *in Mélanges Pradel*, éd. Cujas, 2006, p. 271.

Le ministère public est un corps permanent de magistrats spécialisés. Il est unifié et hiérarchiquement structuré.
Les deux caractéristiques principales de son organisation sont, outre l'indépendance à l'égard des juridictions et des parties, le principe d'indivisibilité, qui permet aux membres du parquet d'une juridiction de se remplacer mutuellement tout au long d'une affaire et la subordination hiérarchique au garde des sceaux, limitée, traditionnellement, par le pouvoir propre des chefs de parquet et par la liberté de parole.
De cette dépendance historique désapprouvée par certains auteurs et approuvée par d'autres, découle un double pouvoir du ministre de la Justice relativement à l'action publique, exprimé par le nouvel article 30 du Code de Procédure pénale : « il adresse aux magistrats du ministère public des instructions générales d'action publique » et « il peut lui enjoindre par instructions écrites et versées au dossier de la procédure, d'engager ou de faire engager des poursuites ou de saisir la juridiction compétente de telles réquisitions écrites que le ministre juge opportunes ». Le ministère public agit au nom de la société. Il assure le respect des libertés individuelles. Il veille, dans l'intérêt général, à l'application de la loi en matière pénale, civile, commerciale et sociale, en tenant compte tant des droits des individus que de la nécessaire efficacité de la justice ». Il joue un rôle majeur dans notre système juridictionnel, occupant « une place de premier plan parmi les fastes judiciaires ». Sa fonction est fondamentale en matière pénale, tant pour le déclenchement que pour l'exercice de l'action publique. Dans le cadre de sa mission de défenseur de la société et d'organe de la loi, le ministère public a toujours su s'adapter aux évolutions de la société ainsi que celles de la criminalité et faire preuve de dynamisme et d'imagination dans sa réponse aux exigences

de la pratique. En étendant ses attributions, il a contribué à forger cette image d'acteur incontournable de la réponse pénale à l'acte de délinquance. Tout au long du XIXe siècle, le ministère public a vu ses missions évoluer et ses pratiques ont souvent précédé la consécration normative. À titre d'exemple, la Loi du 20 mai 1863 consacre les pratiques en cours des enquêtes officieuses en confiant exclusivement au procureur l'instruction préparatoire en cas de flagrant délit. Au cours de ces dernières décennies, le ministère public a connu des métamorphoses importantes, dont il est en partie l'auteur. Celles-ci ont pour genèse la réponse judiciaire du parquet à l'acte de délinquance (I) et les politiques publiques (II)

I – La reponse judiciaire du parquet a l'acte de délinquance : genèse des métamorphoses

La réponse judiciaire du ministère public à l'acte de délinquance doit être donnée dans le respect du Code de Procédure pénale et des droits de l'homme et selon des principes directeurs contenus dans la recommandation 2000 (19) du Conseil de l'Europe (A). Elle met en relief le rôle de plus en plus prégnant du ministère public, maître d'œuvre de celle-ci (B).

A – Les critères de la réponse judiciaire

Le Code de Procédure pénale a consacré la subordination de la police judiciaire au ministère public et légalisé leurs pouvoirs : « la police judiciaire est exercée sous la direction du procureur de la République » qui « procède ou fait procéder à tous les actes nécessaires à la recherche et à la poursuite des infractions ». Afin que cette direction puisse s'exercer les officiers de police judiciaire sont tenus d'informer « sans délai » le procureur de la République des infractions qui parviennent à leur connaissance. Des textes spécifiques prévoient, de plus, qu'ils doivent « immédiatement » aviser le ministère public de la commission d'un crime flagrant, d'un délit flagrant ou de la découverte d'un cadavre. En réalité, cette obligation d'information, attribut de la subordination fonctionnelle, n'est pas toujours respectée. C'est de ce constat qu'est né un mode de traitement en temps réel des infractions pénales. Ce dernier a été mis en place de façon pragmatique par certains procureurs.

Le traitement en temps réel, aujourd'hui généralisé à l'ensemble des juridictions, est devenu une pratique quotidienne ([3]) dans les parquets et a entraîné des modifications dans leur organisation. Elle a transformé la façon de travailler du ministère public : à la lecture d'une procédure écrite s'est substitué, lors des permanences, le dialogue téléphonique entre le substitut et l'enquêteur.

Le traitement en temps réel s'inscrit dans la gestion de l'urgence. Il recouvre, au profit de la société et de la victime, une réponse pénale rapide et adaptée : les procédures sont traitées, dans la mesure du possible, dans le temps le plus proche de la constatation des faits et de l'aboutissement de l'enquête. Dès le début de l'enquête, toute infraction pénale, qu'elle soit élucidée ou non élucidée mais significative, doit faire l'objet d'un compte rendu téléphonique immédiat au parquet par le service enquêteur, au cours duquel ce dernier précise notamment les faits, les indices et anticipe sur les éléments à lui transmettre.

Il permet, par conséquent, au ministère public, non seulement d'orienter les investigations et d'en suivre les développements, mais aussi de veiller à une application effective des priorités de politique pénale. Le traitement en temps réel a mis ainsi le parquet en mesure de mieux exercer sa mission de direction de l'activité de police judiciaire.

Cette métamorphose s'insère dans une évolution législative positive, au regard de la garantie judiciaire, relativement au contrôle des pouvoirs de la police judiciaire par le ministère public.

La Loi du 4 janvier 1993, soucieuse de renforcer les moyens donnés à ce dernier pour exercer un tel contrôle a introduit le principe de la notation de l'officier de police judiciaire par le procureur général et prescrit que cette notion est prise en compte pour toute décision d'avancement de carrière.

La Loi du 15 juin 2000 a accentué le contrôle du procureur de la République sur l'exécution des enquêtes préliminaires et introduit la notion de durée raisonnable : lorsque le procureur de la République donne instruction à un officier de police judiciaire d'ouvrir une enquête préliminaire, il doit simultanément lui fixer un délai d'achèvement, délai qu'il peut prolonger « au vu des justifications fournies par l'enquêteur » (CPP, art. 75-1)

Quand l'officier de police judiciaire ouvre spontanément une enquête préliminaire d'office, il a l'obligation de rendre compte au procureur de la République de l'état d'avancement de cette enquête au terme d'un délai de six mois à compter de son ouverture. Le non-respect de ce délai peut avoir une répercussion sur la notation de l'officier de police judiciaire. De plus, en application des dispositions de l'article 75-2 du Code de procédure pénale, les officiers de police judiciaire qui mènent une enquête préliminaire concernant un crime ou un délit doivent informer le parquet dès qu'est identifiée une personne à l'encontre de laquelle existent des indices faisant présumer qu'elle a commis ou tenté de commettre l'infraction.

Enfin, la loi du 9 mars 2004 accroît le contrôle du parquet sur la police judiciaire puisque seul le procureur

de la République a qualité pour décider, au vu des renseignements que lui donneront les enquêteurs, de prolonger l'enquête de flagrance, pour une durée maximale de huit jours, lorsqu'elle porte sur un crime ou un délit puni d'une peine supérieure ou égale à cinq ans d'emprisonnement.
Ce contrôle des pouvoirs de la police judiciaire par le ministère public requiert de mettre l'accent sur les exigences des droits de l'homme et du respect des libertés individuelles. Par sa décision du 5 août 1993, en matière de contrôle d'identité, le Conseil constitutionnel semble considérer que le ministère public participe à la garantie judiciaire.
Dans sa décision du 11 août 1993 relative à la garde à vue, sa position ne contient aucune ambiguïté : « l'autorité judiciaire qui, en vertu de l'article 66 de la Constitution, assure le respect de la liberté individuelle comprend à la fois les magistrats du siège et ceux du parquet ».
Partie intégrante de l'autorité judiciaire, le ministère public doit par conséquent vérifier la légalité des enquêtes de police et veiller à la garantie des libertés, ainsi qu'au respect, d'une part, des droits du suspect placé en garde à vue et, d'autre part, de l'obligation d'ordre public, de le traiter avec dignité.
Ces exigences transparaissent dans les lois du 4 janvier et du 24 août 1993 et celle du 15 juin 2000 et la jurisprudence de la chambre criminelle de la cour de cassation
L'officier de police judiciaire est obligé d'informer le procureur dès le placement en garde à vue. « Tout retard dans l'information donnée au procureur du placement en garde à vue d'un individu, non justifié par des circonstances insurmontables, fait nécessairement grief à l'intéressé » et conduit en conséquence à la nullité de cette mesure. Le procureur ou le substitut peut contrôler la mesure de garde à vue à tout moment, soit par téléphone, soit en se rendant dans les locaux dans lesquels la personne est placée en garde à vue, soit en demandant à l'enquêteur qui sollicite une prolongation de la garde à vue de conduire devant lui la personne concernée...

B – Le ministère public maître d'œuvre de la réponse judiciaire

Depuis les années soixante-dix, le pouvoir d'opportunité du ministère public n'a fait que s'accroître, permettant ainsi non seulement une meilleure prise en compte de l'intérêt des victimes, une meilleure individualisation des poursuites, une meilleure resocialisation et une réponse judiciaire plus rapide mais encore de réduire les classements sans suite et d'apporter une réponse pénale en cas d'infraction commise par une personne identifiée, réponse dont la nécessité est devenue un principe, dégagé par la pratique des parquets, et consacré par la loi n° 2004-204 du 9 mars 2004 (CPP, art. 40-1).
Autrefois, le législateur n'avait prévu qu'une seule alternative : classer sans suite ou poursuivre. Sur l'initiative de certains parquets, il a donné des fonctions explicitement juridictionnelles, de nouvelles prérogatives au ministère public dans la résolution des conflits nés de la commission d'une infraction (CPP, art. 41-1) ; l'une de celles-ci, la médiation pénale, fait appel au consentement des parties, les autres impliquent sans doute l'acceptation de la solution proposée suivie ensuite de son exécution s'il y a lieu. Celles-ci donnent ainsi au ministère public la possibilité de mener une politique contractuelle. Elles permettent au parquet, sans recourir au classement sans suite pur ni à la saisine de la juridiction, de choisir d'autres voies, parmi lesquelles le rappel à la loi, le classement sous condition, la réparation du dommage, la médiation. Lorsqu'elles sont couronnées de succès, celles-ci aboutissent à un classement sans suite.
À ces alternatives à la poursuite, il faut ajouter la politique de poursuites en matière d'usage de stupéfiants. Cette dernière fait, depuis la loi n° 70-1320 du 31 décembre 1970, une large part à une alternative au procès dont d'une des branches médicales consiste en une injonction thérapeutique.
Les poursuites ne seront pas exercées contre le délinquant lorsque celui-ci aura accepté l'injonction faite par le magistrat du ministère public de subir une cure de désintoxication. À défaut, ce magistrat mettra en œuvre l'action publique, « ce qui est un moyen de susciter le consentement sans pour autant le forcer. »
Le développement de cette troisième voie, lié notamment à la capacité d'absorption de la juridiction de jugement, entraîne en termes de décisions une augmentation non négligeable des pouvoirs du ministère public et cela d'autant plus que les juges du siège ne peuvent lui enjoindre d'exercer des poursuites contre un individu déterminé où à l'occasion d'un fait déterminé, il exerce ses attributions en toute indépendance.
L'accroissement du pouvoir d'opportunité est également le fruit de la diversification par le législateur des modes de poursuite.
La comparution immédiate ou la convocation par procès-verbal d'un majeur ou la convocation par OPJ aux fins de jugement par le juge des enfants ou la comparution à délai rapproché ou le jugement à délai rapproché procédures spécifiques aux mineurs, permettent au ministère public de choisir l'option d'un circuit rapide.
La réponse pénale doit intervenir dans des délais brefs. C'est la raison pour laquelle les modes de comparution rapide restent privilégiés ; toutefois, le traitement judiciaire de la criminalité grave ne saurait se faire autrement que par une procédure d'instruction...

II - Le parquet et les politiques publiques : un nouveau métier

Les principes d'égalité et de cohérence induisent la nécessité d'une politique pénale nationale, adaptée aux réalités régionales et locales, par les procureurs généraux et les procureurs de la République (A). Les autres politiques publiques doivent être en harmonie avec cette politique nationale. Elles impliquent un investissement du ministère public dans la cité et sont la source d'un partenariat important (B).

A - Le parquet et la politique pénale

Dès le XIXe siècle, la plupart des éléments nécessaires à l'élaboration d'une politique pénale existaient : du côté du parquet : la faculté de ne pas poursuivre, du côté de l'exécutif : la faculté d'enjoindre. L'opportunité des poursuites et son diminutif le classement sans suite n'étaient pas le seul instrument de politique pénale dont disposaient les magistrats du ministère public au XIXe siècle.
En effet, la correctionnalisation judiciaire permettait également de conduire une telle politique. Mais cela ne veut pas dire que dès cette époque, le rapport du ministère public à la politique pénale était identique à ce qu'il est maintenant : hier, il n'avait à connaître que d'affaires individuelles, aujourd'hui, il doit mener une politique globale d'une grande richesse
En réalité, la notion de politique pénale ne s'est véritablement imposée que ces dernières années. Elle intéresse non seulement l'action publique mais également l'exécution des peines dont l'effectivité se décline avec la crédibilité de la justice.
Arrêtée par le gouvernement et énoncée par le garde des Sceaux, ministre de la Justice, la politique pénale pyramidale fait l'objet de circulaires d'ordre général, diffusées par le canal hiérarchique à tous les parquets. Cette politique publique, commandée par l'intérêt général et mise en œuvre par le ministère public, a pour objet d'arrêter les priorités à mettre en œuvre dans la conduite de l'action publique de fixer des orientations générales, de mener une politique globale. Elle s'attache, en particulier, à la cohérence de l'action publique dans un souci d'égalité au regard de l'application de la loi pénale...
La mise en œuvre des instructions générales de politique pénale au niveau local repose sur les chefs de parquet. Le procureur général, chargé de les diffuser, doit veiller à leur mise en œuvre effective. Pour que ceci soit possible, le procureur général doit être informé des pratiques réelles de son ressort et entretenir des relations très étroites avec ses procureurs de la République...

B - Le parquet et les autres politiques publiques

Depuis plus de dix ans, la contractualisation de la justice a été un facteur de métamorphose du ministère public impliquant son investissement dans la cité et un partenariat important dans le but de mieux traiter tant les causes que les conséquences de la délinquance. Cette contractualisation est symbolisée par les contrats de sécurité et se développe dans le cadre de la politique de la ville. Les procureurs sont au cœur de cette politique. Ils sont présents dans différentes structures, telles que les conseils locaux de sécurité et de prévention de la délinquance, le conseil départemental de prévention, les contrats locaux de sécurité, les groupes locaux de traitement de la délinquance...

Document n° 2 : Cass. crim. 20 mars 1995, *Bull. crim.* n° 111

1° Crimes et délits flagrants. - Enquête. -Officier de police judiciaire. - Compétence. - Arrivée du procureur de la République sur les lieux. - Effet.
2° Instruction. - Saisie. - Scellés. - Placement sous scellés. - Expertise. - Nouvel inventaire. - Nécessité (non).

1° L'arrivée du procureur de la République sur les lieux d'un crime flagrant dessaisit les officiers de police judiciaire mais ceux-ci peuvent poursuivre leurs investigations sur prescription de ce magistrat, laquelle n'a pas à être formulée par écrit.
2° Avant de faire parvenir les scellés aux experts, le juge d'instruction n'a pas à procéder à leur inventaire si celui-ci a déjà eu lieu précédemment.
REJET des pourvois formés par Dauve Frédéric, Guimard Pascal, contre l'arrêt de la chambre d'accusation de la cour d'appel de Rennes, en date du 8 décembre 1994, qui les a renvoyés devant la cour d'assises de la Loire-Atlantique sous l'accusation de viol aggravé et meurtre concomitant.

LA COUR,
Joignant les pourvois en raison de la connexité ;
Vu le mémoire produit, commun aux deux demandeurs ;

I – Sur le pourvoi de Frédéric Dauve :
Sur le premier moyen de cassation, pris de la violation des articles 68, 171, 206, et 802 du Code de procédure pénale, défaut de motifs, manque de base légale, ensemble violation des droits de la défense :
« en ce que la chambre d'accusation a refusé d'annuler les procès-verbaux d'enquête préliminaire cotés D 28, D 29, D 34, D 38, D 52, D 57, D 58, et D 62, ainsi que le réquisitoire introductif visant ces pièces (D 95) et toute la procédure subséquente ;
« aux motifs que la présence du procureur de la République sur les lieux, aux réquisitions duquel les enquêteurs se sont référés pour accomplir plusieurs actes de police judiciaire, n'exclut pas que pour d'autres actes, ce même magistrat prescrive aux officiers de police judiciaire de poursuivre les opérations, ce qu'il peut faire, sans que l'ordre donné fasse l'objet d'une mention écrite ; que, dès lors que ce magistrat ne s'oppose pas formellement à cette poursuite des opérations, on doit considérer que le procureur de la République y a consenti ; qu'en tout état de cause, ce magistrat du parquet a autorisé la prolongation de la garde à vue qui avait été demandée pour le motif suivant : « poursuite des investigations » ;
« alors que si l'officier de police judiciaire arrivé le premier sur les lieux peut accomplir tous les actes de l'enquête de flagrance décrits par les articles 54 à 63 du Code de procédure pénale, l'arrivée du procureur de la République sur les lieux dessaisit l'officier de police judiciaire, sauf si le magistrat du parquet lui prescrit de poursuivre les opérations par un ordre qui, s'il peut être verbal, doit apparaître sous une forme écrite dans la procédure ; qu'il s'ensuit qu'à défaut d'un tel ordre, l'officier de police judiciaire ne peut plus agir que sur délégation du magistrat du parquet ; qu'en l'espèce, il résulte du procès-verbal de synthèse que le procureur de la République est arrivé sur les lieux du crime dans la soirée du 25 mai 1992, de sorte que tous les actes accomplis par les officiers de police judiciaire postérieurement à cette arrivée ne faisant référence ni à un ordre général de poursuite des opérations, ni à des réquisitions spécifiques du procureur de la République, sont irréguliers ; que l'irrégularité de ces actes portant notamment sur des perquisitions, saisies et prélèvements corporels a fait grief aux mis en examen, comme portant atteinte à leur intégrité corporelle et à l'inviolabilité de leur domicile ; que c'est, dès lors, à tort que la chambre d'accusation a refusé d'annuler ces actes, ainsi que le réquisitoire introductif du 28 mai 1992 (D 95) s'y référant, et toute la procédure subséquente ».
Attendu que, pour refuser d'annuler les actes accomplis par les officiers de police judiciaire lors de l'enquête de crime flagrant postérieurement à l'arrivée du procureur de la République sur les lieux sans viser des réquisitions expresses de ce magistrat, les juges énoncent qu'il suffit que le magistrat du ministère public ne s'oppose pas formellement à la poursuite des opérations par les officiers de police judicaire pour que ceux-ci puissent continuer régulièrement leurs investigations ;
Attendu qu'en cet état, et dès lors qu'en donnant des consignes particulières aux enquêteurs qui s'y sont référés pour accomplir certains actes, le procureur de la République n'a fait qu'user des pouvoirs généraux de direction d'enquête qu'il tient de l'article 41 du Code de procédure pénale, l'arrêt attaqué n'encourt pas les griefs allégués au moyen ;
Qu'en effet si, en vertu de l'alinéa 1er de l'article 68 du Code de procédure pénale, l'arrivée du procureur de la République sur les lieux dessaisit les officiers de police judiciaire, ceux-ci peuvent, en application des dispositions de l'alinéa 3 du même texte, poursuivre les opérations sur prescription de ce magistrat, laquelle n'a pas à être formulée par écrit ;
Que, dès lors, le moyen ne saurait être accueilli ; (...)
REJETTE les pourvois.

Président : M. Gondre, conseiller doyen faisant fonction. – Rapporteur : M. Le Gall. – Avocat général : M. Galand. – Avocat : la SCP Waquet, Farge et Hazan.

Document n° 3 : Conseil constitutionnel – Décision n° 93-326 DC du 11 août 1993 Loi modifiant la loi n° 93-2 du 4 janvier 1993 portant réforme de la procédure pénale : JO 15 août 1993, p 11599

Le Conseil constitutionnel,
Vu la Constitution ;
Vu l'ordonnance n° 58-1067 du 7 novembre 1958 modifiée portant loi organique sur le Conseil constitutionnel ;
Vu le Code de procédure pénale, ensemble la loi n° 93-2 du 4 janvier 1993 ;
Vu l'ordonnance n° 45-174 du 2 novembre 1945 modifiée relative à l'enfance délinquante ;

Le rapporteur ayant été entendu ;
Considérant que les sénateurs auteurs de la saisine font grief à la loi déférée de porter atteinte à la liberté individuelle par ses articles 2, 3 et 5-I relatifs à la garde à vue, au principe du respect des droits de la

défense par ses articles 3-IV, 12-I, 17, 37-I et 37-II et de surcroît au principe d'égalité s'agissant de son article 3-IV ainsi qu'aux principes posés par les articles 8 et 9 de la Déclaration des droits de l'homme et du citoyen de 1789 par son article 29 relatif à la garde à vue du mineur de treize ans ; qu'ils font valoir enfin que, par ces mêmes dispositions, le législateur n'a pas respecté la « limitation à son pouvoir d'abrogation des lois anciennes » en privant de garanties légales des exigences de caractère constitutionnel ;
Sur les méconnaissances de la liberté individuelle :
Considérant qu'il est reproché à la loi déférée de méconnaître le principe de la liberté individuelle sur trois points : en premier lieu en ce que l'article 2 relatif à l'enquête de flagrance et l'article 5 relatif à l'enquête préliminaire prévoient que le procureur de la République n'est informé par l'officier de police judiciaire de la mise d'une personne en garde à vue que « dans les meilleurs délais », ce qui peut conduire à retarder l'information de ce magistrat et par là même, selon les auteurs de la saisine, à compromettre l'efficacité de son contrôle sur les gardes à vue ; en deuxième lieu, en ce que ces mêmes articles donnent compétence au procureur de la République pour autoriser la prolongation au-delà de vingt-quatre heures de la garde à vue, alors que cette prolongation devrait être subordonnée à une décision d'un magistrat du siège ; enfin en ce que l'article 3-IV de la loi prévoit des prolongations de délais de garde à vue dans des cas autres que celui d'enquêtes portant sur des infractions déterminées appelant des recherches particulières ;
En ce qui concerne l'information du procureur de la République par l'officier de police judiciaire « dans les meilleurs délais » :
Considérant que la garde à vue mettant en cause la liberté individuelle dont, en vertu de l'article 66 de la Constitution, l'autorité judiciaire assure le respect dans les conditions prévues par la loi, il importe que les décisions prises en la matière par les officiers de police judiciaire soient portées aussi rapidement que possible à la connaissance du procureur de la République, afin que celui-ci soit à même d'en assurer effectivement le contrôle ; que les dispositions des articles 2 et 5 de la loi prévoyant que le procureur de la République est informé par l'officier de police judiciaire des décisions de mise en garde à vue « dans les meilleurs délais » doivent s'entendre comme prescrivant une information qui, si elle ne peut être immédiate pour des raisons objectives tenant aux nécessités de l'enquête, doit s'effectuer dans le plus bref délai possible de manière à assurer la sauvegarde des droits reconnus par la loi à la personne gardée à vue ; que sous réserve de cette interprétation, les mots : « dans les meilleurs délais » ne sauraient avoir pour portée de priver les magistrats concernés du pouvoir de contrôle qu'il leur appartient d'exercer ;
En ce qui concerne la prolongation de la garde à vue :
Considérant qu'en vertu de l'article 2-I de la loi, s'agissant de crimes et de délits flagrants, les personnes gardées à vue pour les nécessités de l'enquête ne peuvent être retenues plus de vingt-quatre heures ; qu'aux termes du même article : « La garde à vue des personnes à l'encontre desquelles il existe des indices faisant présumer qu'elles ont commis ou tenté de commettre une infraction peut être prolongée d'un nouveau délai de vingt-quatre heures au plus, par autorisation écrite du procureur de la République. Ce magistrat peut subordonner cette autorisation à la présentation préalable de la personne gardée à vue « ; que l'article 5-I relatif à l'enquête préliminaire prévoit de même que le procureur de la République peut, avant l'expiration du délai de vingt-quatre heures, prolonger la garde à vue d'un nouveau délai de vingt-quatre heures au plus ;
Considérant que l'autorité judiciaire qui, en vertu de l'article 66 de la Constitution, assure le respect de la liberté individuelle, comprend à la fois les magistrats du siège et ceux du parquet ; que si l'intervention d'un magistrat du siège peut être requise pour certaines prolongations de la garde à vue, l'intervention du procureur de la République dans les conditions prévues par la loi déférée ne méconnaît pas les exigences de l'article 66 de la Constitution ; [...]

Article 2 :
La présente décision sera publiée au *Journal officiel de la République française*.

Document n° 4 : Conseil constitutionnel. Décision n° 2004-492 DC du 2 mars 2004 Loi portant adaptation de la justice aux évolutions de la criminalité : *JO* 10 mars 2004, p. 4367.

Le Conseil constitutionnel,
Vu la Constitution ;
Vu l'ordonnance n° 58-1067 du 7 novembre 1958 modifiée portant loi organique sur le Conseil constitutionnel ;
Vu la convention des Nations unies contre la criminalité transnationale organisée, adoptée à New York le 15 novembre 2000, signée par la France à Palerme le 12 décembre 2000 et publiée par le décret n° 2003-875 du 8 septembre 2003 ;

Vu le Code pénal ;
Vu le Code de procédure pénale ;
Vu l'ordonnance n° 45-2658 du 2 novembre 1945 modifiée portant loi organique relative au statut de la magistrature ;
Vu la loi n° 78-17 du 6 janvier 1978 modifiée relative à l'informatique, aux fichiers et aux libertés ; (...)

Le rapporteur ayant été entendu ;

Considérant que les auteurs des deux saisines défèrent au Conseil constitutionnel la loi portant adaptation de la justice aux évolutions de la criminalité ; qu'ils contestent notamment la conformité à la Constitution, en tout ou partie, de ses articles 1er, 14, 48, 63 et 137 ; (...)
Sur l'article 63 :
96. Considérant que l'article 63 de la loi déférée insère dans le code de procédure pénale un article 30 ainsi rédigé : « Le ministre de la justice conduit la politique d'action publique déterminée par le Gouvernement. Il veille à la cohérence de son application sur le territoire de la République. – À cette fin, il adresse aux magistrats du ministère public des instructions générales d'action publique. – Il peut dénoncer au procureur général les infractions à la loi pénale dont il a connaissance et lui enjoindre, par instructions écrites et versées au dossier de la procédure, d'engager ou de faire engager des poursuites ou de saisir la juridiction compétente de telles réquisitions écrites que le ministre juge opportunes » ;
97. Considérant qu'il est soutenu par les auteurs des saisines que ces dispositions méconnaîtraient le principe de la séparation des pouvoirs, l'article 2 de la Déclaration de 1789 et l'article 66 de la Constitution ;
98. Considérant qu'en vertu de l'article 20 de la Constitution, le Gouvernement détermine et conduit la politique de la nation, notamment dans le domaine de l'action publique ; que l'article 5 de l'ordonnance du 22 décembre 1958 susvisée, portant loi organique relative au statut de la magistrature, place les magistrats du parquet sous l'autorité du ministre de la justice ; que l'article 30 nouveau du code de procédure pénale, qui définit et limite les conditions dans lesquelles s'exerce cette autorité, ne méconnaît ni la conception française de la séparation des pouvoirs, ni le principe selon lequel l'autorité judiciaire comprend à la fois les magistrats du siège et ceux du parquet, ni aucun autre principe ou règle de valeur constitutionnelle ; (...)

Décide :
(...)
Article 2 – Le surplus des articles 1er et 137 de la même loi, ainsi que ses articles 14, 48, 63, 121 ET 186, sont déclarés conformes à la Constitution sous les réserves énoncées aux considérants 6, 17, 18, 33, 56, 65 et 107.

Article 3 – La présente décision sera publiée au *Journal officiel de la République française*.

Document n° 5 : « Encore et toujours la Cour européenne des droits de l'homme », par Michèle-Laure Rassat, professeur émérite des facultés de droit.

Il y a quelque quarante ans, Georges Levasseur grommelait : « Il paraît que la ratification de la Convention européenne des droits de l'homme ne nous posera aucun problème car notre procédure pénale est strictement conforme. Ils vont voir ». Ils ont vu et ils continuent de voir.

La Cour européenne vient, en effet, d'infliger à la procédure pénale française, directement dans un cas et par l'intermédiaire de la Belgique, dans l'autre, les deux plus grandes gifles qu'elle lui ait jamais infligées (CEDH, 10 juill. 2008, n° 3394/03, *Medvedyev c/France* : *JCP* G 2009, I, 104, n° 5, obs. F. Sudre ; *D.* 2009, p. 660, note J.-F. Renucci. – CEDH, 13 janv. 2009, n° 926/05, *Taxquet c/Belgique* : *Dr. Pén.* 2009, Focus 12) car au-delà des questions résolues, qui sont déjà loin d'être négligeables, ce sont des pans entiers de la procédure pénale française qui sont atteints.

Une chose n'a pas changé, cependant, depuis Levasseur : l'attitude de la communauté juridique française, dans toutes ces composantes, qui, pour le moment et, comme toujours dans ces cas-là fait l'autruche. Si nous avions été en état démettre une opinion à l'époque, nous n'aurions pas été favorables à la ratification de la Convention ; étant en état d'émettre une certaine opinion au moment de la ratification du recours individuel, nous avons dit que nous n'y étions pas favorables ; mais le mal est fait et il est irréparable. Il est donc absurde de se comporter en gamins boudeurs, de ne pas regarder les choses en face et de ne pas s'atteler le plus vite possible à faire ou au moins à réfléchir à ce que nous sommes condamnés à faire.

La condamnation de l'absence de motivation des arrêts d'assises était attendue et la foudre européenne était déjà passée bien près de nous lors de l'arrêt Papon (CEDH, 15 nov. 2001, n° 54210100) où nous n'avions échappé à la condamnation qu'en raison du nombre des questions posées (768). Il est vrai que cette décision pouvait nous laisser un faible espoir dans la mesure où ce nombre de questions ne traduisait pas une réelle volonté d'explication mais s'imposait en raison du nombre des victimes. Nous avions donc manifestement bénéficié de la mansuétude de la Cour. La Belgique, et nous, par conséquent, n'avons pas eu, cette fois-ci, cette chance. Et la Cour s'en explique, d'ailleurs, en disant que les temps ont (déjà) changé (CEDH, *Taxquet c/Belgique*, préc., § 43)...

La déclaration que « force est (...) de constater que le procureur de la République n'est pas une « autorité judiciaire » au sens que la jurisprudence de la cour donne à cette notion (car) il lui manque (...) l'indépendance à l'égard du pouvoir exécutif pour pouvoir être ainsi qualifié » (CEDH, 10 juill. 2008, préc., § 61) est encore beaucoup plus cataclysmique surtout en l'état actuel des projets de réforme. Il ne faudrait pas se bercer d'illusions sur le fait que l'affaire en cause est renvoyée devant la Grande chambre car même si le caractère exceptionnel des faits peut faire espérer, en l'espèce, une solution différente, la question du ministère public est, elle aussi posée depuis suffisamment longtemps, pour que le sursis ne puisse être que de courte durée.

Soyons claire, le projet *Léger* tel que le rapport d'étape le décrivait nous paraît enterré au moins dans la mesure de ce qu'il prétendait faire (v. aperçu H. Matsopoulou : *JCP* G 2009, act. 156). Le ministère public pourra devenir un directeur d'enquête mais dans la mesure où rien de ce qu'il voudra faire et qui ne peut pas ne pas porter atteinte à la liberté individuelle ne pourra se faire sans l'aval du juge de l'enquête, celui-ci sera, en fait, un juge d'instruction seulement doté d'un autre nom et avec cette circonstance aggravante qu'il devra intervenir dans toutes les procédures, ce qui aura vite fait de gripper la machine.

Entendons-nous bien, cependant, ce n'est pas seulement le projet Léger qui est enterré, c'est toute notre procédure d'enquête du droit positif qui est condamnée car ce que dit directement l'arrêt *Medvedyev* c'est que le ministère public n'est pas suffisamment indépendant pour contrôler les gardes à vue.

Le débat sur le point de savoir si le ministère public doit ou non devenir indépendant du pouvoir politique n'est plus de saison : nous sommes obligés sinon de rendre le ministère public indépendant, ce dont nous répétons depuis plus de trente ans que, présenté comme cela, ça n'a aucun sens (v. notre thèse, *Le ministère public entre son passé et son avenir*, Paris, LGDJ, 1967), mais de réorganiser l'exercice de l'action publique et le rôle qu'y joue le ministère public.
Dans les « propositions de réforme du Code de procédure pénale » que nous avait demandées le garde des Sceaux en 1997, nous avions proposé quatre schémas possibles de réorganisation (préc, p. 4). L'un d'eux a, évidemment, notre préférence.

La réorganisation du ministère public, y compris sous son nom et en soi, ne présente aucune difficulté. Il suffit d'aligner son statut sur celui des juges du siège. Comme, cependant, son action suppose la cohésion, il n'est ni possible ni souhaitable de toucher à l'organisation hiérarchique des parquets, à la dépendance des substituts à l'égard de leur chef de parquet et à la possibilité des ordres donnés par les uns ou autres avec ou sans pouvoir de substitution selon les cas. Le seul problème est de savoir qui prend la tête de la pyramide. Nous n'avons jamais été favorables à ce qui nous paraît être des complications inutiles telles que la création d'une nouvelle entité. Le chef naturel d'un ministère public abstrait du pouvoir exécutif est le procureur général près la Cour de cassation.

Mais, se borner à cela, ce dont rêvent un grand nombre de nos réformateurs, est impossible car incompatible avec les Institutions de la République. La politique pénale (sans oublier d'autres fonctions de l'actuel ministère public) est une politique comme les autres et c'est le Gouvernement qui met en œuvre la politique de la Nation. Il faut donc impérativement et surtout simultanément car toute distorsion entre l'une et l'autre réforme ouvrirait la porte à une éventuelle dérive, organiser, sous une forme à débattre (rapidement), la représentation du Gouvernement, en tant que tel et sous ses couleurs, auprès des tribunaux...

Nous ne savons pas si, selon le mot de Levasseur, nous avons fini de voir, mais il serait certainement utile de regarder.

Document n° 6 : Observations de M. le professeur Frédéric Sudre, *JCP* 2009, I, 104.

La Cour juge que la privation de liberté de treize jours imposée aux membres de l'équipage à bord d'un navire battant pavillon cambodgien intercepté en haute mer par la police des douanes française pour trafic de stupéfiants, le temps de son convoiement vers un port français, n'a pas été faite « *selon les voies légales* », au sens de l'article 5, § 1 (**CEDH, 10 juill. 2008, *Medvedyev et A. c France*)**. Selon la jurisprudence européenne, le respect des « *voies légales* » suppose à la fois que la mesure privative de liberté ait une « *base légale* » en droit interne et que celle-ci soit « *suffisamment accessible et précise afin d'éviter tout danger d'arbitraire* » (CEDH, 25 juin 1996, *Amuur c/France* : *JCP* G 1997, I, 4000, n° 11, nos obs.). Or, ni la loi du 15 juillet 1994 relative aux modalités de l'exercice par l'État de ses pouvoirs de contrôle en mer, ni le droit international n'envisageait expressément une privation de liberté du type de celle subie par les requérants. De plus, ces normes n'offraient pas « *une protection adéquate contre les atteintes arbitraires au droit à la liberté* » (§ 61) ; c'est là l'apport essentiel de l'arrêt. Rappelant que la privation de liberté, prévue à l'article 5, § 1, alinéa c), doit être placée « *sous le contrôle d'une autorité judiciaire* », la Cour considère que le procureur de la République, sous le contrôle duquel sont prises les mesures en application de la loi de 1994, n'est pas une « *autorité judiciaire* » au sens de l'article 5, § 1, en raison de son manque d'indépendance à l'égard du pouvoir exécutif. Cette conclusion ne saurait surprendre et s'inscrit dans une jurisprudence bien établie selon laquelle le « *juge ou autre magistrat habilité par la loi à exercer des fonctions judiciaires* », visé par l'article 5, § 3, doit être indépendant de l'exécutif et des parties et ne pas être susceptible d'intervenir dans la procédure ultérieure à titre de représentant de l'autorité de poursuite (CEDH, 28 oct. 1998, *Assenov c/Bulgarie* : *JCP* G 1999, I, 105, n° 17, nos obs.) ou roumain (CEDH, 3 juin 2003, *Pantéa*), et l'on peut douter, au vu de la solennité du constat de violation, prononcé eut égard tout particulièrement à « *l'adhésion à la prééminence du droit* » qu'impose l'article 5 de la Convention (§ 62), que la Grande chambre, saisie sur renvoi, se prononce différemment.

TABLE DES MATIÈRES

Cet ouvrage a été imprimé en France par

CPI
France Quercy
à Mercuès (Lot)

N° d'impression : 91807
Dépôt légal : janvier 2010